中國现代教育社团史

周谷城题

“中国现代教育社团史”丛书编委会

“中国现代教育社团史”丛书书目

《中国现代教育社团发展史论》
《中华教育改进社史》
《中华平民教育促进会史》
《生活教育社史》
《中华职业教育社史》
《江苏教育会史》
《全国教育会联合会史》
《中国教育学会史》
《无锡教育会史》
《中国社会教育社史》
《中国民生教育学会史》
《中国教育电影协会史》
《中国科学社史》
《通俗教育研究会史》
《国家教育协会史》
《中华图书馆协会史》
《少年中国学会史》
《中华儿童教育社史》
《新安旅行团史》
《留美中国学生联合会史》
《中华学艺社史》
《道德学社史》
《中华教育文化基金会史》
《中华基督教教育会史》
《华法教育会史》
《中华自然科学社史》
《寰球中国学生会史》
《华美协进社史》
《中国数学会史》
《澳门中华教育会史》

推进教育治理体系和治理能力现代化……推动社会参与教育治理常态化，建立健全社会参与学校管理和教育评价监管机制。

——《中国教育现代化 2035》

当前，我国改革开放正在逐步地深入和扩大，激发社会组织活力，在整个社会治理体系建设中具有重要作用。现代教育治理体系的建设，也迫切需要发挥专业的教育社团的积极作用。在这个大背景下，依据可靠的历史资料，回溯和评价历史上著名教育社团的产生、发展、组织方式和活动方式等，具有现实意义和社会价值。总的来说，这个项目设计视角独特，基础良好，具有较高的学术价值、实践价值和出版价值。

——石中英

教育社团组织与中国教育早期现代化，既是一个有丰富内涵的历史课题，更是一个极具现实意义的重大课题。由中国教育科学研究院储朝晖研究员领衔的学术团队，多年来在近代教育史这块园地上努力耕耘，多有创获，取得了可喜的成果，积累了深厚的知识储备。现在，他们选择一批有代表性、典型性、产生过重大影响的教育社团组织，列为专题，分头进行深入的研究，以期在丰富中国教育早期现代化研究和为当代中国教育改革服务两个方面做出贡献，我觉得他们的设想很好。

——田正平

国家出版基金项目
NATIONAL PUBLICATION FOUNDATION

中国现代教育社团史　丛书主编 / 储朝晖

生活教育社史

徐莹晖　著

西南大学出版社
国家一级出版社　全国百佳图书出版单位

图书在版编目(CIP)数据

生活教育社史 / 徐莹晖著. — 重庆：西南大学出版社, 2021.12
(中国现代教育社团史)
ISBN 978-7-5697-0265-1

Ⅰ. ①生… Ⅱ. ①徐… Ⅲ. ①教育组织机构 - 教育史 - 中国 - 近现代 Ⅳ. ①G529.5

中国版本图书馆 CIP 数据核字(2020)第 246447 号

生活教育社史
SHENGHUO JIAOYUSHE SHI

徐莹晖 著

策划编辑：尹清强 伯古娟
责任编辑：张 琳
责任校对：周 杰
装帧设计：观止堂_朱璇
排 版：杜霖森
出版发行：西南大学出版社(原西南师范大学出版社)
重庆·北碚 邮编:400715
印 刷：重庆市正前方彩色印刷有限公司
幅面尺寸：170mm×240mm
印 张：18
插 页：4
字 数：298 千字
版 次：2021 年 12 月 第 1 版
印 次：2021 年 12 月 第 1 次
书 号：ISBN 978-7-5697-0265-1

定 价：78.00 元

总序

在中国教育早期现代化的历史进程中，无论是清末，还是北洋政府和国民政府时期，在整个20世纪前期传统教育变革和现代教育推进波澜壮阔的历史舞台上，活跃着这样一批人的身影，他们既不是清王朝的封疆大吏、朝廷重臣，也不是民国政府的议长部长、军政要员，从张謇、袁希涛、沈恩孚、黄炎培，到晏阳初、陶行知、陈鹤琴、廖世承，有晚清的状元、举人，有海外学成归来的博士、硕士，他们不居庙堂之上，却念念不忘国家民族的百年大计；他们不拿政府的分文津贴，却时时心系中国教育的改革与发展。是"研究学理，介绍新知，发展教育，开通民智"这样一个共同理想和愿景，将这些年龄悬殊、经历迥异、分散在天南海北的传统士人、新型知识分子凝聚在一起，此呼彼应、同气相求，结成团体，组织会社。于是，从晚清最后十年的江苏学务总会、安徽全省教育总会、河南全省教育总会，到民国时期的全国教育会联合会；从中华职业教育社、中华新教育共进社、中华教育改进社，到中华平民教育促进会、生活教育社、中国社会教育社、中华儿童教育社、中国教育学会……在短短的半个世纪里，仅省级以上的和全国性的教育会社团体就先后有数十个，至于以县、市地区命名，以高等学校命名或以某种特定目标命名的各式各样的教育会社团体，更是难以计数。所有这些遍布全国各地的教育会社团体，通过持续不断的努力，从不同的层面，以不同的方式，冲击着传统封建教育的根基，孕育和滋养着现代教育的因素。可以毫不夸张地说，在传统教育变革和现代教育推进的历史进程中，从宏观到微观，到处都留下这些教育会社团体的深深印记，它们对中国教育早期现代化的贡献可谓功莫大焉！

大约从20世纪90年代开始，中国近代教育会社团体的研究，渐渐进入人们的学术视野，20多年过去了，如今关于这一领域的研究，已经风生水起，渐成气候，取得了相当的成果，并且有着很好的发展势头。说到底，这是当代中国教育改革的需要和呼唤。教育是中华民族振兴的根基和依托，改革和发展中国教育，让中国教育努力赶上世界先进水平，既是中央政府和各级政府义不容辞的职责，也必须依靠广大教育工作者的自觉参与和担当。从这个意义上讲，中国近代教育会社团体与中国教育早期现代化研究，既是一个有丰富内涵的历史课题，更是一个极具现实意义的重大问题。中国教育科学研究院储朝晖研究员，多年来在关注现实教育改革的诸多问题的同时，对中国近代教育史有着特殊的感情，并在这块园地上努力耕耘，多有创获，取得了可喜的成果，积累了深厚的知识储备。现在，他率领一批志同道合的中青年学者，完成了"中国现代教育社团史"的课题，从近代以来数十上百个教育社团中精心选择了一批有代表性、典型性、产生过重大影响的教育社团，列为专题，分头进行了深入的研究。我相信，读者诸君在阅读这些成果后所收获的不仅仅是对教育社团的深入理解和崇高敬意，也可能从中引发出一些关于当代中国教育改革的更深层次的思考。

是为序。

田正平

丁酉暮春于浙江大学西溪校区

前言

在中国的教育现代化进程中，具有现代性的早期现代教育社团起到了重要的，甚至是无可替代的作用。它们既“满足了教育现代化对教育组织、管理和评价上的独特需求，拓展了民间和专业组织参与教育的空间”[储朝晖:《中国现代教育社团的萌生及其动力》,《教育史研究》2017年第3期，第115页。]，又依据对当时政治、经济和教育发展形势的深远洞见，不遗余力地推动了教育的普及化、科学化、民主化。在众多的教育社团中，生活教育社既具有现代教育社团的一般特征，又是独树一帜的。

生活教育社是由以陶行知为首的生活教育派创立，孕育于中国教育现代化转型中，以1927年3月15日晓庄试验乡村师范学校的创立为实际社史开端，历经20余年，展现了以陶行知为首的生活教育派所进行的、经由改造教育而改造社会的艰辛而有意义的历程。在20余年中，生活教育社创设并不断发展生活教育理论，始终以“探讨最合理最有效之新教育原理与方法，促进自觉性之启发，创造力之培养，教育之普及，及生活之提高”为宗旨，紧随时代变化，发起生活教育运动，为建设中国教育，促进中国教育的现代化而不断努力。

然而随着时间的推移，知道这段历史的人越来越少。除去时间的因素，生活教育社本身亦因为当时的影响力、规模和资料的失佚难寻等因素，学界包括陶研界较少注意到它，表现为尽管今天的陶行知研究可谓是浩如烟海，却鲜少有人关注陶行知推动生活教育运动，实施各种教育事业的组织建设。现有史料显示，无论是在陶行知的弟子方与严等当时所撰文中，还是在近人的相关著作中，比如章开沅和唐文权的《平凡的神圣——陶行知》、金林祥和胡国枢主编的《陶行知词典》、魏华龄所撰《生活教育社桂林纪事》等，对生活教育社都仅做了资料性介绍。这些零散的研究无法系统且完整地呈现生活教育社的全貌及其历史贡献和当代价值。

为此，笔者在已有研究的基础上，试图以生活教育社的曲折成立和发展为经、以成立过程中的活动为纬，尝试构建生活教育社的完整图景。一方面起到存史的价值，让读者对那段历史有充分的知晓；另一方面揭示它在中国教育现代化进程中的贡献，以期对现代教育的发展有所裨益，提供有益的参考和借鉴。

本书是资料性著述，严格遵循史的写作规范，以史料为依据。以历史和教育的双重视角，在对历史资料进行系统查找、梳理和分析的基础上，对生活教育社的孕育、萌芽、生长、发展、式微和终结过程做全面的描述，在细节基础上构建生活教育社的完整面貌。全书共六章。

第一章“生活教育社的孕育”分析生活教育社产生的社会背景、思想条件以及孕育生活教育社的母体——晓庄试验乡村师范学校。

第二章“生活教育社的胚胎和萌芽”细述生活教育社公开成立前的各个外围组织的发展概况，包括乡村教育同志会、乡村教育先锋团、《生活教育》社、普及教育助成会、国难教育社、抗战教育研究会，它们的成立和运作为生活教育社的公开成立奠定了基础。

第三章“生活教育社成立”本章详述生活教育社于1938年12月15日在广西桂林公开成立，介绍其作为做一个具有现代性的教育社团的宗旨、社务、组织结构、经费、社员情况、会议等。

第四章“生活教育社第一届理事会期间的活动”这是生活教育社的大力发展期，主要包括生活教育社在桂林和重庆的活动，以及各地分社的活动。

第五章“生活教育社第二届理事会及其活动”这是生活教育社的艰难存续期。受到政治、经济形势变化的影响，生活教育社撤到重庆，各类事业艰难推进，开展民主教育运动。而这一期间创始人陶行知的去世则是雪上加霜，生活教育社开始走向式微。

第六章“生活教育社的终结及其历史贡献”生活教育社于1950年11月终结。立足于史实，生活教育社在实践上推动了中国教育的科学化、民主化和普及化；在理论上，主导学说生活教育理论为反传统、反洋化的教育提供了“药方”，在对现代教育的重建中做出了重要的贡献。

本书是在学习和研究的基础上完成的，在写作过程中汲取了许多专家学者的优秀研究成果，得到了专家同人以及许多同事的意见与建议，在此对他们表示敬意和谢意。由于本人经历、个人学识以及资料的失佚难寻，本书还存在不少缺憾，恳请读者批评指正。

南京晓庄学院 徐莹晖
2020年6月于南京

目录

第一章

生活教育社的孕育

1840年到1895年间，晚清政府在两次鸦片战争、中日甲午战争中接连战败，中华民族的生存危机日益加深，中国社会被动地由传统的农业社会向近代工商业社会转型。伴随着社会转型，中国传统教育开始艰难地向现代教育转型。在此过程中，欧美各种教育思潮纷至涌来。中国士人群体基于对自我认同和民族重建的双重任务的考量，在各种思潮中探索、择取有效的救国之道。其中，实用主义教育思潮因针对“旧教育之空疏虚浮”和“新教育之不切实用”[①]而备受推崇，中国的教育改革家们基于此提出实用主义的生活教育；更因留美学生归国从事教育和美国实用主义大师杜威的两年多访华演讲，实用主义生活教育思想得到了广泛的传播。陶行知则从教育和生活、社会的关系着手，以杜威的生活教育为基础，立足中国的国情，在创办晓庄学校的过程中建立了本土的生活教育理论，拉开了中国生活教育运动的序幕，并在此期间成立生活教育社，以民间社团的力量助推教育现代化的进程。

①舒新城：近代中国教育思想史，吉林出版集团股份有限公司，2016，第85页。

第一节　社会转型中的教育转型

在教育与社会的关系中，教育并非一种独立的活动，它要受到政治、经济、文化等影响，同时教育又反过来能够成为促进社会变迁和实行社会控制[①]的重要工具。“如果它倾向变革，则经过若干时日，将引导社会变迁与现代化”[②]，而当教育不思进取时，将导致社会迟滞不前。有学者认为沿袭数千年的中国传统教育就是这样一种不思进取的教育，其特征是“经典中心、德化主义、精英主义、脱离社会经济生活”[③]，这样的教育在“小农经济、宗法制度、官僚专制政治结构还能相对稳定时”，亦有着“自己生存、繁荣和再生的富足环境”[④]。但两次鸦片战争，在西方坚船利炮的冲击下，中国封闭的大门被迫打开。中国“面临数千年来未有之强敌”和“未有之变局”：就社会性质而言，由独立的传统社会逐渐沦为半殖民地半封建社会，中华民族开始了反侵略、求民族独立的漫长斗争。就社会形态变迁而言，两次鸦片战争实质是传统农业文明和近代工业文明的较量；无论国人愿意与否、自觉与否，这场较量以封闭的农业文明被西方列强强行纳入近代资本主义世界体系而告终。中国开始被迫从传统封闭的农业社会向现代开放的工业社会进行艰难的转型。在这场民族危机中，作为社会变迁的重要工具，传统的教育只是受到政治、经济、文化等因素的影响，却因故步自封，不能倾向变革，导致面对突如其来的冲击而束手无策，毫无应对之法。传统教育的危机真正发生了。中国教育开始被迫艰难地步入以世俗化、科技化和普及化[⑤]为基本特征的现代化进程。

中国教育的现代转型总体上是先学西欧，后学日本，再学美国。从时间上

---

①教育的社会控制功能是在特定的历史条件下实施的，如明清时期，在专制君主控制及八股科试的拘束下，教育与社会生产实际脱节，仅发挥社会控制的部分作用。

②苏云峰：《中国新教育之萌芽与成长（1860—1928）》，北京大学出版社，2007，第3页。

③苏云峰：《中国新教育之萌芽与成长（1860—1928）》，北京大学出版社，2007，第171页。

④李华兴：《民国教育史》，上海教育出版社，1997，第24页。

⑤苏云峰：《中国新教育的萌芽与成长（1860—1928）》，北京大学出版社，2007，第4页。

说，经过了三个历程[①]：(一)西艺教育时期。从1840年中英鸦片战争爆发到1894年中日甲午战争爆发，这一时期主要是学习欧美国家的教育，以洋务运动为代表，以“师夷长技以制夷”为指导，开始兴办新式学堂，向欧美国家派遣留学生，学习西方语言和科技，近代新式教育由此产生。(二)西政教育时期。从甲午海战后到1915年日本政府强迫中国签订丧权辱国的“二十一条”，这一时期，主要学习日本明治维新改革，以“中体西用”为指导，学习领域从自然科学、应用科学扩大至西方人文社会科学，派遣大量学生赴日留学，主要成绩是逐步构建了中国自己的新的教育制度，包括1902年颁布《壬寅学制》，1904年颁布《癸卯学制》，并于1905年废除沿袭数千年的科举制，为新教育的发展扫除障碍。西政教育时期，“中国教育之现代化始基，于是奠定”[②]。(三)科学与民主教育时期。从1915年新文化运动开始到20世纪20年代中期，这一时期主要学习美国教育。1911年辛亥革命成功，中华民国建立，中国的政体变更，思想一时得以解放，加上留美学生的媒介作用，加速了新思想的输入，助推了1915年开始的文化启蒙运动。教育界纷纷提出各种主张，如军国民教育、实利主义教育、科学教育、民主主义教育、平民教育、国家主义教育等。在这一时期，思想文化界高扬民主与科学的旗帜，尤其是“五四”后随着大批的留美学者归国和杜威、孟禄等美国进步主义大师的访华、讲学，中国教育开始长达约十年学习美式新教育的过程。主要的成绩是1922年制定了“壬戌学制”(又称六三三学制)，从指导思想、学校系统、课程设置乃至教学方法，都显示了美国教育的深刻影响。

然而新教育的改革并非一帆风顺，教育在总体上并未脱离传统的模式，“读书做官、书本至上、学校中心等传统思想观念并没有得到改变；‘老八股教育’和‘洋八股教育’合流，教育依然严重脱离社会生活实际，尤其是脱离人民大众的生活实际”[③]。生活教育运动就是在这个时候出现的，围绕“教育和生活”“学校和社会”等问题开始了新的教育改革。

---

①此处“三个历程”借鉴了苏云峰在《中国新教育的萌芽与成长(1860—1928)》(第19页)中对新教育的阶段划分。

②苏云峰：《中国新教育的萌芽与成长(1860—1928)》，北京大学出版社，2007年，第19页。

③周洪宇、操太圣：《生活教育运动的历史及对当代教育的影响》，《教育研究》1997年10月第29期。

第二节　杜威实用主义生活教育的引入与传播

生活教育思潮是中国教育现代化进程中的一种教育思潮，它在中国本土的涌现深受欧美现代教育思想尤其是以杜威为代表的美国实用主义思潮的影响。

一、杜威实用主义教育思想及其在中国的传播

"生活是伟大的教育者！"瑞士教育家裴斯泰洛齐如是说。裴斯泰洛齐崇尚法国思想家卢梭的自然主义教育思想，把教育适应自然作为最基本的教育原则。他主张每一个人都具有某些自然所赋予的潜在能力，教育的目的就在于全面和谐地发展人的一切潜在能力，适应人的生活；而"生活作为个人自身所过的日子，其本身就是一本自然的书籍。这里面蕴藏着开明的教育力量的秘诀。学校如果不把它的工作建立在这个基础之上，就会误入歧途"[①]。在此，他虽然没有明确提出"生活教育"这一概念，但在其后的欧洲新教育运动和美国进步主义教育运动中，与传统学校教育相背离的"生活教育"，经由一批新教育家如欧洲的蒙台梭利、怀特海、罗素以及美国的杜威等宣传、鼓吹和实践而走到前台。他们反对传统教育，主张尊重儿童个性，以儿童的活动为中心，促进儿童在活动中发展个性和各方面的能力。尤其是美国的进步主义教育运动的代表人物杜威从其实用主义哲学的角度提出了实用主义教育学。这些思想在20世纪初被引入中国，为当时中国教育的改进和发展提供了丰富的思想资源。

约翰·杜威（1859—1952），美国实用主义哲学家、教育家，美国进步主义教育运动的代表人物，现代教育思想史上具有重大影响的人物。他把实用主义哲学结合自身所进行的长期的教育实验和具体应用，创立了实用主义的教育思想体系。

---

①裴斯泰洛齐：《裴斯泰洛齐教育论著选》，夏之莲译，人民教育出版社，2001，第246页。

杜威的教育思想以实用主义的经验论为出发点，基于对经验的解释，即经验是人的有机体与环境相互作用的结果，是人的主动尝试行为与环境的反作用而形成的一种特殊的结合。这种经验是行为和结果连续不断的联系和结合。他提出“教育就是经验的改组或改造”[①]。进一步说，即“教育即生活”“学校即社会”“从做中学”。

1.“教育即生活”

杜威认为“生活就是发展，而不断发展，不断生长，就是生活”[②]。因为“生长是生活的特征，所以教育就是生长”[③]。就此而言，“没有教育即不能生活，所以我们可以说，教育即生活”[④]。教育是儿童现在生活的过程，而不是将来生活的预备，故教育要为儿童提供保证生长或生活的条件。

2.“学校即社会”

既然教育是一种生活过程，那么学校就是社会生活的一种形式。杜威认为学校有两大任务：(1)适应社会之需要；(2)带动社会之变迁与进步。公立学校是社会之“熔炉”，可消除各种社会障碍，供给自我实现的工具与服务社会的精神，以保证社会的和谐与进步。[⑤]故学校应简化社会生活，成为一个社会的雏形，呈现儿童当下的社会生活。

3.“从做中学”

杜威从实用主义的经验论出发指出，既然教育是经验的改组或改造，是行为与环境的相互作用，那么学校教育就必须改变“静听”的模式，而重视操作、行动在认识过程中的重要作用，引导孩子在活动中增长经验，即“从做中学”。

①杜威著，《杜威教育论著选》，赵祥麟，王承绪编译，华东师范大学出版社，1981，第159页。

②杜威著，《杜威教育论著选》，赵祥麟，王承绪编译，华东师范大学出版社，1981，第159页。

③杜威著，《杜威教育论著选》，赵祥麟，王承绪编译，华东师范大学出版社，1981，第159页。

④杜威演讲，刘伯明译《教育哲学》，上海泰东图书局，1935，第3—4页。

⑤转引自苏云峰：《中国新教育的萌芽与成长(1860—1928)》，北京大学出版社，2007，第28页。

杜威的实用主义教育思想所表现出来的关于现代教育的观念及理想，诸如对平民教育、民主与教育、生活与教育等问题的关注，具有美国色彩，但在一定程度上具有对现代教育发展的普遍指导意义。因此，正如有些学者所言，杜威的“教育即生活，学校即社会”这种观念“不独对中国教育是新鲜的，即对美国的教育而言，也是革命性的”[①]。

而这种“革命性的”教育观被介绍到中国最早始于民国初年。1912年2月，蔡元培在《对于教育方针之意见》中首次向人们推荐了杜威及其实用主义教育观点。蔡元培在论述实用主义教育时说：“此其说创于美洲，而近亦盛行于欧陆。”“今日美洲之杜威派，则纯持实用主义者也。”其后到新文化运动前后，大批留美学生回国，他们多数在教育界效力并居于领袖地位，充当了实用主义教育传华的开路先锋。尤其是杜威来华讲学前，《新教育》开辟“杜威专号”，蒋梦麟、胡适、陶行知、刘伯明、郑晓沧等不遗余力地撰文全面介绍杜威思想，其他如北京的《晨报》副刊、上海的《时事新报》副刊《学灯》、浙江的《教育潮》等，都成为介绍杜威学说的重要媒介。当然，杜威的在华弟子如胡适、陶行知更是通过著文或演讲，热情洋溢地宣传乃师的理论。这些大规模的宣传和介绍一方面是为杜威来华讲学造势，另一方面实用主义教育思想的广泛传播已初见端倪。随后，杜威于1919年至1921年在中国长达两年有余的演讲、访问，把实用主义教育思想在华的传播推至顶峰。杜威来华之际，正值五四运动爆发，高举科学和民主两大旗帜，加之杜威来华前掀起的“杜威热”，故杜威所到之处，无不受到当地社会各界要员的礼敬。他的学说伴随他在中国十多个省市的200多次演讲，以及弟子们的翻译和各地大小报纸、杂志的刊载而遍及了大半个中国，“而由其主张演成之‘教育即生活，学校即社会’的标语，也成为教育界最普遍的口头禅”[②]。中国大地上掀起了一阵强烈的改革新风，“生活教育”逐渐为国人所知。

二、“生活教育”从有名无实到名副其实

在杜威的思想初步传入中国之际，国内新教育的一批主导者如黄炎培等看

①苏云峰：《中国新教育的萌芽与成长（1860—1928）》，北京大学出版社，2007，第28页。

②舒新城：《近代中国教育思想史》，吉林出版集团股份有限公司，2016，第145页。

破当时的教育脱离生活、脱离社会的状况，提出实用主义的生活教育；尤其是黄炎培、顾树森、庄俞等先后刊发文章，进一步阐释了“实用主义的生活教育”。由此可见，中国的“生活教育”这一名词最早是与实用主义联系在一起的。

黄炎培于1912年至1914年任江苏省教育司司长。1913年颁布《江苏今后五年间教育计划书》，首次提出“生活教育”①这一名词；8月发表《学校教育采用实用主义之商榷》，先是力述当时学校教育之不当：

教育者，教之育之使备人生处世不可少之件而已。人不能舍此家庭绝此社会也，则亦教之育之，俾处家庭间、社会间，于己具有自立之能力，于人能为适宜之应付而已。……乃观今之学子，往往受学校教育之岁月愈深，其厌苦家庭鄙薄社会之思想愈烈，扞格之情状亦愈著。而其在家庭社会间，所谓道德身体技能知识，所得于学校教育堪以实地运用处，亦殊碌碌无以自见。即以知识论，惯作论说文字，而于通常之存问书函，意或弗能达也，能举拿破仑、华盛顿之名，而亲友间之互相称谓，弗能笔诸书也；习算术及诸等矣，权度在前弗能用也；习理科略知植物科名矣，而庭除之草不辨其为何草也，家具之材不辨其为何木也。此共著之现状固职教育者所莫能为讳者。然则所学果何所用？而所谓生活必需者，或且在彼不在此耶？②

又提到受到1912年由美国来华考察教育现状的教育家孟禄的影响，而首倡“实用主义教育”，主张以实用主义救济中国当时的教育：

去今千八百年前，罗马Seneca塞南加氏有言曰，青年之于学校，为生活而学，非为学校而学。近世博爱派之教育学者，如Besedow白善独氏、Compe康丕氏、Salymaun柴之孟氏亦大鼓吹此实用主义。自Pestalozzi裴斯泰洛齐氏出，益主张生活教育，务使学校教育与实际的生活渐相接近，准此而教育方法一变。③

①黄炎培：《江苏今后五年间教育计划书》，《教育杂志》，1912，5(3)，第13页。
②黄炎培：《江苏今后五年间教育计划书》，《教育杂志》，1912，5(7)，第55页。
③黄炎培：《江苏今后五年间教育计划书》，《教育杂志》，1913，5(7)，第59页。

在阐述实行实用主义教育的必要性后，黄炎培就小学各科拟订了一个以实用为目的的教材教法改良大纲，请教育界批评。文末附录德、美、英三国实施实用教育实况报告，以唤起教育界的反应。

如果说黄炎培对于教育上之弊端尚属泛泛之论，那么庄俞在同年发表的《采用实用主义》一文则更举出具体事项为证：

学制公布，学校议建，学生骤增，表面观察，今日教育岂不日有进步，然而（一）则：虚伪；（二）则：剿袭；（三）则：矜夸；（四）则：敷衍。一言决之，如此现状，于国家鲜有实际，惟其虚伪……欲救今日教育之弊，非励行实用主义不可。何则虚伪、剿袭、矜夸、敷衍，无一不与实用主义有极端之反对。实用主义不得推行，则此种积弊，决难扫荡廓清。今日教育家可不于此三致意乎?[①]

1914年，顾树森又发表了《生活教育设施法》[②]，深入分析了现行小学教育的弊端及其根源，提出以“生活教育”作为推行实用主义教育的标准，就小学学校编制、教授方法等提出了具体的生活教育实施方案。

经过黄炎培等人的提倡，江苏、上海各小学给予了热烈的响应；安徽、江西、浙江、山东、直隶各省却还很少实行，但教育界对黄炎培，却是“一见倾心，莫不以实用主义为其谈话之资料。盖此四字印于一般教育者之脑海深矣”[③]。此种思想“于民国二三年之间，蔚为一种思潮，流行全国；《教育杂志》为出《实用主义教育商榷专号》”[④]。经由民间推动，这种思想影响政府，形成决策。1915年1月袁世凯于新颁《特定教育纲要》的“总纲”第三条教育宗旨中申明：“注重道德实利尚武，并运之以实用，说明以道德实利尚武教育为体，以实用主义为用。”[⑤]黄炎培于同年夏访美归来，指出美国教育，“凡所设施，无一而非实用”，对以前的主张，信心倍增，而有“世安有不实无用而尚得谓教育”[⑥]的豪论。

①庄俞：《采用实用主义》，《教育杂志》1913年5卷7号，第89—90页。

②顾树森：《实用主义生活教育设施法》，《中华教育界》1914年第13、14、15、16期。

③黄炎培：《实用主义产出之第一年》，《教育杂志》，1914年第7卷第1号，第16页。

④舒新城：《舒新城近代中国教育思想史》，吉林出版集团股份有限公司，2017，第91页。

⑤黄炎培：《实用主义产出之第二年》，《教育杂志》，1915年第8卷第1号，第1页。

⑥黄炎培：《实用主义产出之第二年》，《教育杂志》，1915年第8卷第1号，第3页。

由此，中国的教育改革家们立足本国国情，推动和促进了实用教育思潮在中国的生根、发芽。而后，随着杜威、孟禄于1919—1922年间相继来到中国讲学，尤其是杜威来华长达两年多的讲学，助推了实用主义生活教育学说的滥觞。此时的"生活教育"仅作为一个名词在使用，既无系统的理论界定，又无教育实践。这样一个名词尽管在社会尤其是教育界产生了广泛的影响，但还是属于"有名无实"的阶段。

其间，黄炎培反省"实用主义"一词，稍嫌抽象空泛，正如他在《中华职业教育社宣言》中所言："乃十余年来，民生日贫困，实业日益衰；社会失业，日益众多；学校教育，日益彷徨而无措。"[①]普通中小学"升学者仅及十分之一，或不及十分之一。……此外大都营营逐逐，谋一业于社会，而苦所学之无可以为用者也"。实业学校"所用非其所学，滔滔皆是。虽然，此犹足以糊其口也；其十之六七，乃并一啖饭地而不可得。……然则教育幸而未发达，未普及耳，苟一旦普及，几何不尽驱国人为高等游民，以坐待淘汰于天演耶"[②]？他后于1915年赴美国考察，又提出欧美实用教育都和谋生计连成一气，如"美国黑人实业学校，凡房屋以及房屋之砖之瓦之钉，屋内一切家具……御者之衣及履，食物如面包……无一非出学生手"[③]，遂日感恐慌，认为以上问题归根究底是因为职业教育的缺乏。于是实用主义教育思潮自1917年起转变为职业教育思潮。

而陶行知则从教育和生活、教育和社会的根本关系入手，先是不遗余力地传播杜威的教育学说，后在立足国情的基础上，通过晓庄学校等实践，对杜威的教育学说进行了吸收和扬弃：

"教育即生活"是杜威先生的教育理论，也就是现代教育思潮的中流。我从民国六年起便陪着这个思潮到中国来，八年的经验告诉我说"此路不通"。在山穷水尽的时候才悟到"教学做合一"的道理。……"教育即生活"的理论，至此乃翻了半个筋斗。……但到了"教学做合一"的理论形成的时候，整个的教育便根本的变了一个方向，这新方向是"生活即教育"。[④]

①《中华职业教育社宣言》，《教育与职业》，1934年04期，第193页。

②《中华职业教育社宣言书》，《教育杂志》，1917第7期，第7—8页。

③《中华职业教育社宣言书》，《教育杂志》，1917第7期，第10—11页。

④陶行知：《陶行知全集》第2卷，四川教育出版社，2009，第7页。

陶行知以“生活即教育”“社会即学校”“教学做合一”为核心，通过晓庄学校的实践形成了本土的生活教育理论体系，同时运用生活教育理论指导生活教育行动，终使“生活教育”名副其实。此后，以陶行知为领袖形成一个教育团体，史称生活教育派，在他的领导下开展了历时20年、影响广泛的生活教育运动。1946年7月25日陶行知病逝，这场由生活教育派自觉发起的生活教育运动就此闭幕。按照方与严的划分，生活教育运动始于乡村教育运动，继而是普及教育运动、国难教育运动、战时教育运动、全面教育运动和民主教育运动。

第三节　晓庄学校：陶行知生活教育理论的试验田

1927年3月15日，晓庄试验乡村师范学校成立。它是中华教育改进社的余脉；同时又代表了一种新事业的开端，即拉开了陶行知领导的生活教育运动的序幕。在晓庄，陶行知领导师生开展了各种生活教育实践，不仅为乡村教育和生活教育培养了大批人才，而且形成了生活教育理论的雏形。这为后继的生活教育运动及其各种组织的成立奠定了基础。它是孕育生活教育社的母体。

一、中华教育改进社的余脉

20世纪20年代前后，乡村教育思潮逐步形成，乡村教育实践开始出现。中华教育改进社在1924年成立乡村教育委员会就开始关注乡村教育问题。次年7月下旬，陶行知和赵叔愚以改进社乡村教育委员会委员的身份一同参观了南京燕子矶国民学校，称其为一所“活”的乡村学校，这次参观使他们从理论上宣传乡村教育转而开始实地考察乡村教育工作。赵叔愚，留美教育博士，东南大学乡村教育系教授，是陶行知志同道合的朋友，更是创办晓庄的功臣之一，他制订了创办晓庄的诸多计划，不幸于1928年9月英年早逝。

随后在1925年8月的第四届年会上，赵叔愚拟订的改进乡村教育和乡村生活计划写入《社务报告》，确定了乡村教育为该社两项重点工作之一[①]。报告中，赵叔愚拟订进行计划数项，如改进全国乡村教育之草案、筹设试验乡村师范学校、特约试验乡村小学等。陶行知则在学术会议上演讲了《中国教育政策之商榷》，提出现代教育政策22条，其中第18条为"提倡以乡村学校为改造乡村生活之中心，乡村教员为改造乡村生活之灵魂。其具体办法，应设试验乡村师范学校以实验之"[②]。同年12月6日，陶行知参加了北师大教育系发起成立的"乡村教育研究会"成立大会。他在演讲中，主张先试办小学，再试办乡村师范学校，以改良乡村生活为中心。

但是此时的改进社已大不如前。1925年开始，社会形势大变，中华教育改进社各合作机关、主要人物大多卷入政治、教育的纷争之中，改进社开始由盛而衰，各项事业因此变化而骤停。尔后，陶行知毅然南下，与乡村教育委员会南京委员，一起贯彻第四次年会提倡的乡村教育计划，举起改进社的旗帜，发起乡村教育运动。

二、晓庄学校的创办过程

1926年7月，陶行知和赵叔愚、邵仲香[③]一起考察江宁、无锡等地优良的乡村学校以作乡村教育改造之根据，宣传"天将明"的江宁县立师范学校和"新生命"的无锡小学，开始积极筹划试验乡村师范学校；并于1926年10月底开始，连续发表乡村教育的相关文章：《创设乡村幼稚园宣言书》《中华教育改进社改造全国乡村教育宣言书》《我们的信条》《中国乡村教育之根本改造》《试验乡村师范答客问》等；提出"教育必须下乡"的主张，并构筑了一个通过乡村教育改造乡村社会的伟大设想：筹募一百万元基金，征集一百万位同志，提倡一百万所学校，改造一百万个乡村。1926年11月21日，"特约乡村教师研究会"在南京成立。在会上，陶行知提出了著名的"我们的信条"，后称为《乡村教师十八信条》。这可视为陶行知生活教育基本思想原则的系统揭示，也是陶行知及其生活教育

①陶行知：《陶行知全集》第2卷，四川教育出版社，2009，第201页。

②陶行知：《陶行知全集》第2卷，四川教育出版社，2009，第213页。

③邵仲香，金陵大学农业教授兼农场主任，后为晓庄师范农事指导员。

派成员在艰难险阻中始终从事教育事业改进的信念体现。兹录如下,也为后人所阅而受些熏染:

我们的信条[①]

我们深信教育是国家万年根本大计。

我们深信生活是教育的中心。

我们深信健康是生活的出发点,也就是教育的出发点。

我们深信教育应当培植生活力,使学生向上长。

我们深信教育应当把环境的阻力化为助力。

我们深信教法学法做法合一。

我们深信师生共生活,共甘苦,为最好的教育。

我们深信教师应当以身作则。

我们深信教师必须学而不厌,才能诲人不倦。

我们深信教师应当运用困难,以发展思想及奋斗精神。

我们深信教师应当做人民的朋友。

我们深信乡村学校应当做改造乡村生活的中心。

我们深信乡村教师应当做改造乡村生活的灵魂。

我们深信乡村教师必须有农夫的身手,科学的头脑,改造社会的精神。

我们深信乡村教师应当用科学的方法去征服自然,美术的观念去改造社会。

我们深信乡村教师要用最少的经费办理最好的教育。

我们深信最高尚的精神是人生无价之宝,非金钱所能买得来,就不必靠金钱而后振作,尤不可因钱少而推诿。

我们深信如果全国教师对于儿童教育都有"鞠躬尽瘁,死而后已"的决心,必能为我们民族创造一个伟大的新生命。

会后,发表《中华教育改进社改造全国乡村教育宣言书》,明确表示中华教育改进社的主要使命在推动乡村教育,一心一意地为中国乡村开创一个新生命。

①陶行知:《陶行知全集》第1卷,四川教育出版社,2009,第74—75页。

12月12日，中华教育改进社邀集在沪社员在上海举办乡村教育讨论会。首由陶行知报告乡村教育；继由赵叔愚首次报告中华教育改进社创设试验乡村师范学校第一院计划，并将计划草案提供给与会者讨论；而陶行知则发表了《中国乡村教育之根本改造》，开宗明义地指出，“中国乡村教育走错了路！……同志们务须把马勒住，另找生路！”

1927年1月1日，由陶行知主编、中华教育改进社乡村教育同志会主办的《乡教丛讯》正式出版，成为乡村教育运动宣传的舆论媒介。同日，晓庄试验乡村师范学校筹备会在南京安徽公学①召开，陶行知、赵叔愚、邵德馨②、丁超③、宋鼎④、钱向志⑤出席会议，讨论进行事项34项。次日，陶行知同赵叔愚、丁超、宋鼎、钱向志等察看试验乡村师范学校校址，勘定校址于南京太平门外，是“邵德馨先生三年来惨淡经营所得，今以试验乡村师范，关系中国乡村教育前途，特将该地割爱，让与改进社，为开办该校之用”⑥。

1月10日，学校在《新教育评论》上刊发招生广告，明确提出晓庄师范的培养目标是农夫的身手、科学的头脑、改造社会的精神。考试科目有五项：务农或土木工操作一日；智慧测验；常识测验；作文一篇；五分钟演说。投考资格：初中、高中、大学末一年半程度学生，有农事或土木工经验，及在职教师有相当程度，并愿与农民共甘苦、有志增进农民生产力、发展农民自治力者，皆可投考。倘有志兴办乡村小学者，为预备师资起见，选择合格学生，保送来校投考，尤所欢迎。⑦

1927年2月10日，晓庄乡村试验师范学校第一次董事会在上海召开，选举陶行知为校董事会书记、校长。2月5日，举行学校的校舍立础礼即奠基礼，同时举行城乡平民团拜会。在立础礼上，陶行知十分激动地做了在晓庄师范的第一次演讲，并宣布将老山改为劳山，取“劳力者劳心”之意，小庄改为“晓庄”，取日出而作之意，寓意该校的创办意义——为中国教育寻觅曙光。

---

①安徽公学是陶行知应旅宁安徽同乡会之邀，在南京创办的一所学校，由其同乡好友姚文采任校长。安徽公学实施师生共生活，是一所新型学校。抗战后迁至徽州。现为南京市第六中学。

②即邵仲香。

③燕子矶小学校长。燕子矶小学后为晓庄学校特约第一中心小学。

④尧化门小学校长。尧化门小学后为晓庄学校特约第二中心小学。

⑤来自江苏省农民协会，创办晓庄学校第三中心小学即晓庄中心小学。

⑥《试验乡村师范学校校址勘定》，《乡教丛讯》1卷2期，第4页。

⑦王文岭：《陶行知年谱长编》，四川教育出版社，2012，第192页。

3月5日，陶行知用筹集到的1万元开办经费、1.2万元常年经费、5000元设备费①，购买了南京神策门外小庄田园200亩、荒山10里作为校址和农场；聘请吕镜楼、韩凌森、马绍季、杨效春、邵仲香、朱葆初为指导员。

3月11日，晓庄试验乡村师范学校举行特别的招生考试。此时的南京正值北伐军挥师东南，战火不断。陶行知早言"本校誓与村民共休戚。村民既须在枪林弹雨之下耕种，吾校断不因时局不靖而辍学，故投考开课均照公布之日期办理，决不变更"②。在开考日，战火导致通往南京的"三条交通俱已断绝"，然而仍有13名考生自北京、湖北、安徽、江西、浙江、上海等市，冒着枪林弹雨应时参考。这注定了晓庄的不平凡。它是伴随革命的战火而诞生，将要掀起一场教育的革命。13日的考试可谓前无古人。国文试题一是"孟子说：'劳心者治人，劳力者治于人'，这句话对吗？"，二是"有人说我们试验乡村师范是行许行之道，对吗？"。演说题有20个，包括社会、家庭、教育、时事、自然科学、农村生活等问题，由考生临时抽题，准备3分钟，即向前来的农民、小学生等演讲3分钟；次日，劳动考试，即考生要在事先划分好的一方方荒地上挥锄开荒。考试毕，发榜录取16人③。

3月15日，学校举行了罕见而别开生面的开学典礼。参加者包括学校指导员、学生、附近几所小学师生、附近农民以及江苏省时任教育厅厅长江问渔，陈鹤琴、徐作人、姚文采等教育界名流。校长陶行知发表演说："本校特异于平常的学校有两点：一无校舍，二无教员。"④这两个特点，很好地概括了彼时的试验乡村师范，也是生活教育理论的初步体现。所谓"无校舍"，既是指学校初创还没有校舍，更重要的意义是这个学校头顶青天、脚踏大地，以宇宙为学校，奉万物为宗师。所谓"无教员"，指的是在晓庄，没有教师之称，只有经验稍深或学问稍多的指导员。既奉万物为宗师，那么人人是老师、人人是学生，"农夫、村妇、渔人、樵夫都可做我们的指导员"⑤。

---

①在这些经费数额中，中华教育改进社出资9642元。

②陶行知：《陶行知全集》第2卷，成都：四川教育出版社，2009年，第281页。

③14日正式录取13人，17日补录3人。这13人分别是操震球、戴伯韬、王洞若、王琳、李楚材、程本海、季雪云、徐企周、陈昌嵩、谢纬棨、葛尚德、李湘维、裴志发，被陶行知欣喜地以耶稣基督的十三门徒所喻，体现他们为乡村教育事业牺牲、奉献的精神。而在此后的生活教育运动中，也证明了这十三门徒对教育事业的执着，他们成为生活教育运动的主将。

④陶行知：《陶行知全集》第2卷，四川教育出版社，2009年，第282页。

⑤陶行知：《陶行知全集》第2卷，四川教育出版社，2009年，第282页。

此后，“3·15”成为中国教育史上一个值得纪念的日子。因为从这天起，陶行知及其同人举起了中国生活教育运动的大旗，标志着生活教育运动开始正式进入名副其实的阶段。自此，以晓庄学校为试验基地，陶行知及其同人拉开了生活教育运动的序幕，并在试验中形成了生活教育理论的雏形。

三、晓庄学校的办学特色

依照陶行知的伟大构想，普通的师范学校显然无法实现其伟大的目标。他所要创办的晓庄师范和寻常师范学校相比有这样几个特色。

（一）培养目标

晓庄学校的培养目标简而言之是“培养乡村儿童和人民所敬爱的导师”，即“我们盼望本校的学生一面能够教导儿童，办一所良好的乡村学校；一面又能够辅导民众，将他自己所办的学校成为改造乡村生活的中心”[①]。具体来说，即要培养具有“健康的体魄、农夫的身手、科学的头脑、艺术的兴趣、改造社会的精神”的教师，后增设幼稚师范院，其具体培养目标为“看护的身手、科学的头脑、艺术的兴趣、儿童的伴侣、乡村妇女运动的领袖”。对于目标的实现，陶行知提出“以国术来培养康健的体魄，以园艺来培养农人的身手，以生物学来培养科学的头脑，以戏剧来培养艺术的兴趣，以团体自治来培养改造社会的精神”[②]。

这赋予了乡村教师全新的知识精英的称号。晓庄师范要培养的乡村教师不仅要具有一般公共知识分子关心社会公共事务的素养，还要有组织民众、动员民众的能力，甚至要有解决乡村民生问题的技术和能力。

（二）教育方法和办学程序

晓庄学校的教育方法是生活法，即“教学做合一”。教学做是一件事，不是三件事。事情怎样做就怎样学，怎样学就怎样教。教的法子要根据学的法子，

①杨效春：《中华教育改进社晓庄学校报告书》，《乡教丛讯》1928年2卷11期，第1页。

②陶行知：《陶行知全集》第2卷，成都：四川教育出版社，2009年，第361页。

学的法子要根据做的法子。在做上教的是先生，在做上学的是学生。所以做是学的中心，也就是教的中心。

按照教学做合一的原则，是先有小学，后有师范。陶行知认为，小学是师范的中心，应依据小学办法训练师范生，遂特约燕子矶小学和尧化门小学为第一、第二中心小学，又请江苏省农民协会钱向志在晓庄筹创第三中心小学。随着学校事业的发展，后来又创办了五所中心小学，作为训练师范生的中心。

（三）组织结构

晓庄学校是私立学校性质，其组织结构见图1-1：

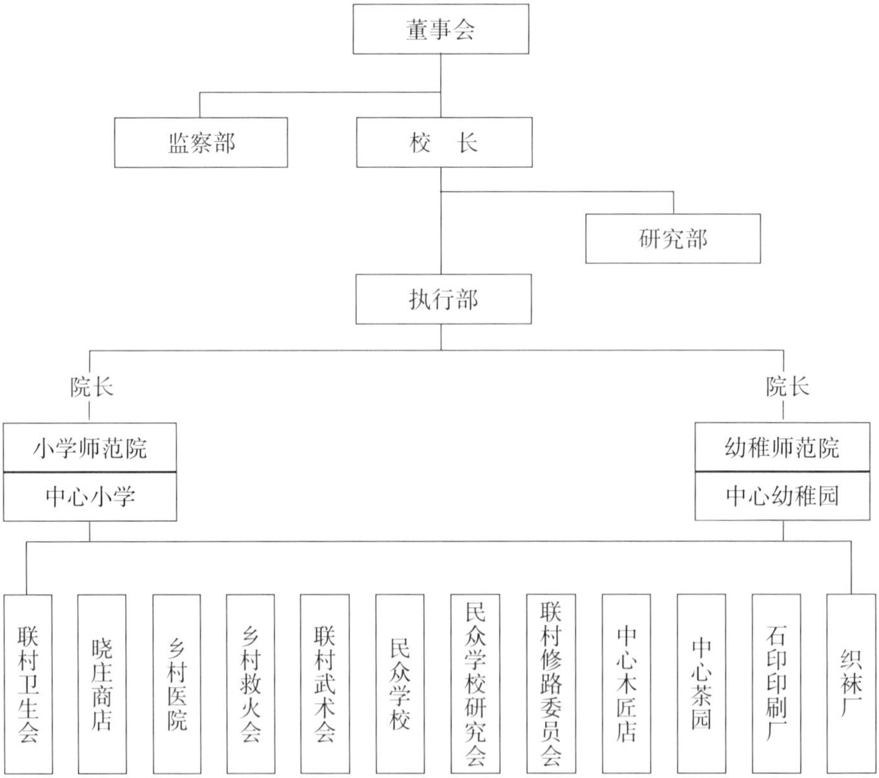

图1-1 晓庄学校的组织结构[①]

从组织结构看，晓庄学校已经不是传统的学校或师范学校能够包含的。其

①陶行知等著，李定开编：《为中国教育寻觅曙光》（上册），四川教育出版社，1989，第41页。

中两院主要是培养小学、幼稚园师资，研究部则侧重于研究。后来的实践证明，研究部是非常重要的。它“是本校各项活动的灵魂。现有本校指导员十余人组织而成，拟更加扩充，添聘专家，用科学的方法，研究乡村教育的实际问题。我们很盼望它能够发展滋长成为中国乡村教育改造有力的源泉”[①]。1928年元旦日，陶行知提出晓庄“科学化”，当年7月就成立了晓庄科学社，提出培养科学的人生观、构造科学的环境、制造简单的科学工具、研究科学的教学做等四条宗旨。当时的国民政府大学院对其研究性质非常明确，1928年曾决定每月补助500元作为专门研究经费。可见，生活教育的研究传统始于晓庄。以陶行知为核心，逐渐形成了一个研究共同体[②]，生活教育得以不断发展。

（四）课程设置

晓庄学校因奉行生活教育，故“我们的实际生活，就是我们全部的课程；我们的课程，就是我们的实际生活”[③]。没有课内活动和课外活动之分。全部课程以“教学做”命名，分为五部分：

（1）中心学校活动教学做（30学分），包括国语、算数、公民、自然、历史地理、园艺农事、体育游戏、艺术、童子军。

（2）中心学校行政教学做（3学分），包括整理校舍、布置校景、设备、卫生、教务、经济等。

（3）分任院务教学做（6学分），包括文牍、会计、庶务、烹饪、洒扫、缮写、招待教学做。这些都由指导员指导学生来完成。全校只有一个粗工负责挑水，其余工作都由指导员和学生分担。

（4）征服天然环境教学做（16学分），包括科学的农业、基本手工、卫生等。

（5）改造社会环境教学做（5学分），包括村自治、平民教育、合作组织、乡村生活调查、农民娱乐。这项教学做，从学校三里路四周着手做起。每一个小村有两位负责。

①杨效春：《中华教育改进社晓庄学校报告书》，《乡教丛讯》1928年2卷11期，第1页。

②“研究共同体”的用法参考了李刚在《历史与范型：陶行知研究的知识社会学考察》（长春：东北师范大学出版社，2006年）中对陶行知研究共同体的阐释。

③陶行知：《陶行知全集》第2卷，成都：四川教育出版社，2009年，第289页。

(五)师生共生活

晓庄指导员和学生共教、共学、共生活。随着学校事业和陶行知影响的日益扩大,到1930年,学校指导员共有30人。他们与学生关系密切,共住于一个茅草屋内,有10个学生和1个指导员,里面有阅览室、会客室、饭厅、盥洗室、卫生间,屋后有一个小厨房,厨房之后有一个小菜园。这不仅是一种教学组织形式,更像是一个生活共同体,不仅传授知识、技艺,更重要的是通过教学相长,让学生成为完整的人。

这种生活共同体孕育了晓庄师生之间超乎寻常的感情,使他们在后续的生活教育运动中能够相互扶持、通力合作、共度危难。

四、晓庄学校的生活教育实践

依据生活教育原则,晓庄学校进行了乡村教育和乡村社会的改造。

1.乡村政治建设。组织附近农民组建联村组织,包括联村自卫团、联村救火会、联村禁烟会、联村运动会。这些联村组织,不仅使土匪敛迹,而且改进了农村生活,培养了农民的团体精神;另外这些组织的创建及其活动还培养了农民关注社会的意识和处理社会公共事务的能力,训练了他们如何开会,如何选举,如何行使创制权、罢免权等民主自治的能力,即培养农民具备初步的政治素养。

2.乡村经济建设。立足于"乡村教育的使命,是要在农业文明上建筑工业文明"[①]。晓庄引导农民组织合作社,以创造合理的工业文明,造就富的社会而非富的个人。到1929年3月在晓庄生活改造区内建成了6个信用合作社,虽然规模较小,经济效益也不高,并未达到陶行知初步所设想的农工商联合,但在当时却成绩极佳:"增高农友的信用,减除了农友的经济压迫,增加农友的生产力,提高农友的道德和知识,并且可以做发展乡村公共事业的中心。"[②]

3.社会公共事业建设。设立各种组织机构为农民提供健康的娱乐活动,如

①陶行知:《陶行知全集》第11卷,四川教育出版社,2009,第238页。

②《乡教丛讯》,1930年3卷3期,第3页。

创立晓庄、和平门、黑墨营、万寿庵四所中心茶园；创立晓庄、和平门、黑墨营、三元庵四所民众学校，对农民进行基本的读书、识字、常识和常能的训练，同时教给他们基本的政治观念，学做公民；创办晓庄、和平门、三元庵、万寿庵、吉祥庵、黑墨营六所并特约燕子矶、尧化门共八所中心小学，晓庄、和平门、黑墨营、三元庵四所中心幼稚园，培养有生活力的未来新农民。

晓庄学校即以这些事业为中心，以乡村教育先锋团①总揽，师生共同过健康的生活、劳动的生活、科学的生活、艺术的生活和改造社会的生活。

通过师生的努力，晓庄学校成为当时教育界尤其是乡村教育界的一颗明珠。令人扼腕的是晓庄学校于1930年4月12日遭到南京卫戍司令部强行查封，对乡村教育进行革故鼎新的晓庄学校结束了仅仅三年的生命，始于晓庄的生活教育试验被迫中止。

五、晓庄学校播下生活教育社的种子

晓庄学校虽然仅仅存在了三年，但取得了显著的成果，它拉开了中国生活教育运动的序幕。一则形成了生活教育理论的雏形；二则对乡村教育进行了创造性的探索；三则培养了大批乡村教育实践者和生活教育的忠实信徒；四则实现了晓庄精神和生活教育种子在全国各地撒播。这些成果为随后的生活教育运动成立各种组织及开展活动奠定了人力、指导学说的基础，为生活教育社播下了种子，成为生活教育社实际社史的开端。

（一）初创生活教育理论，成为生活教育社的理论共识

晓庄学校的各项教育改革试验在整个教育界造成了极大的轰动，但陶行知并未在乎这些“名”，他在1938年9月9日《中国的大众教育运动》中说，“晓庄试验……主要成果是形成了生活即教育、社会即学校、教学做合一的理论”。他在晓庄每天的寅会上发表的演讲，如《从野人生活出发》《平等与自由》《生活工具主义之教育》《教学做合一》《在劳力上劳心》《以教人者教己》《行是知之始》《生

①晓庄学校的自治组织，详细情况见第二章。

活即教育》等，把杜威的理论“翻了半个筋斗”，使“生活即教育，社会即学校，教学做合一”的核心命题逐步成立，初步形成了生活教育的基本理论体系。

“生活即教育”。这是整个理论的基本内核。其含义是：“是生活就是教育，不是生活就不是教育；是好生活就是好教育，是坏生活就是坏教育”[①]。“过什么生活便是受什么教育：过好的生活，便是受好的教育；过坏的生活，便是受坏的教育……我们要想受什么教育，便须过什么生活。”[②]它直接指向生活与教育的关系问题：生活决定教育，并揭示了什么是真正的教育。

“社会即学校”。既然“生活即教育”，那么“到处是生活即到处是教育。整个的社会是生活的场所亦即教育之场所。因此，我们又可以说：‘社会即学校’”[③]。这一命题则指向学校和社会的关系。它拆除了学校和社会间的藩篱和阻隔，主张学校向社会开放，学校可以自由地、有选择地吸纳社会中有益的成分，这样“教育的材料，教育的方法，教育的工具，教育的环境，都可以大大的增加”[④]。同时让学校和自然生活、社会生活联成一气，从而向受教育者展现一个真实的、完整的、连续的生活世界，为学生的成长和发展提供有益的条件。

“教学做合一”。这是生活教育理论的切入点。既是对生活和教育关系的进一步阐述，又是生活教育理论的方法论。教学做合一是生活现象和教育现象的说明，“在生活里，对事说是做，对己之长进说是学，对人之影响说是教。教学做只是一种生活之三方面，而不是三个各不相谋的过程”[⑤]。同时，教学做合一是生活法和教育法，“教的方法根据学的方法；学的方法根据做的方法。事怎样做便怎样学，怎样学便怎样教。教与学都以做为中心。在做上教的是先生，在做上学的是学生”[⑥]。“做”即行动，它不是盲目的行动，而是以实际生活为中心，在劳力上劳心。它以行动为先导，通过行动产生真知识，创造新价值，再以这真知识去指导行动，如此螺旋上升。

除了生活教育理论本身外，晓庄学校还孕育了生活教育理论的一些重要分支，

①陶行知：《陶行知全集》第2卷，成都：四川教育出版社，2009，第397页。

②陶行知《生活教育》，《生活教育》1934年01期，第1页。

③陶行知《生活教育》，《生活教育》1934年01期，第1页。

④陶行知：《陶行知全集》第2卷，成都：四川教育出版社，2009，第411页。

⑤陶行知：《陶行知全集》第2卷，成都：四川教育出版社，2009，第528页。

⑥陶行知：《陶行知全集》第2卷，成都：四川教育出版社，2009，第528页。

如幼稚教育、科学教育等。在以后的生活教育运动中,各有体现和发展。如山海工学团时期的劳工幼儿团、实施难童教育的育才学校都是幼稚教育的进一步发展;而20世纪30年代初的科学下嫁运动、自然学园等则是科学教育的进一步普及化。

孕育于晓庄师范的生活教育理论从此成为指导生活教育运动的主导学说,成为日后生活教育社的理论共识,并且随着生活教育社社员在各地的生活教育实践,生活教育理论又得到进一步发展,日臻成熟。

(二)探索乡村教育,成为生活教育社的实践起步

晓庄的实践取得的另一个重要成果是对乡村教育的探索。陶行知认为中国的根本问题之解决即中国乡村的根本改造,他的设想是通过改造乡村教育进而改造乡村社会,然后推广至全国,达到改造整个中国社会的目的。为了实现这个目的,陶行知提出了"乡村学校做改造乡村生活的中心,乡村教师做改造乡村生活的灵魂"①的双重实现途径。而晓庄学校就是实践他的理想的典型试验。陶行知率领晓庄师生以"生活即教育""社会即学校""教学做合一"为指导创办晓庄学校,从事乡村教育的改造,并且通过试验使本来还在胚胎状态的生活教育主张理论化,又对其进行进一步的试验与实践。

晓庄学校对乡村教育的探索无疑是成功的,它引起了社会各界的广泛关注,尤其是陶行知的老师、美国哥伦比亚大学师范学院的克伯屈教授提出,晓庄"实施的方针和办法,以及发动的理想,进步的过程……可以代表中国整个民族的精神",它是"教育革命的策源地"②。而社会各界参观、考察晓庄给予盛赞后,继而开始以晓庄为蓝本办理乡村师范。如江、浙、皖、闽、粤、赣、豫等省于1927年后增设了乡师,这些学校仿效晓庄模式,同时求援晓庄学生相助办理;而晓庄的毕业学生大多赴各县市增设的中心小学担任教师或校长,推动了乡村教育的改革和发展。而此后的工学团试验、普及教育运动正是建立在此基础上的。从这个意义而言,以晓庄学校试验为核心的乡村教育探索形成了生活教育运动史上的第一个高峰,成为生活教育社的实际社史开端。

---

①陶行知:《陶行知全集》第1卷,四川教育出版社,2009,第83页。

②《克伯屈先生演讲》,《乡教丛讯》1929年3卷20期,第1页。

(三)形成生活教育派,为生活教育社培养了骨干成员

生活教育的理论雏形和实践并非陶行知一个人的独创,而是晓庄师生共同实践和智慧的成果。从这个意义上说,晓庄还是一个学术的研究共同体。它形成了以陶行知为首的生活教育派,具体来说,它包括晓庄部分指导员和大学部毕业生(含有少数高中师范科毕业生)。

结合《陶行知全集》第9卷的"人名索引"和1937年陶行知上呈的《追认晓庄学校毕业生资格》,晓庄在三年间,先后担任指导员的包括专任和兼任的共有30人,在晓庄被封后继续参与生活教育运动的指导员有13人(具体见表1-1)。大学部毕业生32人①,在晓庄被封后有25人继续从事生活教育运动,他们是操震球、程本海、程今吾、戴自俺、戴伯韬、董纯才、马纯仁、马侣贤、王洞若、王琳、王瑞符、方与严、台和中、朱泽甫、陈锦昌、郑先文、李楚材、孙铭勋、唐文粹、杨寅初、汪达之、张劲夫、徐明清、李友梅、刘季平。②他们在进入晓庄前已经是大学末一年半的学生,受到过良好的学科和专业训练,文化基础较扎实,再加上年龄稍长、世界观较稳定,他们大多成为生活教育运动的骨干。此外,还有少量的高中部毕业生。

表1-1　晓庄被封后仍从事生活教育运动的晓庄指导员

学科、职务	姓名	参与的生活教育运动
手工及自然科学指导员	吕镜楼	参与自然学园,编著《科学丛书》
农艺指导员	邵仲香	生活教育社理事
社会科指导员(校务主任)	杨效春	乡村教育运动(参与山东邹平乡村建设、创办安徽黄麓师范)
小学部指导员	潘一尘	长期从事生活教育运动,生活教育社理事
晓庄学校指导员,劳山中学音乐教师	陆静山	生活教育社社员、重庆行知小学校长

①这32人不包括在晓庄三年中暴露的中共地下党员,如刘季平。

②这份名单主要来自于1937年陶行知上呈的《追认晓庄学校毕业生资格》,以及生活教育运动的相关资料。他们的具体情况见第三章第五节"主要社员概况"。

续表

学科、职务	姓名	参与的生活教育运动
幼儿教育员兼第二院幼稚师范指导员、吉祥学院院长	张宗麟	长期从事生活教育运动，生活教育社理事
晓庄学校指导员	王荆璞	参与乡村教育运动（参与厦门集美乡师建设）
指导员（兼任）	姚文采	生活教育社南京分社领导人
幼稚师范院（院长）	陈鹤琴	生活教育社理事、生活教育社南京分社领导人
指导员、校长办公室主任	丁柱中	主编《儿童科学》，创办儿童科学通讯学校；生活教育社社员
指导员	许世骐	育才学校董事、生活教育社理事、中国陶行知基金会顾问
指导员	黄齐生	生活教育社社员
指导员	王子建	百侯中学教师，工场主任

资料来源：陶行知：《陶行知全集》第9卷人名索引，四川教育出版社，2009，第483—732页；李刚《历史与范型：陶行知研究的知识社会学考察》，东北师范大学出版社，2006，第183—184页。

正是由于这批意志坚定、具有真才实学的师生，才成就了名动一时、享誉国内外的晓庄学校。他们是第一代生活教育研究和实践的核心成员，更重要的是他们构成了后续生活教育运动的主力，是生活教育社学术研究和实践的核心，因而是生活教育社的中坚力量。

（四）初步进行宣传和组织建设，为生活教育社准备了组织基础

晓庄学校注重组织建设，先后创办乡村教育同志会和乡村教育先锋团，前者群策群力共谋乡村发展，后者则是晓庄学校的自治组织。这两个组织在一定程度上已经具备现代社团的某些特征：它们的组织结构和运行机制基本完整，具有简章和宗旨，分别发行了会刊《乡教丛讯》和《乡村教师》①。这为生活教育社的成立准备了组织基础，尤其是乡村教育先锋团，可视为生活教育社的最初形态。

《乡教丛讯》和《乡村教师》两刊物的发行自然履行两个组织的宣传使命，全力宣传和推广生活教育理论和乡村教育实践。前者以宣传晓庄学校的试验和

①详见第二章第一节。

事业为主，后者则致力于乡村和外面世界的交流。在办刊过程中，生活教育派逐渐积累了办刊经验，为生活教育社的成立奠定了媒介基础。

（五）播撒了晓庄精神和生活教育的种子，为生活教育社奠定了民众基础

晓庄学校被封后，生活教育派成员“分布在苏、浙、皖、豫、鲁、冀、甘、川、黔、粤、闽、赣等省工作，以晓庄精神开展生活教育运动”[①]。尤为突出的是 见表1-2：

表1-2 晓庄师生在各地开展的生活教育运动（部分）

时间	人物	地点
1930年夏	程本海	广东龙川乡师
1930年	陈锦昌	广东鹤山乡师
1932年夏	张宗麟、潘一尘、陆静山等	厦门集美乡师
1933年秋	潘一尘、王瑞符、唐文粹等	广东百侯中学
	刘大作、朱泽甫、盛震叔等	广东大埔县大麻中学
1931年下半年	杨效春、张宗麟、潘一尘	参与山东邹平乡村建设

资料来源：王文岭：《广东现代乡村师范建设与生活教育运动述论》《生活教育运动在闽南和粤东的兴衰》，《生活教育》2012年08期，第24—27页、10期第25—30页。

借助这些实验，晓庄精神和生活教育的种子得以撒播，扩大了生活教育的影响，为生活教育社的成立创造了广泛的民众基础。

生活教育社作为民间教育社团，中国社会和中国教育的现代转型是孕育它的独特土壤，杜威的实用主义教育理论为其提供了丰富的思想资源，而陶行知在中华教育改进社名义下所创办的晓庄学校则为生活教育社的创立在人力、组织、宣传媒介、民众基础等方面做好了准备，成为孕育生活教育社的母体。经此孕育，生活教育社于20世纪30年代秘密成立，后又历经近十年的发展，于1938年12月15日在广西桂林公开成立。

①朱泽甫：《陶行知年谱》，安徽教育出版社，1985，第188页。

第二章

生活教育社的胚胎和萌芽

陶行知推行教育事业非常重视组织建设，他说：“凡事要有组织，才办得好。所以小事要小组织，大事要大组织。有人说，我们中国人凡三人以上之团体，人愈多则力量愈小。这句话对与不对，我们姑且不管，但是现在中国一般团体，总不能说组织能力不缺乏。”[①]在生活教育运动的开展过程中，生活教育社虽然直到1938年12月才公开成立，但从乡村教育运动开始，到普及教育运动乃至国难、战时教育运动，陶行知就分别领导创建了乡村教育同志会、乡村教育先锋团、普及教育助成会、国难教育社和抗战教育研究会等作为推动生活教育运动的组织。它们是生活教育社的胚胎和萌芽，处于生活教育运动的不同阶段，有各自的发展背景、状况、主要活动、特点及历史地位。

第一节　乡村教育同志会和乡村教育先锋团

20世纪20年代前后，乡村教育思潮逐步形成，乡村教育实践开始出现。中华教育改进社自1925年起把社务转向乡村教育。为了推进这一新兴的教育，乡村教育同志会于1926年12月成立，出版《乡教丛讯》，并借助晓庄试验乡村师范学校，成立乡村教育先锋团。

①陶行知：《陶行知全集》第1卷，四川教育出版社，2009，第513页。

一、乡村教育同志会

乡村教育同志会由中华教育改进社创立，主要的工作是编辑《乡教丛讯》，促进乡村教育交流，推进乡村教育改造。随着晓庄学校被封，中华教育改进社的事业全面终结，乡教同志会也随之终止。

（一）成立契机

乡村教育作为一种思潮，在中国真正受到重视是在第一次世界大战之后。新文化运动尤其是五四运动时期民主思想的传播和推广，教育界兴起平民教育思潮和平民教育运动。在推行平民教育运动的过程中，一些关心时局和国家民族命运的学者，越来越清楚地意识到中国是一个农业国，解决农村、农民问题是解决中国问题的先决条件。他们纷纷寄望通过乡村教育来提升农民素质，进而改进乡村社会。于是乡村教育愈来愈受到关注，到20世纪20年代逐渐形成一股思潮和运动。

1919年，余家菊在《中华教育界》上先后发表《乡村教育之危机》和《乡村教育运动的涵义和方向》，率先倡议乡村教育；他就乡村教育的意义、形式、对象、乡村教师的角色等提出了诸多影响后来乡村教育运动的观点：教育为立国之本，必须注意大多数国民所在的乡村社会；形式上应当取法半耕半读的办法尤其应注意用职业教育来解决贫民子女读书问题；注意"提倡男女同校"和开设"家庭附校"；应借鉴西方"以学校为社会的中枢"，指出乡村教师应同时担负社会教育的责任，乡村学校应设在几个村子的中心点，"在社会上应占领袖地位，负改良社会的责任"。[①]

继余氏的乡村教育言论后，乡村教育逐渐由思想层面的认识转向实践层次的行动。如中华职业教育社在1920年设立"农业教育研究会"，探究适合乡村社会生活的职业教育；几乎与此同时，对乡村社会的注意已在各地有所显现：1922年初，在湖南长沙农村成立补习教育社，以"增进农村人民常识，改进农村生活"为宗旨，在长沙农村进行了一种新形式新内容的乡村教育活动。

---

①余家菊：《乡村教育的实际问题》，《少年中国》1922年3卷6期，第30—34页。

1923年8月,陶行知和朱其慧、熊希龄等发起创立中华平民教育促进会,陶行知任董事会书记,随后致力于推进平民教育运动,不到7个月的时间,这一群众性的教育运动已推行到15个省区,读会《平民千字课》的人已经达到30余万。然而在推进过程中,陶行知逐渐认识到"中国以农立国,一百个人当中有八十五个住在乡村里。平民教育是到民间去的运动,也就是到乡间去的运动"[①]。1924年,中华教育改进社成立乡村教育委员会,开始关注乡村教育问题,并由陶行知、赵叔愚、邵仲香等领导开始乡村教育实践。

(二)发起过程和成立

1926年11月21日,陶行知以中华教育改进社的名义召集南京周边的"特约乡村学校"[②]教师在明陵小学集会,研究乡村教育问题。除了特约学校教师外,陶行知、赵叔愚、邵德馨、丁超、徐作人等到会。会上提出把特约乡校教师组织起来,成立教师研究会,每月一次,四校轮流举行。最后,由陶行知宣读《我们的信条》,可视为该研究会的成立宣言或立会宗旨。

1926年12月25日,中华教育改进社特约试验乡村小学校教职员代表在南京尧化门小学召开第二次特约乡校教师研究会。参加者除第一次会议的四所特约乡校代表外,增加了无锡开原一小[③]的潘一尘、陆静山、姚子克等。陶行知及赵叔愚、江宁县教育局长孙阆仙、教育委员徐作人等到会指导。会议誓词是《我们的信条》。会上会员有诸多提议,其中有两项较为重要:一是中华教育改进社将出版《乡村教育丛讯》,希望会员充分投稿。二是陶行知报告中华教育改进社拟组织乡村教育同志会,并拟有简章十一条。经过会员商议,于乡村教师研究会结束后即召开乡村教育同志会成立大会,通过《中华教育改进社乡村教育同志会简章》[④]十四条,并讨论征集同志办法。当时签名加入者,计有陶行知、赵叔愚、丁超、潘一尘、毛瑞芝[⑤]、陆静山、江希彭等23人。

①陶行知:《陶行知全集》第8卷,四川教育出版社,2009,第29页。

②包括明陵小学、尧化门小学、燕子矶小学、笆斗山小学。

③校长是潘一尘,后参加晓庄学校创校以及其他生活教育运动。

④《中华教育改进社乡村教育同志会简章》,《乡教丛讯》1927年创刊号,第3页。详情见文后附录1。

⑤即毛遂之。

根据简章规定，该会“依据中华教育改进社乡村教育政策组织而成，以群策群力共谋中国乡村教育之改造为宗旨”。采用委员制，“本会设执行委员九人处理一切会务”。“执行委员会由会员通信选举，任期三年，每年改选三人，连选连任……第一次执行委员会任期一年、二年、三年者各三人，于第一次开会时签订之，选举执行委员会时应推举司选员三人，管理下届选举事宜，被改选之三人应由司选员加倍提名寄予全体会员选举，但会员欲于提名外另选他人者听。”“执行委员举定后应互选委员长一人，文牍一人，会计一人，庶务一人，编辑四人，分理会务。”“委员会常会每月举行一次，遇有重要问题得由委员长召集临时会议，全国支部代表大会则每两年举行一次。”

委员的任务：“联合全国同志力谋乡村教育之改造；编辑乡村教育丛讯以沟通各地乡村教育同志之声气；调制全会同志一览以资本会存查；征集同志俾本会分工合作之分子得以继续增加；每月报告中华教育改进社一次并将该报告送交新教育评论披露；答复会员质疑问难；发给入会证；保管入会志愿书；核准分会支会成立；其他重要事项。”

根据简章，乡村教育同志会设会员资格，凡要入会者，前提是要接受在成立大会上通过的《我们的信条》为行动纲领和指南，并填写志愿书：

本会会员于入会前应照下列格式填写志愿书及履历表各一纸。愿书：仅愿为本会会员并以至诚依据信条为中国乡村教育努力。

此致

中华教育改进社乡村教育同志会

年 月 日

在此基础上，还需满足下列资格之一：“（甲）实际在乡村服务者；（乙）学术实力足以研究或提倡乡村教育者；（丙）初中以上各级学校末二年学生预备毕业后从事乡村教育者。”由此可见，同志会对会员资格的要求较为注重会员对乡村教育事业的热爱，正如陶行知所说，“那超过一切的是有没有一颗为乡村人民和儿童服务的心”。入会的会员分为三种，各自有不同的任务：“甲种会员应依据信条切实进行本职本校本村之改造；乙种会员应依据信条切实提倡研究乡村教育；丙种会员应依据信条切实做服务乡村之准备；各会员应随时向总会报告进行状况以便编入乡村教育丛讯。"每位会员每年应交纳会费大洋4块，《乡教丛讯》每期将邮寄给每位会员一份。三种会员分别对应乡村教育实践者、理论研究者、师范生。

这次会议不仅成为乡村教育同志会的成立大会，乡村教师研究会也自然纳入该会中。因有《乡教丛讯》的沟通以及之后晓庄学校的创办，乡村教育同志会仅半年时间，会员就发展到上千人。

（三）主要活动

依据简章，乡村教育同志会主要的活动即发动乡村教育运动，以改进乡村教育。而乡教运动主要通过随后创办的晓庄学校实施之，并通过编辑发行《乡教丛讯》予以宣传和推广。

1.编辑发行《乡教丛讯》

（1）编辑概况

《乡教丛讯》是乡村教育同志会的机关报，1927年1月1日创刊，为半月刊，每月1日和16日出刊，为8开版，每期4页，由乡教同志会与中华教育改进社合办，1928年该刊改由晓庄学校和乡村教育同志会合办。其办刊宗旨，"顾名思义我们就可知道，这是鼓吹和树立乡村教育的刊物"[①]。在创刊号上，《中华教育改进社改造全国乡村教育宣言书》和陶行知的《中国乡村教育的根本改造》言明了该刊的宗旨和定位。其目的即沟通乡村教育消息，研究乡村教育问题，促进乡村教育的普及与改造。

该刊初由赵叔愚主编，共办了5期，即因战事而中止，缺7期。从第一卷12期起，由晓庄同学轮流编辑，编至17期，又因战事而中止，后又编辑了第21期，故一卷因战事原因共出版12期。从第二卷起由专人负责编辑，按期出版。该刊终刊于1929年，共出版3卷60期。从晓庄的筹办到成立以及发展都一一做

①戴邦：《一周岁的乡教丛讯》，《乡教丛讯》1928年2卷01期，第2页。

了介绍，围绕晓庄师范，就刊载了16个专号。从编辑成员来看，整个晓庄就是一个编辑大家庭。虽然这些人并不能符合一份期刊对编辑成员的专业性的要求，但他们共同参与创办了晓庄学校，熟知办学活动，并在陶行知指导下逐步增加编辑经验。编辑者也是《乡教丛讯》的作者主体，晓庄指导员主要阐述乡村教育和生活教育的理论，而晓庄学生则主要记录晓庄各事业的实践。

（2）内容及特色

《乡教丛讯》的内容主要有三：一是乡村教育问题的研究；二是生活教育理论的阐发；三是乡村教育实施的报告。最初并没有设固定的栏目，"是凡言论、报告、记事、书信、演讲、文艺，只与乡村教育有关都尽量的登载"①。从第3期起，主要设有《言论》《特载》《专件》《记事》等栏目。此外，还少量刊登了各国学者关于乡村教育的理论，摘录全国乡村教育界消息的记载，记录中国乡村教育的实际活动等。

《言论》代表的是乡教同志会的观点，由陶行知、张宗麟、杨效春等撰写，主要是乡村教育和生活教育理论的探讨。陶行知后来收到《中国教育改造》中的9篇文章都发表在此栏目，分别是《中华教育改进社改造全国乡村教育宣言书》《中国乡村教育之根本改造》《试验乡村师范学校答客问》《我们应当向谁拜年》《创设乡村幼稚园宣言》《中国师范教育建设论》《工具教育》《从野人生活出发》《平等与自由》《教学做合一》《在劳力上劳心》《以教人者教己》。这些文章指明了乡村教育运动的总方向，阐述了乡村教育的类属，尤为重要的是形成了生活教育理论的雏形，尤其是对教学做合一方法论进行了初步阐述。

《特载》主要刊载政府乡村教育政策及指导，如《苏义教会之农村师范评点表》《江苏开办教育委员讲习所计划》《江苏地方教育行政之视察标准》《杭州市教育局创办西湖中心小学计划书草案》《三民主义千字课序》。

《专件》主要刊发指导乡教的文章，如《中华教育改进社辅导乡村小学办法》《中华教育改进社拟定全国乡村学校大比赛办法》《中华教育改进社特约乡村学校办法》《中华教育改进社试验乡村师范学校组织大纲》等。

《记事》是记录改进社召开的重要会议，如中华教育改进社特约乡村学校教师三次研究会会议、乡村教育同志会成立大会、晓庄试验乡村师范院务会议，从

①《乡教丛讯》，1928年2卷01期，第2页。

第12期开始，主要记录晓庄创办之过程、参观晓庄学校之纪实。

《通讯》栏目是介绍优良农村小学以交流乡教经验，如《吴县之优良乡村小学》《常熟的优良小学》《浙江萧山县东乡社会概况》；陶行知与报考学生的通信交流，其中包括晓庄第1期13位学生报考的来龙去脉。

从一卷21期起，增设《演讲》栏目，主要刊登社会名流到晓庄的演讲。有一卷21期许士骐的《艺术是什么》、二卷2期的《蔡董事长训词演讲稿二篇》，二卷9期倪丹的《小学生物教学法原则》、二卷20期的《克伯屈先生演讲》等，三卷10期的《薛子良先生在晓庄联村运动会中演说词》。其中较为著名的是克伯屈的演讲，他在演讲中盛赞“晓庄是教育革命的策源地”。这一方面说明晓庄办学已经获得了一定的认可，另一方面借助这些知名人士的演讲扩大了晓庄的影响力。

除了这些固定栏目外，较有特色的是以出版专号的形式，集中深入报道晓庄各事业的状况。所谓“专号”即集中精力对某一问题进行深入研究。《乡教丛讯》最主要的任务即宣传晓庄学校的乡村教育实验，采用专号或特辑的形式可以较为集中地向世人展现晓庄的事业和特色。具体有：

表2-1《乡教丛讯》各专号名称

刊期	专号	刊期	专号
2/7	创办单级小学	3/3	二周年纪念特刊 第二号
2/15	第一期同学出发	3/3	二周年纪念特刊 第三号
2/21	中心小学	3/9	悼陶汶美
2/22	联村事业	3/10	民众教育
2/23	小学农事	3/13	晓庄学校卫生组织
2/24	乡村幼稚教育	3/14	讨论农事
3/3	二周年纪念特刊 第一号	3/17	幼稚教师

资料来源：《乡教丛讯》，1928年—1929年2、3卷，目录页。

(3)《乡教丛讯》的特点

《乡教丛讯》是乡教同志会的会刊，也是生活教育运动的第一份刊物，对于生活教育运动而言意义非凡。虽然在杂志的规模、规范性上有所不足，但从数量上说，以微薄的人力仅三年就出版了3卷60期，而且自出版后历经半年，销售量即达2000份。这是很了不起的。

其最大的特点就是具有会刊的显著特征，它是谋乡村教育的改进，宣传晓庄学校这一新式乡村教育事业的主要舆论媒介。它是世人了解晓庄，了解这一新式教育改造的重要窗口。

2.继续推进特约乡村教师研究会

1927年1月15日，中华教育改进社特约乡村教师研究会第三次会议在无锡开原一小召开。到会人数共计百余人，除南京燕子矶小学、笆斗山小学、尧化门小学、明陵小学师生30人外，还有江苏省教育厅厅长江问渔，省教育会会长袁观澜，中华教育改进社主任干事陶行知，东南大学教授赵叔愚，助教盛朗西、邵仲香，省视学章伯寅，宝山教育参观团宋维敬、曹增祺，无锡教育局长蒋仲怀，第三师范学校校长陈谷岑，竟志女学校长侯葆三，三科主任许少仙及县立诸校的校长教师等。宾主相聚一堂，畅谈乡村教育实际问题和改进的意见。由于来宾众多，所以各科研究报告一项改由个人著为论文在《乡教丛讯》上发表。

3.开展乡村教育实践

乡教同志会及《乡教丛讯》的创刊为随后创办晓庄做好了组织和思想上的准备，从而拉开了生活教育的第一个运动，即乡村教育运动。乡教同志会的中心活动即创办晓庄学校，并以其为实体推进乡村教育的改造。①

乡教同志会的宗旨虽言明要“群策群力”，但因中华教育改进社自第四次年会后即开始式微，随着改进社正常活动的终止，它不仅失去了组织的庇护，也失去了经济上的援助。乡教同志会中真正推动乡村教育运动者主要是陶行知及晓庄的一批师生，并未实现“群策群力”的目标。

但以生活教育理论为指导的晓庄试验显然是卓有成效的。1928年10月陶行知派操震球、程本海、方与严、王琳、李楚材等赴浙江创办了浙江湘湖师范；1929年6月，又派李友梅、蓝九盛等赴江苏淮安创办新安小学。晓庄被封后，程本海和陈锦昌等前往广东参与、协助办理广东乡村师范建设；张宗麟等赴厦门集美创办集美乡师，潘一尘则于1933年秋赴广东大埔办理百侯中学。晓庄师

---

①详见第一章第三节

生在各地开展的乡村教育实践，是晓庄精神的延续，也是生活教育理论的播撒和推广，在一定程度上实现了乡村教育同志会“以群策群力共谋中国乡村教育之改造”的宗旨。

二、乡村教育先锋团

乡村教育先锋团成立于晓庄学校创校后，它是晓庄学校自治的实体，以发行刊物、推行晓庄学校自治为主要活动。终结于晓庄被封之后。

（一）成立缘起和过程

晓庄学校成立后，学校的组织、管理、师生等都是独树一帜的，充满革新的风气。在学校管理上，为纠正学生自治可能引发的乱象，晓庄实施师生共同生活的方法，即由学校全体成员共同治理学校事务，于3月开学即创立了共同生活分任委员会，此为乡村教育先锋团的前身。该会以“发挥互治精神，练习治事能力为宗旨”①，由学校全体人员组成。组织上设正副主席、书记各1人，以学校事务类别为准分为13部，各部设正副部长各1人，由全体会员公选。

晓庄倡导师生共生活、共甘苦，理念虽好，但实施颇不容易。在具体的学校自治实践中，发生诸多问题，故反省该会“组织太散漫，做事每乏效率”，酝酿许久后，决议采取军队组织的精神，“乡村教育先锋团就应着这种需要产生的”。此名一改，比较显著的是加上了“先锋”二字，“先锋”一是为表达晓庄学校愿为中国乡村教育改造的先锋而身先士卒的决心和毅力，二是以“先锋团”命名，乡村教育改革迫在眉睫，需要以军队的纪律和精神以更大程度地发挥组织的作用，提高效率。

乡村教育先锋团②成立于1927年7月，在成立大会上会员进行宣誓，其宗旨是采取军队组织精神以整肃共同生活之纪律，增进团体行动之效率。

---

①陶行知等著、李定开编：《为中国教育寻觅曙光》（上册），四川教育出版社，1989年，第19页。

②方与严曾说过乡教先锋团是生活教育社的前身，但并未得到证实。先锋团作为晓庄学校的一种自治组织，其宗旨和使命、责任必和晓庄一致，其范围却是囿于晓庄学校内的，是晓庄实施生活教育的一种方式，称其为生活教育社的前身实是不妥，但其确也构成了生活教育社最终成立的基础。

团员由全校人员构成，无论是校长、师生、校工，只要是十六岁以上的，便可成为该团团员，十六岁以下的，便作为幼年团员，只有建议权，而没有表决权，更没有选举权和被选举权。采取军队组织精神，先锋团组织上具体分为“团”和“队”两层，团部主要负指导之责，具体由总队所辖各队实施。

先锋团以校长为团长，两院院长为副团长；指导部由学校指导员组成，有指导部会议，指导各项共同生活；纪律部由团员公选，师生共同组织，维持纪律并监督团员行为；总队长由团员公选，下分8队，每队队员若干人，每队队长由各队队员公选。团长、指导部和纪律部都要对团部会议负责，由师生共同立法形成团规，全体团员受团规管束；如若违反团规，任何人都要受到纪律部制裁，到自省室反省。①

团部会议以每周六的生活周会为主要方式，解决团内重大事务，“检讨过去一周的生活，计划下一周的生活”“生活周会是晓庄生活教育先锋团的最高权力机关，上自校长，下至工友，都是生活的成员，都应当出席，都有发言权、表决权”。②

（二）主要活动

乡村教育先锋团成立后，主要开展了发行刊物、指导晓庄学校的自治实践等活动。

1.开展学生自治

依托乡教先锋团，晓庄成立会计、庶务、文牍、图书、考核、支配、出版、编辑八部，主要由学生负责，每部订立了规程，规定具体的运作方式和相关事宜。学生以此进行团体自治工作，练习治事能力和养成互治精神。除此之外，学生还在指导员的指导下参与征服自然环境和改造社会环境等事务。

晓庄学校的这一做法效果很是明显，也开创了乡村教育的先河，确实能够担当“先锋”二字。梁漱溟在参观晓庄后曾言，“晓庄学校有三点颇合于我们的意思：一有合于教育道理；一有合于人生道理；一注重农村问题”。这样培养出来的学生，“一，有能力：……工作的能力；智慧方面的能力；作团体社会生活的能力，这就是指他们的自治与学生分任校务”③。

①杨效春：《晓庄一岁》，《为中国教育寻觅曙光》，四川教育出版社，1989，第16—19页

②方与严：《纪念“犁宫”》，《生活教育十一周年纪念特刊》，生活教育社出版，1938，第9页。

③梁漱溟：《他山之石》，《乡村教师》1930年06期，第18页。

2.编辑并发行《乡村教师》

(1)《乡村教师》之创刊与宗旨

"乡村教师做改造乡村生活的灵魂",乡村教师的质量是乡村教育办好的关键。然而乡村教师的生存状况堪忧,物质上贫困,精神上尤为贫瘠和苦闷。如陶行知所言,"生长三家村,苦守五家店。知己遍天下,终身不相见"①。为了消除这种苦闷,1929年12月17日,中国乡村教育先锋团举行大会,决定筹办《乡村教师》周刊。大会推举陶行知、操震球、方与严、胡尚志、石俊、董纯才、易铁夫等7人为委员,组成委员会。24日推举陶行知为委员会主席,方与严为总编辑,程本海为总经理。1930年2月1日,《乡村教师》创刊号出版,陶行知写了发刊词,即《乡村教师宣言》。他说:"小的村庄愿与大的世界沟通,周刊便要负起这个使命。世界的沟通在于人的沟通;人的沟通,在于心灵的沟通。全世界乡村教师有了谈心的机会,然后小的村庄与大的世界乃有沟通的希望。"

《乡村教师》的宗旨是"以最诚挚的态度,最生动的文字,介绍教育上最有价值的材料于全国乡村教师,以谋乡村教育的进展,乡村生活的改造"②。为此,拟刊登的内容:"以短小精悍笔力生动者为合选,而尤以能用为乡村教师参考材料和乡村人民小朋友应用材料者为上选。"③

《乡村教师》编委会由7人组成,其具体情况见下表:

表2–2《乡村教师》编委会组成

成员	简历
陶行知	安徽歙县人。晓庄学校校长,乡村教育运动的领导者,生活教育理论的创始人
操震球	安徽怀宁人。1926年清华大学教育心理系,晓庄第一期13名学生之一,1928年曾任浙江湘湖师范学校校长
方与严	安徽歙县人,进晓庄之前已在安徽中小学和教育行政部门工作了近20年,年龄比陶行知还大,并携一子一女入晓庄大学部,成为一时美谈。曾在湘湖师范继操震球后任校长;晓庄学校校务主任、代理校长

①陶行知:《陶行知全集》第2卷,四川教育出版社,2009,第408页。

②《本刊宗旨》,《乡村教师》封二。

③《本刊征文启事》,《乡村教师》封二。

续表

成员	简历
胡尚志	湖北潜江人。1929年入晓庄学校就读
石俊	江苏如皋人,1928年考入晓庄学校。参加筹建晓庄联村自卫团并担任大队长,1929年担任晓庄中心小学校长
董纯才	湖北大冶人。1928年进晓庄学校就学,晓庄学校大学部学生
易铁夫	四川中江人。晓庄学校学生

资料来源:陶行知:《陶行知全集》第2卷,四川教育出版社,2009年,第408页。

从成员经历来看,编辑委员会并非一支专业的编辑团队,但他们都是乡村教育运动的骨干,也有过《乡教丛讯》的编辑经验。这7人中,陶行知为指导,操震球、方与严、董纯才皆为晓庄大学部学生,无论是从学术素养、研究水平来说,都是可以胜任编辑工作的。除编委会外,《乡村教师》还聘请专任编辑及特约海内外教育专家撰著译述。

(2)《乡村教师》编辑概况

《乡村教师》是周刊,从创刊到1930年4月7日晓庄学校被勒令停办,共出版11期。版面基本在20版20000字左右,但第7期的晓庄三周年纪念特刊增加了40000多字,11期的“蟠桃园”专号也有所增加。

该刊并没有划分具体的栏目,较为固定的有:一是主编方与严从第5期开始的《卷头语》,介绍本期文章来源、主要内容作为本期提要。二是《乡村教育大事记》。主要特载乡村教育的相关政策、乡村教育的消息、乡村教育的相关方案。包括教育部所颁《师范教育方案》,关系到乡村师范在教育系统上的地位;《三民主义的乡村教育案》(1930年国民党三中全会通过),以示中央注重乡教之意;《中小学一律用国语教员》(3.11教育部):教育部推行普及教育的两个重要计划:《实施义务教育》《实施成年补习教育初步计划》;还有事关晓庄学校发展的,即为推进村治而拟定的《为组织试验乡推行村治呈民政厅文》以及《晓庄师范解散》等。

从刊发的文章来看,主要可归为几类:

一是校外来宾演讲。演讲内容包括国外乡村教育之介绍,如第4期罗良铸的《德国乡村教育》、顾树森的《丹麦乡村教育》;乡村教育理论之阐发和实践之介绍，如第6期江恒源的《中国乡村改造之我见》、梁漱溟的《他山之石》、第8期陈志潜的《小学卫生》、第10期常宗会的《中国蚕桑事业与乡村教师》，较为重要的是陶行知在第9期发表的《生活即教育》，它是对生活教育理论的进一步阐释；乡村教师的言论之阐释，如第8期张宗麟的《打倒师威》、第5期孙铭勋的《幼稚教师是一种什么人》。

二是以生动活泼的形式提供游戏、剧本、生活纪实等乡教材料。如第5期董纯才翻译的《植物之奇象》、第4期欧巾雄的晓庄幼稚园游戏《捞鱼》、第6期皖四女中实小方槐三的《不要钱的试验电灯》、第10期朱庆祥的剧本《起来》、第5期夏德琴的生活写实《梁稷辨》、第9期徐企周的《到大自然里去》等，还有"学生园地"栏目中晓庄小学学生的生活教学做等。

三是刊登晓庄事业。包括第7期的"晓庄三岁"专号和第11期的"蟠桃学园"专号。"晓庄三岁"专号以大量篇幅由晓庄师生总结了晓庄三年来的办学成绩，较有代表性的是陶行知的《晓庄三岁敬告同志书》。"蟠桃园"专号则是对晓庄幼稚事业之总结。

(3)《乡村教师》的特点

一是期刊编辑工作逐渐规范化。因为编辑团队趋于专业化，所以相较于《乡教丛讯》，《乡村教师》逐步具有办刊的专业性和规范性，这表现在每期均在版权页上言明了"创刊宗旨""投稿须知""征文启事"，并按期出版。

二是作者群多元化且基层化。因着"要和大的世界沟通"，作者群并不局限于晓庄师生，既有教育专家担任撰著译述，如时任南京市教育局局长的顾树森、省教育厅江问渔、乡村教育专家梁漱溟等；也包括一线教师，如皖四女中实小教师；更有特色的是刊登学生之作，如《学生园地》栏目文章的作者即为晓庄小学等学生。

三是内容更广泛。如果说《乡教丛讯》以介绍晓庄试验为中心，那么《乡村教师》则是为乡村教师提供各方面的乡村教育材料，以实现"小的村庄与大的世界之沟通"。

以乡村教育同志会和乡村教育先锋团为组织，以晓庄学校为实体所进行的生活教育实践构成了生活教育运动的第一个运动：乡村教育运动。它是整个教育史上的一场革命，革"劳力劳心分家"的命，革"治人被治"的命。正如陶行知所说:“晓庄是从爱里产生出来的……有了爱便不得不去找路线,寻方法,造工具,使这爱可以流露出去完成他的使命。流露的时候,遇着阻力便不得不奋斗——与土豪劣绅奋斗,与外力压迫奋斗,与传统教育奋斗,与农人封建思想奋斗,与自己带来之伪知识奋斗。这奋斗之历史,也就是这颗爱心之历史。晓庄没有爱便不能奋斗,不能破坏,还能建设,不能创造。”[①]所以,晓庄学校是以战斗的姿态出现的,生活教育也是以战斗的姿态出现的,他主张劳动人民要起来学习做自己的主人和国家的主人。

同时,在实践中形成了生活教育理论的雏形:生活即教育、社会即学校、教学做合一,行是知之始,在劳力上劳心,以教人者教己。经由晓庄学校的实践和《乡教丛讯》《乡村教师》等的宣传,生活教育理论和乡村教育思想得到广泛传播。在这个意义上,乡村教育运动是生活教育运动史上的第一个高峰。虽然这一运动随着晓庄被封而中断,但正如陶行知所言,“晓庄是一部永远不会完稿的诗集”。晓庄师生受邀赴各地襄办乡村教育,生活教育的种子开始在各地生根发芽。他们在各地以晓庄为范本,开展生活教育实践,不仅丰富了生活教育的理论,而且在全国范围内播撒了生活教育的种子,促进了生活教育运动在全国的兴起。

第二节　《生活教育》杂志创刊暨“生活教育社”名义之出现

乡村教育同志会和乡村教育先锋团的终结以及《乡教丛讯》和《乡村教师》周刊的终刊使得生活教育这一新兴理论暂时失去了宣传的媒介,但这并不意味着生活教育运动的终结和生活教育理论的探索之中断。为了继续宣传这一理论,陶行知自1931年春从日本悄悄回国,匿居上海,开始思索生活教育的新出

①陶行知:《陶行知全集》第2卷,四川教育出版社,2009,第450页。

路、中国社会的新出路。生活教育社即于此期间秘密成立[①]，同时发起科学普及教育运动和工学团试验。为了继续探索、传播生活教育及工学团、小先生的新试验和新主张，《生活教育》半月刊应运而生，“生活教育社”名义也自此产生。

一、《生活教育》的创办

《生活教育》于1934年2月16日创刊，由上海儿童书局出版。陶行知任主编[②]，戴伯韬任责任编辑；从创刊到1936年8月停刊，共出版3卷60期。陶行知在创刊号上发表的《生活教育》，可以说是发刊词，也为该刊物规定了基调和方向，即办刊旨在中国教育界广泛地宣传生活教育理论，希冀为中国教育探索新的出路。

从期刊外在形式看，《生活教育》充满典型的“生活教育”气息。第一、二卷每期封面都有陶行知的亲笔题词“工以养生、学以明生、团以保生”，表明生活教育正在实施工学团试验；除此每期封面都刊载陶行知关于生活教育的一首诗

①关于生活教育社的秘密成立，经考证有如下论据：

（1）1930年夏，陶行知召集在沪晓庄校友在孟渊旅馆开座谈会，检讨过去晓庄的工作和中国革命问题，提出“绿色政党”。胡晓风后来提出这是生活教育社成立的先兆。他曾向张劲夫询问，张劲夫答复说他1932年去上海参加工学团工作时就已担任生活教育社的某项职务，只是记不清什么职务了。据张劲夫自己回忆，是“生活教育社常务理事”，并且每周六参加生活教育社活动。（参见《张劲夫文选》）这证明在工学团成立前生活教育社已经成立。

（2）1934年1月20日，陶行知致信生活教育社全体同志，表示今年元旦立志要在一年之内亲手写一千封信，以便彼此交流心得，讨论问题。此时《生活教育》杂志尚未创刊。

（3）1934年1月22日，陶行知以生活教育社的名义和儿童书局签订了编辑印行《生活教育》半月刊的合同（具体见《陶行知全集》第11卷第765-766页），充分说明先有生活教育社，后才有《生活教育》。

（4）1938年9月13日，晓庄学院（筹）董事会在香港举行成立会。在董事会成员的介绍中，陶行知的介绍为：陶行知，45，安徽歙县人，生活教育社理事长。此处“理事长”绝不是指《生活教育》杂志社，若是杂志社只会称“社长”，明显是指一个社团的“理事长”。

（5）陶行知在1945年所发表的英文*Education for All*（《全民教育》）中说，“实现的可能大约在十二年以前，山海工学团应用了上述各项原则，于半年内，不花政府一个钱，在25个村子里，实施了普遍的而且是免费的教育。这个运动，在生活教育社的领导之下，九个月之内，推行到二十三省……”。

（6）1946年3月15日，陶行知刚为较场口事件的诉讼从法庭归来，方与严当着陶行知的面郑重宣布“生活教育社就是民国20年在上海成立的”。

②不知何故，在1卷11期，陶行知辞去主编，由方与严任主编，后从第二卷到第三卷，又由陶行知任主编。

歌，通俗易懂、琅琅上口。每期均刊登儿童书局的书籍广告，其中包括20世纪30年代生活教育派的大量著作，比如《晓庄丛书》、师范教育新刊本、小先生相关书籍，也成为宣传生活教育的一个窗口。

从编辑成员看，核心人员仍是经历了乡村教育运动、参与《乡教丛讯》和《乡村教师》编辑的生活教育派成员。由陶行知领衔、戴伯韬主持编辑，编辑人员有丁华、王洞若、张劲夫等，楼南高任记者。除了陶行知有丰富的编刊经验，其他编辑人员虽然没有接受系统的编辑训练，但历经《乡教丛讯》《乡村教师》《师范生》以及在科学下嫁运动中的《科学指导丛书》等实际编辑工作，积累了相当的经验，生活教育社有了自己的一支日渐成熟的编辑团队，在一定程度上保证了期刊的编辑质量。

二、《生活教育》编辑概况

（一）普及教育运动中的《生活教育》

《生活教育》创刊之时，正处在普及教育运动的黄金发展期，遂在"一二·九"国难之前，《生活教育》得以集中传播生活教育理论，介绍并推行工学团试验和小先生制。这在第一、第二卷栏目的设置及其刊发的文章上有明显的反应。主要栏目有《言论》《时事》《世界大势》《科学新知》《科学生活》《教学做指导》《小先生生活》《行知行闲谈》《大众诗歌》《生活素描》《生活画报》《通讯》等。

《言论》栏目主要刊登主编关于生活教育的理论阐述。陶行知在此栏目共发表34篇文章，内容包括生活教育理论、普及教育、小先生制、女子教育、民众教育、强迫教育、大众文字教育等，这些理论上的研究对生活教育实践起到了指导作用。具体篇目如表2-3。

表2-3《生活教育》发表的生活教育理论文章(卷/期)

类别	文章、作者、刊期
生活教育	陶行知： (1)《生活教育》1/1 (2)《行知行》1/11 (3)《通不通》2/8 方与严： (1)《生活教育的中心是什么——事》1/13 (2)《生活进程》1/14 马昌实： 《教学做合一新解》2/13
小先生制	陶行知： (1)《小先生》1/1 (2)《怎样指导小先生》1/4 (3)《上海公共租界之小先生》1/9 (4)《小先生与民众教育》1/20 (5)《儿戏与儿教》2/7 (6)《跟西桥学》2/13 张宗麟： 《小先生的教科书》1/16
普及教育	陶行知： (1)《普及什么教育》1/1 (2)《从穷人教育想到穷国教育》1/2 (3)《从救水想到教育》1/2 (4)《怎样培养普及教育的人才》1/2 (5)《从守财奴到守知奴》1/3 (6)《从学军到工学军》1/6 (7)《暑期普及教育运动》1/7 (8)《攻破普及教育之难关》2/1、2、3 (9)《五千匹马力的普及教育机器》2/4 (10)《文化细胞》2/5 (11)《文化网》2/6 (12)《强迫教育新义》2/6 (13)《对于上海市普及初步教育之意见》2/7 (14)《读实施义务教育暂行办法大纲有感》2/10 (15)《普及教育之组织与方法》2/11 (16)《再论普及教育之组织与方法》2/11 方与严： (1)《力的伟大》1/19 (2)《新年献礼》1/22 (3)《普及教育声中的报纸问题》1/24

续表

类别	文章、作者、刊期	类别	文章、作者、刊期
大众文字	陶行知： (1)《大众语文运动之路》1/10 (2)《文言白话又一战》1/9 (3)《新文字创造之商榷》2/12期 方与严： 《大众语与主人教育》1/11 易化： 《报纸上统计就够了吗?》2/14	其他	陶行知： (1)《妨害进步无罪》1/8 (2)《杀人的会考与创造的考成》1/8 (3)《从跑狗场谈到教育》1/9 (4)《恋爱当饭吃》2/15 (5)《谈结婚》2/16 方与严： (1)《权利教育》1/12 (2)《天灾与生活教育》1/15
幼稚教育	陶行知： 《从今年的儿童节到明年的儿童节》1/5 张宗麟： (1)《幼稚教育者》1/5 (2)《托儿所》1/8 (3)《幼稚教育的三个时代》1/16		

资料来源：《生活》，1934年—1935年1、2卷，目录页。

陶行知在创刊号上发表了《生活教育》《普及什么教育》《小先生》。《生活教育》再次阐述生活教育的定义，即生活教育是生活所原有、生活所自营、生活所必需的教育，并再一次论述了生活教育理论的核心命题：生活即教育、社会即学校、教学做合一。过什么生活，就是受什么教育，想要受什么教育，便须过什么生活，即生活即教育。《普及什么教育》明确指出普及教育不是要普及传统的少数人的教育或“书呆子的教育”，而是要普及“自动工学团的教育”。《小先生》则论证了小孩能当小先生，为小先生运动的开展做好了理论上的准备。

《行知行闲谈》是自1卷11期开辟的特色栏目，撰稿者为陶行知。文章短小精悍，多是陶行知针对教育、社会上的各类现象所发的短评，也包括对普及教育、小先生的简洁精辟的阐释，“尤为一般读者所爱读”[1]。从1卷11期到24期，共发表23篇，其中在《行知行》一文中，陶行知阐述了“行知行”的理论，即由行动生知识，知识指导行动，同时宣布把自己的名字从“知行”改为“行知”，从而使其人生和其所倡导的生活教育相符。

①《生活教育》，1935年第2卷第3期广告页。

表2-4 “行知行”的主要篇目(卷/期)

篇目	刊期	篇目	刊期
《行知行》 《闲谈》	1/11 1/11	《闲谈不如闲唱》 《干什么去的》	1/18 1/18
《小先生解》 《合作》 《四十万人民是参考书吗?》	1/12	《贺客与吊客》 《怎样指导小朋友明白时事》	1/19
《中国顶大的学校》	1/13	《答复子钵先生的批评》	1/21
《女子教育总解决》 《晓庄之伤风咳嗽》	1/14	《不费钱的课本》 《拉夫教育》	1/22
《从大炮上晒裤子说起》 《文学何时死》	1/15	《谈文字符号》 《谈调查学龄儿童》 《胡适的普及教育理论》	1/23
《一个新法子》	1/16	《从孔德成的教育说到孔子的故乡与祖国》	1/24
《观战》	1/17		

资料来源:《生活教育》,1934年1卷11期~24期,目录页。

从2卷17期起,“行知行闲谈”改为“行知行谈”,依旧是短小精悍的风格,但内容上稍有变化。具体篇目有2卷17期的《新诗路线》《也是比武》、2卷18期的《怎样写大众文》《再谈怎样写大众文》、2卷19期的《马可尼》、2卷20期的《大众画报》《流通图书馆与普及教育自力更生》、2卷21期的《两天内两大洲上的民族革命》《联欢的矛盾》、2卷22期的《十二月运动与五四运动》《白话文与大众文》、2卷23期的《战斗》、2卷24期的《民众解放大学校》。这其中,较为明显的变化是一二·九后,陶行知立即发文以发表对国难的看法,并呼吁大众共赴国难。

值得注意的是第2卷不定时地开设了《教育论文》栏目,刊登了满力涛(即刘季平)的系列文章:2卷17期的《文化与教育一般之本质》、2卷18期的《教育与生活》、2卷19期的《教与学》、2卷20期的《凝膨教学活动法》、2卷21期的《文化军与教学营》、2卷24期的《字片之活的运用》。这些文章是对生活教育理论的探讨,刘季平也是陶行知众弟子中唯一一个对生活教育理论提出质疑和批判的人。虽然这种质疑存在问题，但质疑的精神恰恰符合生活教育理论的特色，所以促进了生活教育的发展。

除了对生活教育理论进行传播外，《生活教育》还设置了“教学做报告”“小先生生活”“笔记”等栏目，介绍和推广普及教育试验。前者主要介绍各工学团进行的试验；后者则是小先生教人的报告和记录。

“科学新知”可看作20世纪30年代初“科学下嫁运动”的延续，撰稿者即是科学下嫁运动的主将，有董纯才、戴伯韬、陶宏等。经历了科学普及运动，他们已经成为一个有一定科学专业素养的科普教师群体。内容有他们自己编写的，也有译作。这一栏目也作“科学生活”“大众科学”，其意皆为向大众普及科学知识。从1、2卷发表的篇目看，总数达到165篇，其中戴伯韬67篇，董纯才35篇，陶宏23篇，陶晓光17篇。以第一卷为例：

表2-5 “科学新知”的主要作者及篇目(卷/期)

编者	题目	总篇数
丁柱中	《怎样利用红外光线》(1/7) 《以太何在》(1/8) 《塑像的新法》(1/9)	3
陶宏	《我们身体所需要的能》(1/7) 《一磅土中的细菌》(1/7) 《光行速度的最近之确定地球的四围》(1/8) 《为什么得贫血病》(1/8) 《能的供给》(1/9) 《(译)电流规定性别》(1/9) 《(译)食物与牙齿》(1/10) 《膳食与生长及生活》(1/11) 《(译)烹饪时的留意——防备维他命的消失》(1/13) 《维他命的提取》(1/13) 《腺力的平衡》(1/14) 《地球和它的原始》(1/15) 《地球是什么构成的》(1/16) 《(译)情感促起身体疾病》(1/19) 《(译)过时的学校卫生观念》(1/19) 《(译)空气是真的空吗?》(1/20) 《(译)肾上腺和附甲状腺的机能关系的观察》(1/20) 《人每天需要多少种维他命?》(1/21)	18

续表

编者	题目	总篇数
董纯才	《蛇毒治病》(1/7) 《微生物活动电影》(1/8) 《(译)落雷的新研究》(1/9) 《动物能认识颜色吗?》(1/10) 《(译)我们为什么戴眼镜》(1/11) 《蜜蜂医治风湿病》(1/12) 《遗传因子决定人的命运》(1/14) 《(译)自然研究 秋季》(1/18) 《吃虫的水生植物》(1/18) 《自然研究 冬季》(1/18) 《自然研究 冬季续》(1/20) 《自然研究 冬季续》(1/21) 《破坏自然界平衡的结果》(1/22)	13
戴伯韬	《离子与我们的关系》(1/9) 《最新减雾法》(1/10) 《原子的照相》(1/12) 《天气变化的主因》(1/13) 《植物奇谈》(1/14) 《太阳黑点造成水旱雨灾》(1/16) 《开天辟地》(1/16) 《种植森林防旱灾》(1/17) 《谈空气》(1/17) 《太阳上的暴风雨》(1/18) 《谈宇宙》(1/19) 《雨》(1/19) 《看得见的和看不见的》(1/19) 《可以杀灭害虫的无线电波》(1/20) 《从木炭里提取汽油》(1/20) 《同温层里的风》(1/20) 《地球面上有四层天顶》(1/21) 《维他命可以制造了》(1/21)	18
浦震鸥	《维他命》(1/18)	1
查淑怡	《剪刀下的癞蛤蟆》(1/20)	1
谢节印	《C/N及其改良方法》(1/21)	1
少泉	《关于“我们身体所需要的能”》(1/23)	1
路永源	《氧在小孩队伍里的试验》(1/24)	1

资料来源:《生活教育》,1934年—1935年1卷,目录页。

从各人的研究看，内容广泛，涉及自然科学、生命科学等，多为引进和介绍世界先进科学知识，并配以实验设备器械插图、实验室插图等图片，将枯燥难懂的科学知识通过图片的展示，变得通俗易懂，简单直观，便于民众更容易理解和掌握，所以深为读者喜爱。到第2卷，为配合儿童科学通讯学校，增加了《科学新知》栏目的篇目，达到107篇。

《特载》一是刊登各地普及教育指导文件，如《创办竹柯工学团意见书》《淮安新安小学第五、六年计划大纲》《创办乡村幼儿团计划大纲》《嘉定宝山联合试办电化教育计划预算》《普及教育研究院组织大纲》《宝山县试办乡村儿童自动工学团组织大纲》。二是刊载各地普及教育试验，如湖北的普及识字教育、江西省会普及简易教育、上海识字教育、湖北政教合一及普及教育、上海民教服务团、广西国民基础教育研究院的普及教育。

《生活教育画报》多是各地工学团和小先生活动之影像，也有少量的时事影像，如2卷15期的《阿比西尼亚抵抗意大利之侵略》、2卷17期的《弱小民族抵抗帝国主义》、2卷20期的《中华民国勇士之墓》、2卷21期的《中华民族解放运动》。这是刊物每期附赠一张给读者的，由古色铜版纸精印，颇具出版价值。这也是《生活教育》较有特色的栏目，起到活跃版面、增强杂志表现力的作用。

《生活素描》从1卷7期开始，内容皆为描绘大众日常实际生活，表达大众生活中的苦痛、不平。如《女工人生活之片段》《小朋友陆根保的生活自述》《打错的屁股》《桶匠孩子》《三个孩子》《一天的生活》。

《插图》和《生活漫画》则用漫画的形式表现当时的教育、生活等。前者由蔡若虹执笔，后者则由邢舜田作画。

《通讯》则以通信的方式，一是和读者讨论生活教育、普及教育实践，二是欢迎各界对普教试验的批评，三是辅导各地普教、小先生运动。

（二）国难时期的《生活教育》

从第3卷开始，恰逢一二·九运动，国难深重之际，《生活教育》开始革新，改为由生活书店发行。革新后的《生活教育》面对日益深重的国难，开始大力倡导国难教育。形式上，在每期封面、封底都以《生活画报》的形式或是痛陈国难，或是揭露侵略者的行为。栏目设置上，开设《行知行谈》《教学做指导》《大众漫画》

《时事评述》《大众诗歌》《大众科学》《特载》等栏目，重心转向国难教育。因此“更为一般前进的大众所重视了。……它是一个实践的、战斗的刊物。它不仅是正确的应用教育这一件武器的前进的教育者的读物，同时也将为‘争取生活之存在与满足’的大众所接受”①。

（1）阐述国难教育主张。陶行知在《行知行谈》栏目中发表《国难教育方案之特质》《生活教育之特质》《教育逃走》《太平洋集体安全与中国民族解放运动》《叶诚一先生的教育主张》《新大学》《联起来想》《民族解放与大众解放》《和民族解放配合的中等教育》《我对于联合战线的认识》《新中国和新教育》等文章，阐述国难教育主张，提出教育应和国难赛跑，国难教育应帮助解决国难而非阻碍国难的解决。

除陶行知外，丁华分别在在3卷1期和5期驳斥了吴俊升的《百年树人教育观》和《评科学救国观》，庶谦在3卷8期发表对欧元怀的《非常时期教育》的评价，杜君慧在3卷12期提出《妇女教育的本质的探讨》等。

（2）提出国难教育方案供各界讨论、参考，唤起民众共赴国难。《生活教育》在一二·九后迅速做出反应，于第3卷第1期就提出系统的《国难教育方案实施办法草案》，分别列出“大学之部、中学之部、小学之部、工人之部、农人之部、店员之部、妇女之部、失学儿童之部”等详细草案，具体规定了各部国难教育的主体、组织、方法、材料，分别由弗根、沈体兰、朱泽甫、王洞若、张劲夫、丁华、杨之杰、丁华所拟；同时开辟《教学做指导》栏目，如3卷1期提出《国难时期中小学之自然》、3卷2期的《怎样创办乡村工学团》、3卷5期的《国难时期的小学算术》、3卷7期的《大众必需的防毒常识》《怎样教文盲的新文字》《国难时期中大众数学的开篇》等，为大众实施国难教育提供路向。

（3）帮助大众认识国难、动员大众共赴国难。在《时事述评》栏目中，对国际、国内时事予以正确的分析。如3卷1期的《惨痛的梅案》中，描述了上海杨树浦日商大康纱厂工人梅世均因莫须有的罪名遭日本人毒打致死事件，对中国被压迫大众提出“这不仅仅是梅世均个人的生死问题，而是全民族的生死问题……”如此述评还有很多，这对大众是一种有力的呐喊。而每一篇时评所提出的问题，“都是每个救亡的大众应该有的认识，也唯有认识了这种种，继不致为一般流行

①张锡昌：《革新后的生活教育》，《中国农村》1936年2卷5期，第93页。

的恶毒的宣传所欺骗所蒙蔽！”[①]而在《大众漫画》《儿童连环画》中，则以有趣又富有深意的漫画配以生动的文字，向大众宣传国难。如3卷1期米拉陪琦创作的《黑白之战》、3卷3期Hermynia Zue Muhlea创作的《打开眼睛看看》，同时附上由陶行知以生动的字句意译成的儿歌。

（三）《生活教育》的特点

《生活教育》是20世纪30年代儿童书局五大杂志[②]之一，儿童书局对它的介绍是：“生活教育是根据‘生活即教育’的原理，为乡村教育开辟一条出路的新刊物。以此改善小学教育，以此促进普及教育，犹如对症服药，事半功倍。陶行知先生每期发表的行知行闲谈，尤为一般所爱读。”[③]社会对其评价甚高。如《读书月报》认为其“出版之后，即引起全国教育界的重视，成为权威刊物”[④]。《现代书局总店经售杂志》则把其列入“为读者利便，特搜集各种有一读价值之杂志，按月报告，分门别类，俾读者有所参考”[⑤]之一的杂志。由此可见，在20世纪30年代诸多出版物中，它颇具特色，也颇有地位。

1.《生活教育》的最大特色即它是生活教育理论自身成长与传播的主要载体和媒介

从其刊发的文章看，传播生活教育理论的就有130多篇。陶行知曾对刊物在事业的发展中做过这样的高度评价：“生活教育自民国十六年三月十五日创始以来，于今已十七年了。在过去所建立之生活教育理论，因有《乡教丛讯》《乡村教师》《生活教育》《战时教育》《师范生》《儿童生活》《少年知识》等定期刊物之传播……所以能引起世人之注意和推行。而对于专力于生活教育之同志，在教育实际设施进行参考上尤多裨益。”[⑥]

---

①张锡昌：《革新后的生活教育》，《中国农村》1936年2卷5期，第95页。

②儿童书局五大杂志：《教师之友》《生活教育》《儿童高级常识画报》《儿童中级常识画报》《儿童低级常识画报》。

③《生活教育》1935年2卷3期，广告页。

④《生活教育复刊有期》，《读书》1937年02期，第40页。

⑤《现代书局总店经售杂志》，《现代出版界》1933年18期，第7页。

⑥陶行知：《陶行知全集》第4卷，四川教育出版社，2009，第640页。

2.兼具学术专业化和大众化的特点

从《生活教育》的旨趣看，它是对国内新兴教育理论——生活教育的传播，为教育界人士的交流媒体，从这个角度而言，它是一种教育研究型期刊。从另一种角度来看，生活教育是为大众求解放的教育，这决定了《生活教育》又是大众的刊物。这具体表现为：(1)从栏目设置看，《科学新知》《大众生活》《小先生生活》《生活画报》等所刊文章皆从大众的角度出发，目的是为大众普及科学思想和教育，呈现大众生活，同时刊登大众、小孩的文字。这些和大众生产、生活相关的内容扩大了读者面，有利于推行生活教育和普及教育运动。(2)语言风格平民化。所刊文章语言朴实生动、容易理解。尤其是漫画、诗歌、大众生活等专栏，语言幽默风趣、可读性强。这种语言风格的文章在整个期刊中所占比例不低，适合不同年龄阶段的识字群众阅读。(3)从编排看，图文并茂、通俗化。文中附以插图、照片、表格、漫画等，多达百幅。浅显易懂、启迪性强。尤其是《科学新知》栏目，每篇文章都配有简笔画，将整个实验过程画出，可谓生动易懂，栩栩如生，打破了科学教育的抽象和低效，为刊物增添了趣味性。

3.作者开始多元化、基层化

较乡村教育运动时期的《乡教丛讯》《乡村教师》，《生活教育》的作者群显然有所扩大。除了生活教育社的成员，一些社会知名人士开始为其撰稿，参与交流。如冯玉祥、薛暮桥、杜君慧、唐纳、赵元任等。另外，还刊登小学生、女工等大众的文字，如江苏省一位小学生斯菴所作的《一位学生对于国难教育的意见》(3卷10期)。

第三节　普及教育助成会

20世纪30年代,为响应普及教育的呼声,陶行知率领生活教育社成员先是发起“科学下嫁运动”,随后又创办工学团,发明小先生制,创刊《生活教育》,在此基础上,创立中国普及教育助成会,以工学团为实体,以小先生普及教育为方法,发动普及教育运动。

一、发起契机

中国普及教育助成会的发起和成立一方面是适应社会普及教育的需求,另一方面则是生活教育社先期进行了科学教育普及、工学团试验和小先生运动,为助成会的成立奠定了基础。

(一)普及教育的呼声日益高涨

自新教育始,普及义务教育成为政府、教育家以及大批学者的理想和强烈愿望,或颁布实施计划,或奔走呼号,或进行教育试验,欲从多方面推行教育的普及。正如陶行知在《普及教育运动小史》中总结,无论是提倡平民教育、乡村教育还是劳苦大众的教育,都只有一个中心问题,即“如何使教育普及,如何使没有机会受教育的人可以得到他们所需要的教育”①。“配合着义务教育和成人教育的推行,我们提出了‘普及教育运动’,创立中国普及教育助成会总揽其成,以助成全国普及教育的推进。”②

(二)科学普及运动的开展

陶行知从日本回国之后,虽因仍处于被通缉状态,无法从事公开的教育活动,但仍然不辍地思考中国和中国教育的出路。他认为中华民族的出路是建立

①陶行知:《陶行知全集》第3卷,四川教育出版社,2009,第95页。

②方与严:《生活教育简述》,教育书店,1950,第15页。

合理的工业文明,而科学则是工业文明的母亲,是开启现代文明的钥匙。故教育应该把自然科学放在极为重要的位置。然而尽管经历五四“民主与科学”的洗礼,但中国仍然科学不振,科学知识只掌握在少数人手里,同时小学中自然教科书既不教人实验,也不教人创造,造就的是“自然科学的书呆子”。陶行知认为一方面“科学教育要从小教起”,并且要给予儿童真正的科学教育;另一方面“要把科学变得和日月空气一样普遍,人人都能享受”“使做工种田的人,拾垃圾的人,烧饭的老太婆,也要能享受近代科学知识”①。

此时,原晓庄学生方与严、戴伯韬、戴自俺、孙铭勋、董纯才、刘季平等生活教育核心成员也聚集上海,上海继南京后俨然成为生活教育派的第二大本营。在一次聚会上,秘密成立生活教育社后,即开始联络一批从英、美、德、法留学回国的专家,如丁柱中、高士其等发起“科学下嫁运动”,推进科学的大众化。

科学普及运动主要开展如下活动:

(1)1931年夏,在史量才的资助下,在上海西摩路创办“自然学园”,以丁柱中、高士其、方与严、董纯才、戴伯韬以及陶行知长子陶宏组成研究团队,从事自然科学的试验并研究科学普及创作。短时间内硕果累累:翻译了一批科学著作,包括丁柱中翻译的《巴士德传》,董纯才翻译的苏联科普作家伊林的《十万个为什么》《五年计划的故事》等;出版一批著作,包括高士其的《微生物大观》、陶行知与陶宏的《儿童科学指导》《儿童天文》《儿童卫生》《儿童数学》等,以上书籍均由儿童书局出版;为中山文化教育馆编译《大众科学丛书》(后来因某些原因并未出版)。

(2)自然学园停办后,陶行知率领自然学园的原班人马,于1932年6月特约丁柱中、陈鹤琴、胡宣明等专家创设“儿童科学通讯学校”,以“造就科学之儿童与科学之民众,使中华民族成为科学之民族,以适应于科学之世界”②为主旨,编辑儿童科学丛书,共计101册,由陈鹤琴和丁柱中主编,陶行知校订,内容适合于儿童心理,较易引起儿童研究科学的兴趣。1935年儿童科学通讯学校因经费难以为继而停办。这种学校虽在国外不是一件新奇的事情,但在国内“还是破天荒的第一次”③。

---

①陶行知:《陶行知全集》第11卷,四川教育出版社,2009,第285页。

②《儿童科学通讯学校成立》,《云南教育周刊》1932年15期,第26页。

③成玉:《儿童科学通讯学校和儿童科学丛书的介绍》,《中国出版月刊》1932年01期,第31页。

从“自然学园”到“儿童科学通讯学校”，尽管因为客观条件并未实现初办学校时的目标，但在科学普及史上却有着重大的意义：不但编译、编辑出版了一批科学著作，而且变革了传统“读死书”式的自然科学教育的教学方法，以教学做合一为原则确立了实验的新的教学理念和方法，同时培养了一批科普作家。

（三）山海工学团和小先生制实验的开展

1.山海工学团

（1）山海工学团的产生过程

在进行科学普及教育的同时，陶行知开始反思普及教育。他在《普及教育运动小史》中回顾自己因受教育部委托，曾于1930年“草成一个二十年内完成的普及教育计划”[①]，并在当年5月召开的第二次全国教育会议上通过，但并未得到实施。这一方面固然是因为晓庄被封，陶行知避居日本。另一方面是更为根本的，正如他自己所坦言，一是对中国社会走向判断的失误——“以为中国既系从农业文明过渡到工业文明，便误认每年工业之进展，足以应济教育普及率逐渐增高之需要”，但“我们的幼稚的工业在帝国主义高压未曾铲除以前，决不允许我们存这奢望”。[②]；二是没有认识到和正确估量儿童大众的力量；三是对学校式的传统教育还存在眷恋。

这种反思绝不仅仅存在于生活教育运动中和陶行知个人身上，就从整个社会普及教育的现状看，结果也不尽如人意。他对当时的普及教育实践进行了分析并毫不留情地给予了批驳，指出要么是沿用“老法子”，要么是“走上歧路”。沿用老法子的普及教育，浙江要用四百年才能扫除文盲，杭州要用一百五十年，大上海要用一百六七十年；用近年来呼声较高的“政教合一”法，是运用政治力来推动教育普及，如长江一带的保学、广西的民团干部学校，本身是很好的组

①陶行知：《陶行知全集》第3卷，四川教育出版社，2009，第95页。

②陶行知：《陶行知全集》第3卷，四川教育出版社，2009，第95页。

织，但政治力运用不当——由行政长官任校长，干涉校务[①]，则"学校是变成衙门，教育是变成办公，创造是变成维持，循循善诱是变成整齐划一"[②]，此种普及教育就走上了歧路。所以无论是他的自我批判还是对其他方式的反思，都说明需要新的普及教育方案。

1931年9月，陶行知撰文《中华民族的出路和中国教育的出路》，首先确立了现代中国的性质和发展走向："现代的中华民族是从农业文明走向工业文明"，即中国要在农业上安根、在工业上出头。

基于这样的判断，1932年5月21日起他开始在《申报》上连载教育小说《古庙敲钟录》，在小说中借古庙敲钟人"钟儿"兴学的故事，阐发了"工学团"和"小先生"等教育主张。1932年7月又著文《对于乡村教育的一个新建议》，从工学团的性质、主体以及教育内容等方面详细介绍了乡村工学团的构思。工学团的含义是：工是工作，学是科学，团是团体；明确说来，就是工以养生、学以明生、团以保生。"工学团是一个小工场，一个小学校，一个小社会。在这里面包含着生产的意义，长进的意义，平等互助、自卫卫人的意义。它是将工场、学校、社会打成一片，产生了一个改造乡村的富有生活力的新细胞。"[③]

陶行知一方面在进行积极的理论准备，与此同时，经冯玉祥的斡旋，国民政府取消了对他的通缉令并恢复晓庄学校。然而国民政府根本无意真正发还晓庄学校校产，晓庄小学也被迫停办，故前往接受校产的戴自俺、孙铭勋等只能返回上海。所以陶行知复办晓庄、开办暑期学校的计划皆落空了。陶行知及众人深知复校无望，遂转而积极推动乡村工学团试验。[④]一方面拟定《乡村工学团试验初步计划说明书》，正式向社会宣布新型试验的计划；另一方面进行组织上的准备。

①这是陶行知作为一位自由主义的知识分子所一贯主张的教育独立精神。教育需要政治的保障和支持，但办教育者要有自主权，才能真正实现其理想和抱负。他一生所从事之教育事业，无论是晓庄、工学团还是育才，皆是私立学校，从某种程度而言，受到的政治干涉会少些，即办学相对自由些。

②陶行知：《陶行知全集》第3卷，四川教育出版社，2009，第285页。

③陶行知：《陶行知全集》第3卷，四川教育出版社，2009，第422页。

④当然此处并非是指工学团实验，是晓庄复校无望后的退而求其次的选择，而是陶行知经过深思熟虑之后为应对日益深重的国难而探索的新路径，这是建立在他对国难的判断和仍然坚信教育之于社会力量的基础之上的。

1932年夏，在上海成立了乡村改造社筹备会，由欧伟国、陈立廷、沈嗣庄、海斯叶、丁柱中、陶行知、叶桂芳等七人为执行委员，负责工学团创办事宜。7月，派戴自俺、马侣贤、郑先文、王作舟、朱泽甫等为试办乡村工学团寻找合适的地址，经过两月的考察和寻找，终在上海大场附近的红庙找到合适地址，陶行知亲自勘定地址为孟家木桥和侯家宅，取名山海工学团。“山海”有两层含义：一是工学团地处宝山县、上海市的界线上，二是九一八后山海关已无险可守。定址后，决定最近工作计划：一、小侯家宅办农民俱乐部一所；二、孟家木桥办小学一所；三、调查五里内村庄状况。[①]计划实施前，他们进行了乡村调查，之后前两项计划随即得到实施：9月25日，侯家宅成立青年工学团，夜校开学；10月1日，孟家木桥儿童工学团成立，团长为马侣贤，标志着山海工学团实验的正式开始。

(2)工学团的概况

工学团以联合本村青年、儿童，“自动的实行工以养生、学以明生、团以保生的教育，以参加新村、新国、新世界之创造”为宗旨。本着“来者不拒，不来者送上门去”[②]的招生原则，开办之初招收以农民子弟为主的学生，教师被称为“工师”，意指教人做工之师。工学团的内容是进行六大训练：普遍的军事训练，普遍的生产训练，普遍的科学训练，普遍的识字训练，普遍的民权训练，普遍的人种改造训练。其中军事和生产训练是沿袭晓庄时期的实验，人种训练是为了保障军事和生产，“科学、识字、民权”训练则是新增加的内容，“意在促进人民‘大众’的觉悟，提高人民大众的思想素质，换言之，就是有利于教育人民以一种新的精神、新的形式来进行‘生活’实践”。[③]此前的科学下嫁运动即是“普遍的科学训练”中的基层训练。实施的这些训练以生活教育理论为指导，贯彻七条原则：①社会即学校；②生活即教育；③相学相师，会者教人，不会者跟人学；④先生在做上教，学生在做上学，教与学都以做为中心；⑤在劳力上劳心；⑥行是知之始；⑦与大众共甘苦，同休戚，以取得整个中华民族之出路。[④]

①胡晓风：《工学团史料》，四川教育出版社，1992，第26页。

②陶行知：《陶行知全集》第7卷，四川教育出版社，2009，第107页。

③周洪宇：《陶行知研究在海外》，人民教育出版社，1991，第372页。

④陶行知：《陶行知全集》第3卷，四川教育出版社，2009，第434页。

(3)工学团的事业

工学团成立后,规模逐渐扩大。在组织上,到1934年,扩大为五大团,下设不同类别的工学团、工学队,具体情况见表2-6:

表2-6　山海工学团的事业

	孟家木桥	沈家楼	红庙	赵泾巷	萧场	山海联合卫生室1	山海联合木工场1	山海联合图书馆1	山海电化教育工学团1
幼儿团	1		1						
儿童工学团	1	1	1	1	1				
儿童自动工学团	4	4	5	7	4				
青年工学团	1(养鱼)	1(棉花)	1						
妇女工学团	2	2		1					
合作社	1	1	1						

资料来源:马侣贤《工学团之初生》,《中华教育界》1935年07期(22卷),第104页。

马侣贤说这五团为"生活教育的总发电机。把附近村庄的失学人一律捞进生活教育网里"①。

此后,山海工学团事业又有所扩大。一是在城乡接合部成立由徐明清负责的晨更工学团和朱泽甫负责的光华工学团;二是进一步扩大到上海市区,由戴自俺和孙铭勋创办劳勃生路劳工幼儿团,方明主办静安寺报童工学团和流浪儿童工学团,英美烟厂女工朱冰如主办浦东女工读书班等。

工学团试验依托这些组织主要开展生产活动、普及文字符号即识字教育、农民娱乐活动、医药卫生活动,其中较有成效的是识字教育。

2.小先生制

为了更好地推行普及教育运动,解决庞大的师资缺口,陶行知把源自平民教育时期的"连环教学法""小孩教大人"的方法进行总结,结合张健"舌战马

①马侣贤《工学团之初生》,《中华教育界》1935年22卷07期,第106页。

莱”、新安旅行团旅行修学、南京儿童自动学校、宜兴西桥工学团等实践，提出“小孩子是有不可思议的力量，小孩子能做先生，做先生不限定要师范毕业，小孩子是普及成人与儿童教育的生力军”①。随即提出“小先生”的概念，并坚信“小孩能做先生”，在中国社会，只有“承认小孩能做教师，然后教育才能普及”，这是普及教育的好的“穷办法”。

1934年1月28日，陶行知陪同宝山县教育局长冯迈樱参加山海工学团举办的一·二八淞沪抗战两周年纪念大会，同时举行儿童自动工学团第一次总集合。到会农民百余人，17处儿童自动工学团的288名小先生团员参加此次集会。冯迈樱局长为小先生普及教育总动员亲授“普及教育动员令”的旗子。小先生制正式问世。随后，4月4日的儿童节，在山海工学团举行小先生动员大会，参加者达数百人。如此，又一场普及教育运动——小先生运动在民族危机之中应运而生。

二、普及教育助成会的发起过程

在工学团试验、小先生制和《生活教育》的共同作用下，生活教育社发起普及教育运动。为了更进一步推进普及教育，又发起中国普及教育助成会以总其成。

中国普及教育助成会②的发起人是陶行知、章少麟、黄警顽③、马相伯④，发起原因是陶行知等人“鉴于普及教育为目前之要务，特联合海内教育家组织普及教育助成会”。遂助成会的宗旨是“采取最经济、最迅速、最能持久、最能令人进步之方法，力谋普及大众与儿童向上生活所需要之教育，以助成中华民国与大同世界之创造”⑤。此种方法已由生活教育者试验出其中一种，即孕育于工学团试验中的小先生普及教育方法，故助成会的成立实际上是欲通过工学团和小先生制的进一步试验和推广来达到普及教育的目的。

---

①陶行知:《小先生》,《生活教育》1934年1卷01期,第3-4页。

②1934年3月,陶行知发起普及教育研究院,颁有《普及教育研究院组织大纲(后简称《大纲》)》。《大纲》规定了研究院的宗旨、院务、研究问题、组织、职员、院务会议、经费等共十章。研究院的主要任务是“调查生活需要;拟制教育方案;特约中心试验;编辑新创材料;培养专门人才;辅导普及工作”。研究的主要问题分别从地域、教育类型、教育对象等方面列出22条。后因各种原因普及教育研究院并未成立。《大纲》主要条款和其后发布的《普及教育助成会简章》基本一致,遂认为其是助成会的前身。

③商务印书馆著名的“交际博士”,曾参与创办晨更工学团。

④著名的爱国老人,上海文化界救国会和全国各界救国会联合会主要负责人之一。

⑤《申报》1934-9-20。

助成会在组织上设立董事会，由执行董事、省区董事、当然董事三类组成。董事会的职责有制订会议章程、任免干事长、核定计划、预算决算、职员任免、筹集经费、吸纳会员等。董事任期3年，设有董事长、书记、司库。具体事务由干事长曹建培[①]负责。为了工作便利，还设有五部，包括总务部（司理文书会计庶务之职）、调查部（司理调查统计之责）、试验部（司理特约试验之责）、编辑部（司理编辑研究报告定期刊物及辅导资料之职）、辅导部（司理制订方案培养人才及辅导各地普及教育之职）。助成会每年召开一次会员大会，每月召开一次董事会。经费来源主要有会费、纪念金、特别捐、补助费、投资利息等。

该会的会员分三种：一是永久会员。凡提倡普及生活教育，一次交纳1000元会费以上者均可以成为永久会员。二是提倡会员。赞成助成会宗旨，热心普及生活教育，并年交纳会费100元以上者，均可以入会。三是工作会员。赞成助成会宗旨，实际参加普及生活教育实践，并年交纳会费1元以上者，可以入会。[②]从事工学团和小先生试验的生活教育者自然成为助成会会员，他们是助成会的实际推动者。

三、主要活动

助成会发起[③]后，积极推进会务，组织友会、发展会员。到10月初，制订初步工作计划：

调查及宣传

调查：1.聘请国内各地教育专门人才，特约调查该地教育状况；2.派员实地调查有成绩之实验中心。

①原晓庄学校劳山中学学生。

②陶行知：《陶行知全集》第3卷，四川教育出版社，2009，第146—147页。

③关于发起的时间，本书主要参考《申报》。《申报》从1934年9月19日起，连续报道该会发起和筹备的情况。至于成立时间，有多种说法，戴伯韬在《陶行知的生平及其学说》中说成立于1933年，《陶行知词典》认为成立于1933年9月28日，周洪宇的《生活教育学说》中则认为是1933年9月18日。根据《申报》的连续报道，1934年11月13日题为《普教助成会即将成立》，“刻正进行备案手续，即将召开会员大会，正式成立”。但后续并未见成立大会报道。故本书主要描述发起后的活动。

宣传:1.特约在《生活教育》刊发表;2.特约在几家大报发行普及教育专号;3.与书局订立契约,出版普及教育丛刊;4.假座各大中学及公共会所,演讲普及教育之重要;5.征集有关普及教育之图书及表格等特殊展览。

辅导及补助

辅导:1.派员实地辅导各地普及教育;2.通讯辅导各地普及教育;3.训练专门人才;4.制定各种实施方案。

补助:1.补助以符合本会宗旨、工作努力、经济困难之实验生活教育区;2.补助各地永久生产工具资本,及各种文化设备;3.补助专门人才赴国内外实习或考察费用。

试验及创制

试验:1.划片实地施行生产教育;2.派员携带生产工具赴各乡村,发展国民基础教育。

创制:普及教育工具材料(现发行普及教育车即其一种);该会组织迄今虽只有数月,然其工作之紧张,大有一日千里之势,目下正在广征各方人才,一致加入共谋教育之普及。①

此后该会即按照工作计划逐步推进,主要工作是宣传、推广工学团和小先生实验。

(一)宣传、推广普及教育

1.陶行知是普及教育的主要宣传者,故在宣传事宜上,陶行知自然不遗余力。从1934年10月到次年3月,他离沪北上赴山东、天津等地,后返沪即主要在上海,通过在公共场合演讲进行宣传。具体行程情况见下表:

①《申报》1934-10-8。

表2-7 陶行知宣传普及教育的行程表

时间	地点	主题
1934年10月10日	山东泰安	参观小王庄学校,调查山东普教
10月12日	天津南开大学	《贺客与吊客》
10月14日	济南	向教育界人士介绍小先生普及教育之法,与教育厅长商设普及教育助成会
10月22日	上海市教育局	报告普教意义和山东省普教情况
12月1日	宝山县民众教育馆	《小先生与民众教育》
12月中旬	中国女子中学	《小先生普及教育》
12月24日	安徽大学	《普及教育》
	安徽大学教育学社	《关于现代教育上的几个实际问题》
12月30日	上海市教育局	《小先生与大上海普及教育》
1935年3月8日	武汉汉口市第三小学	《怎样做小先生》

资料来源:王文岭:《陶行知年谱长编》,四川教育出版社,2012,第331—351页。

陶行知的宣传和推广是极有成效的。如陶行知在汉口市第三小学演讲《怎样做小先生》后,该校即组建了小先生普及教育先锋团,在短短两个月的时间内取得了巨大的成绩。先锋团于3月18日进行总动员,经各导师热心指导,进行得很顺利,前来参观者络绎不绝。为交流经验,学校编印了《汉口市三小小先生》第一集,同时决定出版《小伴侣》和《时代儿童》,发表小先生实际的工作实绩。为扩大宣传起见,该校又于4月20日在汉口广播电台设立小先生普及教育讲座。该校建议全国的小先生应该有相当的联络,特地发起全国小先生通讯,并拟定原则,征求全国实行小先生制的各学校各团体的意见。①

2.工学团接待来自各地不同的参观团,陶行知对其进行普及教育的演讲和宣传,如表2-8所示。

①《晨报·普教周刊》1935-5-28。

表2-8 陶行知在山海工学团的普及教育演讲

时间	参观团	演讲主题
1934年11月24日	安徽教育参观团	工学团辅导员和小先生报告各工学团工作情形
1934年11月26日	甘肃教育厅厅长水梓琴	小先生制
1934年11月28日	湖北乡村师范	普及教育方法
1934年12月10日	北京教育考察团	普及教育的新方法

资料来源:王文岭:《陶行知年谱长编》,四川教育出版社2012年版,第338-339页。

3.编辑出版普及教育书刊。助成会一方面进行普教实践,另一方面则把实践所得编辑出版,进一步进行宣传和推广。

表2-9 普教助成会关于普及教育的著作

作者	书名	出版社	出版时间
陶行知	《普及教育》	儿童书局	1934.10
	《普及教育续编》	儿童书局	1935.6
	《普及教育三编》	儿童书店	1936.6
	《怎样做小先生》	生活书店	1935.11
	《白鸽(创作故事丛书)》	儿童书局	—
	《乌鸦(创作故事丛书)》	儿童书局	—
潘一尘	《一个南方的普及教育运动》	儿童书局	1934.12
	《教学做合一发凡》	—	1935
	《小先生制》	—	1936.1
程本海	《安徽普及教育写真》	大华书局	1935
盛震叔	《小先生普及教育》	大华书局	1935
马侣贤、戴自俺	《山海工学团(山海工学团丛书一)》	儿童书局	1935
孙铭勋	《劳工幼儿团》	儿童书局	1934
戴自俺	《中心学校的辅导工作》	桂林文化供应社	1936
	《普及教育先锋队》	山东临清山东省第三民教辅导区	1936
	《自开工以来》	儿童书局	1936
白动生	《普及教育经验谈》	—	1936.7

注:"—"表示无资料或无数据。

资料来源:《生活教育》,1935年2卷9期,书籍广告页。

这些书籍中，陶行知的《普及教育》（包括续编和三编）起到指导作用，主要阐述普及教育的理论和实施办法，《怎样做小先生》则是系统的小先生指导法；而其他皆是助成会会员在各地实施小先生普及教育和进行工学团试验的记录和总结。

另外还有生活教育派零散的一些著作（与儿童书局合作出版），如师范新刊本中方与严的《新教育史》、唐文粹的《新小学应用表册》。这些师范新刊本刊出的依据是"生活即教育，社会即学校，为中国新教育之主张和趋势，本刊本即根据这主张和趋势而编辑。编制完善，立论新颖切实，确为现代师范的最完善的教本"[①]。而戴自俺编的《儿童日记作法》和唐文粹编的《儿童新文法》位居儿童书局五年内"最受儿童欢迎，其销数量自五万册至三十万册不等"[②]的儿童国语科用书之列。

除了编辑出版普及教育书籍外，助成会还借助《生活教育》刊载普及教育理论和实践，报道普教消息，在《中华教育界》出版普及教育专号。通过这些书刊，工学团和小先生实验得到了极大的宣传和推广。

助成会在编辑出版普及教育书刊极力推动普及教育运动的同时，因环境、人力等因素的综合作用，得以回顾、总结晓庄经验和教训，出版《晓庄丛书》。《生活教育》刊登出版广告，"陶行知先生为晓庄学校创办人，且为生活教育创始者。故欲知以前晓庄学校的设施详情及生活教育的系统理论与实验详况，不可不阅读下列各书"。共计16本，见表2-10：

表2-10《晓庄丛书》细目

书名	编著者	书名	编著者
《教学做合一讨论集》	陶行知编著	《晓庄一岁》	杨效春编
《破晓》	李楚材编	《幼稚教育论文集》	陈鹤琴编
《幼稚教育论文续集》	孙铭勋、戴自俺著	《晓庄幼稚教育》	孙铭勋、戴自俺著
《晓庄一年计划》	方与严编	《乡村教育丛辑》	赵叔愚著
《古庙敲钟录》	陶行知著	《古庙活菩萨》	孙铭勋编
《儿童故事集》	潘一尘著	《儿童戏剧集》	潘一尘著
《小学自然教学做》	郑先文编	《晓庄歌曲集》	陆静山编
《乡村小学教师须知》	唐文粹编	《晓庄批判》	孙铭勋、戴自俺编

资料来源：《生活教育》，1935年2卷3期，广告页。

①《生活教育》，1935年2卷15期，书籍广告页。

②《生活教育》，1935年2卷16期，书籍广告页。

4.发明普及教育车进行普教宣传。普及教育车初由大夏大学的邰爽秋发明,“车里面分成许多格,放置一切书籍,象棋……上面打开,可作黑板,是一所流动图书馆,也可说是一所流动学校”。车身上写着“普及教育车”“有钱者出钱,有力者出力,八千万识字民众自动教人,小学生都做小先生,即知即传人”[①]。普及教育车每日赴大场(工学团所在地)、花村等各乡区,推行普及教育。普及教育车打破了教育的时间和空间限制,同时结合小先生制,在普及教育中发挥了重要的作用。“自举办以来,两地乡民大半按日受教,颇著成效。”[②]“每天车子隆隆之声,许多小朋友都早候在场所上了。我们热烈地教他们,他们也有兴味地在读。二星期来,《老少通》(注:《老少通千字课》)已教到第七课……”[③]尤其是在黄警顽主办的花村民众基础学校,成为上海市试行小先生的第一处。

(二)指导并参与各地普及教育实践

1935年1月17日、24日,《申报》先后刊发《山海工学团大先生应聘赴各省指导普教》《山海工学团第二批昨出发赴各省》,报道言:

山海工学团为乡村教育家陶行知创办,平日采用工学办法,利用小孩教小孩、小孩教成人的方法,实施普及教育试验以来,成绩卓著。每次各省中小学教育参观团来沪,皆由交际家黄警顽君领导,赴该团参观。故各人所得印象极佳,认为在中国这样艰穷的社会,此种最经济最有效的方法,非但不可少,抑且很合需要,故纷纷来函要求该团派员赴当地指导工学普及办法。当由陶氏分别指定该团大先生前往担任,连日出发者共十余人,计戴自俺派赴北平香山慈幼院……昨日起各大先生已分别启程,制订赴各地指导小先生攻读方法……

①《普及教育车下乡的经过》,《生活教育》1934年1卷19期,第561页。

②《普及教育助成会赴花村宣传普教》,《申报》1934-9-25。

③《普及教育助成会赴花村宣传普教》,《申报》1934-9-25。

具体情况见表2-11：

表2-11 山海工学团大先生指导各地普及教育实践

大先生	辅导所在地	主要活动
戴伯韬	北平香山慈幼院	创办核桃园工学团、推行小先生
程本海	安徽省教育厅	负责编辑《安徽教育辅导旬刊》，商讨地方教育实际问题，介绍最新教育方法，传布各地教育消息，以辅导全省教育服务人员之研究进修；著成《安徽普及教育写真》
黄志成	芜湖	会同各区行政督察专员公署，和当地省立师范学校协助进行，将小先生制在普及义务教育中贯彻实行；负责指导普及教育办法。
戴飘	汤阳	
李玉坡	寿县	
楼展	滁县	
张一涛	泗洲	
朱泽甫	安徽	
方与严、杭苇、潘一尘、孙铭勋	广西国民基础教育	实行"互教共学"、编辑《广西普及国民基础教育研究院日刊》《国民基础教育丛讯》《广西儿童》
潘一尘	百侯中学	小先生普及民众教育
周文山	山东邹平乡村建设试验区	小先生试验，把"学军"改成"工学军"

资料来源：《山海工学团大先生应聘赴各省指导普教》《山海工学团第二批昨出发赴各省》，《申报》1935-1-17、1935-1-24。

这些大先生在各地的普及教育实践，极大地推广了工学团和小先生的试验。

除了派员实地参与外，还通过《生活教育》杂志进行辅导，如辅导梁漱溟主持的山东邹平乡村建设试验区开展的小先生普及教育活动，建议把"学军"改成

“工学军”[①];而陶行知从5月14日起在上海《晨报·普教周刊》连续发表关于小先生普及教育的短论,共15篇,为小先生活动提供指导。

(三)训练专门人才

一是对赴各地辅导的大先生进行专门的训练。如受安徽省教育厅之委托,在上海大场山海工学团举办教育视导工作研究会,会期三天,参加者有七人:程本海、朱泽甫、张一涛、黄志成、李玉阶、戴飘、楼展。据程本海记载,这次研究会所研究的项目,计有:“一为生活教育之理论与实践;二为教学做合一之功能;三为小先生之即知即传与普及教育;四为教育幻灯之反映;五为拍摄活动照片之技能;六为保健工作及药物治疗之使用等等。”“同时邀请各部门专家到会讲习,均以教学做合一的态度进行。在研习会期三天中,由陶师主持办理,并测验我们有无所获,要大家笔记与习作,非常认真。”[②]

二是1934年招聘十余名工读生,充当小先生,并在上海江湾、沪西、浦东、杨树浦等地设立工人夜校、识字班;以助成会名义成立余日章小学、余日章第二小学;成立报童工学团、流浪儿童工学团。[③]

(四)创新普教方法

一是前述普及教育车的创制;二是开展“半小时普及教育运动”。1935年3月,儿童科学通讯学校和普教助成会、晨报馆为提倡普及教育,共同创办半小时普及教育运动,每天中午12时至12时30分在中西药房无线电播送,其中6分钟唱歌、5分钟自然科学、4分钟世界大事、15分钟国语。国语采用商务印书馆出版的《老少通千字课》,聘请擅长北平语之教师讲解指导,陶行知二子陶晓光也曾客串当过播音员,预定四个月毕业,可学20首诗歌、100条重要科学常识、100条世界大事、96课时国语。[④]通过这样的方式,打破时空限制,便利民众接受普及教育。

---

①《生活教育》1934年1卷6期,第111页。

②转引自王文岭:《陶行知年谱新编》,四川教育出版社,2012,第347页;原载程本海:《安徽省教育厅创行视导制度及其工作成效》,台湾《东方杂志》复刊,第13卷第4期。

③周洪宇:《陶行知生活教育学说》,湖北教育出版社,2011,第80、81页。

④金林祥,胡国枢:《陶行知词典》,上海百家出版社,2009,第124页。

三、普及教育助成会的效果

中国普及教育助成会以工学团为实体、以《生活教育》"普及教育丛书""生活教育丛书""晓庄丛书"等为宣传载体，有效地推进了普及教育运动的开展。

就助成会组织本身而言，经过宣传、辅导，到1934年11月，"已有会员三百多人，外埠支会亦已成立多处"①。而最有成效的当属小先生制的试验和推广，基本实现了普教助成会的目标。

小先生运动在识字教育等方面发挥了他们的普及教育作用。在数量和规模上，仅仅十个月时间，小先生运动就遍布了全国23个省市，仅上海一地就有小先生一万余人，湖北江陵、浙江鄞县全县开始普遍采用小先生制，陶行知的家乡安徽省教育厅更视小先生制为普及全省义务教育之要图。具体情况见表2-12：

表2-12 全国小先生普及教育表

省市别	地址	主要机关、负责人或所在地
江苏省	宝山大场孟家木桥	山海孟家木桥工学团
	宝山大场沈家楼	山海沈家楼工学团
	宝山大场萧场	山海萧场工学团
	宝山大场赵家港	山海赵泾港工学团
	上海大场红庙	山海红庙工学团
	上海俞塘	俞塘民众教育馆
	无锡北夏实验区	实验民校
	大港聂滩乡	叶竞民
	宜兴西桥	西桥工学团
	海州陈家港	盐务小学
	淮安河下莲花街	新安小学
	嘉定潘家桥	潘家桥工学团
	东台新丰镇	新丰镇中心小学
	苏州南显子巷	旅苏安徽公学

①《申报》1934-11-13。

续表

省市别	地址	主要机关、负责人或所在地
浙江省	嘉兴余贤埭	余贤埭中心小学
	鄞县全县中小学民教馆民众学校	教育局长叶谦谅
	兰溪实验县自治实验区	游埠中心小学
山东省	邹平	乡村建设研究院
	济南	济南东青街104号
	省立民众教育试验区祝甸乡	俞异君
	泰安泰山	泰山十小学
	德州	扈惠民
安徽省	安庆大渡口	大渡口小学
	安庆	世则小学
	安庆	省城各小学
	当涂采石矶	采石矶小学
	歙县堨田王充	歙县第一工学团
江西省	临川	自治实验区促进委员会主任王朝桢
河南省	辉县百泉	乡村师范
	孟县高端岗	高端岗小学
河北	天津	南开小学
	定县	中华平民教育促进会
湖南省	安化	胡英才
湖北省	武昌	程其保 张宗麟筹备
	襄阳民众教育馆	任寿祺
	江陵全县	陈志中
山西省	安邑舜帝庙李烈士陵园学校	曹带江
陕西省	西安	省立小学教育训练所菊林小学
福建省	阳湖	阳湖儿童自动普及主人教育先锋团
广东省	汕头大浦百侯	百侯中学各小学
广西省	南宁	潘一尘筹备
四川省	北碚	卢作孚
云南省	昆明	龚自知筹备
甘肃省	兰州	水梓筹备

续表

省市别	地址	主要机关、负责人或所在地
贵州省	镇宁	三民学校卢国勋
宁夏省	宁夏	傅作霖筹备
上海市	公共租界新闸路	工部局新闸小学
	浦东高桥	上海市卫生实区办事处
	赵家花园	花村民众基础学校
	愚园路兆丰花园对面	儿童普及教育团
南京市	和平门外晓庄佘儿岗	儿童自动学校
北平市		张雪门、戴自俺筹备
青岛市	全市高小中学	雷法章

资料来源:《全国小先生普及教育表》,《生活教育》,1935年2卷1期,第40-43页。

这一运动随着陶行知的学生作为大先生被派往各地进行普教指导,生活教育理论得以普遍发展与发扬。

同时,这一运动甚至引起了东南亚国家有关人士的关注,他们对此给予赞赏、宣传和借鉴。比如,1935年新加坡的《星州日报》就刊发了陶行知介绍小先生运动的文章。日本著名实验学校东京池袋儿童之村小学的教师译述陶行知有关小先生制的论文,提出要更多地“注视邻邦中国的动向”,考虑“在教育运动方面相互合作”。①

四、普教助成会的后续发展

一二·九后,尽管生活教育运动的重心转向国难教育运动,但普教助成会仍然坚持展开普教工作。以《生活教育研究会会刊》刊登的《中国普及教育助成会二十六年工作纲要》(部分)为例:

二、工作举要

(一)普教工作人员的调排与培养

①周洪宇:《陶行知研究在海外》,人民教育出版社,1991,第471页。

1. 本会与各省、市、县政府取得联系，随时调排工作人员去助成各省、市、县普及教育的展开；

2. 本会于寒暑假期内，调动各地工作人员集中上海，举行讲习会讨论会，以充实工作人员的能力与修养；

3. 本会于寒暑假期内，调排人员去各省市县襄助各地举行同前的讲习会讨论会，加强各地普教工作人员的能力和修养。

（二）普教方法的实验：

1. 继续助成工学团教育，及艺友师范教育的实验；

2. 继续助成上海附近各校、普及工人区域教育的实验；

3. 继续助成全国旅行团遍游国内外流动教育的实验；

4. 继续助成全国普及农村教育的实验；

5. 继续助成全国小先生传递先生的实验；

6. 组织唱歌团；

7. 组织演剧团。

（三）普教材料的供给：

1. 在上海民报，每月第一星期，出版普教特刊一期；

2. 与《生活教育》半月刊及《今日教育》月刊取得联络，随时供给普教材料；

3. 编辑普教小丛书。

第一辑

（1）普及教育纲要；

（2）工学团；

（3）小先生；

（4）传递先生；

（5）大家救国；

（6）救亡歌曲；

（7）九·一八；

（8）一·二八；

（9）车夫阿毛；

（10）李红光；

(11)飞机;

(12)枪炮;

(13)坦克车;

(14)防毒;

(15)种田;

(16)造林;

(17)种棉花;

(18)种菜;

(19)码头夫。①

*原文序号有误,编辑做了处理。

从这份工作纲要看,普教助成会主要的工作是试验普教方法和编辑普教材料。在国难教育运动中,运用小先生制和工学团试验,不再是对大众进行一般的普及教育,而是切合社会救亡主题、配合国难教育社进行国难教育的普及。

第四节　国难教育社

1935年一二·九运动的爆发,赋予了生活教育新的时代使命,为挽救严重的国难,普及教育运动转入国难教育运动,在行动上成立国难教育社,以山海工学团为实体,以《生活教育》为载体,组织社员开展国难教育运动。

一、成立缘起

普教助成会开展的普及教育运动正如火如荼之际,一二·九运动爆发。日本加快侵华步伐,国难深重,普及教育启蒙逐渐为救亡所替代,国难教育成为社会主题。

①《生活教育研究会会刊》1937年第3期,第3-5页。

1935年12月12日，陶行知和沈钧儒、马相伯、邹韬奋、胡愈之、章乃器、王造时、李公朴等共280多人，联名发表了《上海文化界救国运动宣言》，指出“我们应该进一步的觉悟！与其到了敌人刀口放在我们的颈项上时候，再下最后最大的决心，毋宁早日奋起，更有效地保存民族元气，争取民族解放……尽量地组织民众，一心一德地拿铁和血与敌人进行殊死战，是中国民族的唯一出路”①，还提出“坚持领土主权完整、否认一切有损领土主权的条件和协定”等八项政治主张。随后，即于12月27日成立上海文化界救国会，陶行知被推选为执行委员之一，并兼任教育委员会主任委员。成立大会上发表了第二次救国宣言，再次重申第一次宣言的政治主张，并提出了“开放民众组织，保护救国运动，迅速建立起民族统一阵线”②等救国主张；并公布了陶行知所拟“国难教育方案”，指出“中国的国难不是少数人可以挽救的，我们必须教育大众共同抵抗，中国方能起死回生”③。方案提出了国难教育的目标、对象、教师、课程组织、文字工具、方法等。

在此期间，上海各界救国团体纷纷成立：学联、妇救、文救、职救等，并于1936年1月28日成立上海各界救国联合会；全国其他省市也都成立了救国团体。在此基础上，1936年5月31日成立全国各界救国会联合会，代表全国十八个省市六十多个救国团体。陶行知被推选为常委委员之一，成立大会通过了各项文件，阐明了全救会的宗旨、纲领及其任务。民间由全救会领导，进入民族救亡运动的高潮。陶行知撰写《国难与教育》，提出“现在是教育与国难赛跑，我们必须叫教育追上国难，让教育帮助解决国难”，生活教育运动转入国难教育运动。

二、成立过程

救国运动的兴起赋予了生活教育新的内容，引导生活教育汇入民族解放运动的洪流，国难教育将普及教育和民族解放融合在一起。陶行知因此产生了“民族解放大学校”的构想，即整个社会生活服从民族解放的需要，融汇成一所大学校，只有一门功课，即“救国教学做”，先生教救国，学生学救国，先生要在救

①《转载：上海文化界救国运动宣言》，《生活教育》1936年2卷21期，第37-38页。

②《上海文化界救国会国难教育方案》，《生活教育》1936年2卷22期，第38页。

③《上海文化界救国会国难教育方案》，《生活教育》1936年2卷22期，第38页。

国的行动中教救国，学生要在救国的行动上学救国。为了推进“救国教学做”，陶行知借寒假讲习会[①]提议成立国难教育社，以唤醒民众共赴国难。这一提议得到生活教育派成员和社会界人士的一致认同，随即陶行知和张劲夫、王洞若起草了《发起组织国难教育社缘起》，提出：

教育大众起来担负民族解放的伟大任务，这不是件容易的事。它要求一切愿意执行这个方案的人们联合起来，互相督促，往前工作，互相交换工作的经验，同时它更需要一个集中的领导。所以，我们在这里要向中国文化界提出一个要求，就是组织一个国难教育社来实施我们的国难教育方案，来完成我们民族解放斗争的伟大任务。

我们希望一切同情于我们这个主张的人，热烈地加入国难教育社。[②]

这份倡议书发出后得到热烈响应，各界人士纷纷签名表示支持和赞同。经过筹备，国难教育社于1936年2月23日正式成立。参加成立大会的代表有400余人，包括学生、教师、小先生及工人、农民、商人、店员、新闻记者、宗教家等各界代表。在成立大会上，陶行知被推举为社长，由其聘请张劲夫担任总干事，主持日常工作。总社设在上海，各地根据需要设立分社。

国难教育社以全体社员代表大会为最高权力机关，总社组织常务委员会处理日常社务，下设总务、组织、指导、编辑、宣传五部。社员资格为同意教育社宗旨，并愿努力国难教育工作之个人或团体，经教育社社员二人以上之介绍，复经常务委员会之通过。国难教育社的经费包括社员入社时缴纳社费大洋一角、社员每年认捐、社员特别捐和向外募捐。[③]

大会通过了《国难教育社宣言》《国难教育社简章》及《国难教育社工作大纲》，并选出执行委员。

宣言提出，国难教育“是民族解放斗争中最重要的工作”“国难教育社是我

①陶行知获得人身自由后，散布于全国各地的前晓庄校友约定每年寒暑假相聚，陶行知利用这时间办了讲习会，邀请上海知名人士讲演政治、经济、军事等。讲习会吸引了上海很多中小学教师，为教联和生活教育社的联系奠定了基础（生活教育社的骨干人物如张劲夫、王洞若等皆为教联成员）。

②《发起组织国难教育社缘起》，《生活教育》1936年3卷2期，第79页。

③陶行知：《陶行知全集》第3卷，四川教育出版社，2009，第677—679页。

们行动的指导机关、设计机关”等，号召“全国愿意执行‘国难教育方案’的人民联合起来”①，共谋中华民族之解放。

国难教育社成立大会提出愿意执行《国难教育方案》，宗旨和目标是“推进大众文化，实施国难教育，以启发中国大众争取中华民族之自由平等，保卫中华民族领土与主权之完整”②；任务是“为教育大众联合起来解除国难，教育知识分子将民族危机之知识向大众传播”，故“凡前进的大众、小孩、学生、教师、技术人员都可担任教师”，“凡国难教育的非常课程应集中在解决国难所需要的知识上”；方法是“在行动上取得解决国难的真知识，立刻把它传给大众，使之在解决国难上发生力量”，故文字工具是易认易写易学的拼音新文字和大众文。

此外，国难教育社还制定了具体的工作大纲，规定了国难教育社需开展的主要工作。

国难教育社工作大纲③

确定本社国难教育方案及实施办法；

组织分社及社员团；

开办大众学校、读书会、时事研究会；

开办新文字补习班；

举办军事、防毒救护，运用交通工具等常识技术讲习班；

举办国难演讲，旅行演讲；

组织巡回电影开映团、巡回演讲团、巡回唱歌团、巡回戏剧团、弄堂流通图书馆、马路流通图书馆、乡村流通图书馆；

出版大众社会小丛书、大众自然小丛书、大众剧本、大众诗歌、大众小说、大众唱本、大众说书、大众连环画；

出版大众国难读本，各级学校国难补充教材；

特约教育刊物发表本社言论；

调查各地国难教育之设施，及敌人文化侵略之实况；

①《国难教育社简章》，《生活教育》1936年3卷2期，第80页。

②《国难教育社简章》，《生活教育》1936年3卷2期，第80页。

③《国难教育社工作大纲》，《生活教育》1936年3卷2期，第81页。

指导分社及社员团；

介绍前进书报；

联络其他救国团体一致进行；

募集国难教育实施经费。

从工作大纲看，国难教育社的主要工作内容：一是制订国难教育方案及具体实施办法；二是通过多种形式进行国难教育的普及、介绍和交流；三是编辑国难教育材料以供大众采用；四是和其他救国团体的联络工作。

三、主要工作

国难教育社成立后，执委会即按照《工作大纲》，以山海工学团为实体，开展各项工作：

1.扩充社员。在沪西、沪东、闸北、沪中、南市、浦东、大场等地区建立区团和社员团，短期内联络社员四百余人，多数为工人、农民、店员、学生、中小学教师，一些社会人士，如沈体兰、刘良模、吴耀宗等也热心参加。至6月中旬，已有社员七百余人。

2.开展社员自我教育。为了教育自己的社员，由组织部和指导部主持，面向各区团、各社员团的干部分子(大约二百人左右)每周举行一次讨论会，内容是每周时事和与救亡运动关联密切的问题。讨论会后，再由干部分子传达给普通社员；在南京，社员每周还要举行一次全体会。

3.参加各纪念日活动，进行国难教育宣传。较大的一次活动是参加上海文救会发起的一·二八四周年纪念日，山海工学团以各分团为单位，发动小先生、青年农民和教师，每4人一组，分别到市区天后宫桥堍市商会，参加纪念大会。会后举行示威游行，到庙行公祭一·二八死难烈士，作抗日救国的宣传动员。另外还参加了妇救会发起的三·八妇女节纪念示威游行活动；参加上海音乐界举办的“援绥音乐大会”之演出。国难教育社成员除参加救国会组织的活动外，还有针对性地在工厂、学校开展了大量抗日救亡宣传活动。

4.继续开办教师讲习班。一方面利于聚集上海的各地晓庄校友、山海师生及国难教育社代表，彼此介绍国难教育情况，探讨进一步发展的办法。二则就此继续开办讲习会，尤其是1936年和1937年暑假，举办了两期教师讲习班，每期两周时间，邀请了当时社会名流沈钧儒、章乃器、邹韬奋、钱俊瑞、胡愈之、章汉夫、钱亦石、薛暮桥、艾思奇等来讲课和做报告。三是在讲习班基础上，创办艺友班，按年龄分为甲乙两班，半天学习，半天工作，实行教学做合一。艺友班班主任是张宗麟、李波，教导员是吴海若。各科老师分别是国文老师李雷和许鲁茄、数学老师李玉波、进化论老师戴伯韬和盛震叔、英语老师刘水居、政治经济学老师龚士其、人类社会发展史老师程今吾、自然科学老师陶宏和董纯才、教育学老师张宗麟。[①]除此之外，上述各社会名流也会来上课。艺友班的方式提高了小先生的文化科学水平及教人的本领，适应了国难教育深入开展的需要。

5.发动新文字运动。国难教育社认定对大众普及国难教育的方式很多，各种文艺形式、新文字等都是教育大众的利器。为此，他们一方面由宣传部组建歌咏队、唱歌队，效果显著，参加人数总计有一千余人；另一方面由新文字推广委员会发动新文字运动，成绩可观。于后者而言，各区团皆有新文字区团推广委员会，负责本区内活动。"新文字运动计划于一年内训练北方话新文字教师一万人，江南话教师一万人，广州话教师一万人。"[②]在实际工作中，为了培养新文字教师，困难教育社举办了第一届新文字教师训练班，训练教师50余人。

6.创办民众学校。这是国难教育社的主要工作之一。社员们自动募捐、选择校址、派定社员担任教师，报名的人十分踊跃。民众学校一是通过编辑壁报和巨幅图画，在大众聚焦的地方张挂，对民众进行直观形象的国难教育；二是开展读书会、时事讨论会、演讲会等，向大众宣传国难。

7.编辑书刊。一是为大众编辑国难教育小丛书。二是生活教育社与上海生活书店合作编辑出版了《生活教育丛书》。三是由生活教育成员编辑《生活教育研究会会刊》以及陆静山等出版儿童刊物《少年知识》。

(1)《生活教育丛书》由生活教育半月刊编辑部编辑，由生活书店总代售。包括《生活教育论集》(1937.4)和《国难教育实施法与指导》(1937.6)。

---

①傅家驹，张大卫沈德宣:《山海钟声》,《重庆陶研文史》2010年03期，第83页。

②中共上海市委党史资料征集委员会编:《"一二·九"以后上海救国会史料选辑》，上海社会科学院出版社，1987，第105页。

《生活教育论集》共分四个部分，一是关于生活教育一般理论的叙述，二是关于生活教育的方法论，三是生活教育的工作、组织与实施各方面的具体情形，四是以生活教育理论为基础对现实教育问题的评论。这是国难教育时期生活教育社同人对生活教育的整理和研究，大部分是陶行知的文字。关于"理论部分"，有两篇是刘季平的《教育与生活》和《科学化的生活教育》，较为重要，是陶行知学生所写的文章中少有的、对生活教育理论提出的质疑和反思，对促进生活教育理论的发展有重要的作用。其他有行知行谈、生活教育讨论集、大众数学、国难教育以及各种教学做指导。

《国难教育实施法与指导》是"给广大的青年朋友们——或是已经在做着教育工作的，或是正准备要做教育工作的——一种有力的参考"[①]。全书分为上下两编，上编为"国难教育实施法"，主要包括各教育阶段、各群体的"非常时期教育草案"和暑假中的各团体、群体的国难教育工作；下编为"国难教育指导"，包括对各群体开展的各种不同形式（如唱歌、演戏、读书班、壁报等）的国难教育教学做之指导。大部分刊登在《生活教育》上，代表了生活教育社对国难教育的态度。

除了这两本丛书，胡立民和邢舜田编辑出版了《国难教育面面观》，编辑收集了社会各界在《国难教育方案》下所提出的各种具体实施办法，包括国难教育的基本理论、实施办法以及国难教育教材，是对其时国难教育各个方面的总收集，也是为从事国难教育的工作者提供材料。

（2）《生活教育研究会会刊》。1936年8月《生活教育》停刊，又因陶行知赴海外进行抗日救亡宣传，生活教育失去了宣传媒介。生活教育同志之间"因为职务上的忙碌，彼此不能多通信，因此，大家的情形都很隔膜……为了补救我们同志间生活情形的隔膜起见，所以印这一个生活教育研究会会刊"[②]。由此可见，这一刊物最重要的功能即增加生活教育同志间的联系和交流，是内部刊物。刊物是月刊，由曹建培负责，编辑时间从1936年11月19日到1937年12月1日，共编辑8期。该刊物的主要内容有三点：一是及时跟踪报道生活教育同志的近况，以保持沟通、联系；二是汇报上海的生活教育事业，主要是山海工学团的发

---

①生活教育社：《国难教育实施法与指导》，上海生活书店，1937，第3页。

②编者启示：《生活教育研究会会刊》1936年第1期，第16页。

展近况；三是集体进行生活教育的研究。

(3)《少年知识》由唐文粹、陆静山、杭苇负责编辑，是他们所发起的“少年知识社”的半月刊，目的是“给少年朋友们前进的正确的新知识。……告诉少年朋友们，在少年时代应该怎样负起民族解放的使命”①。

在国难教育社的组织和领导下，生活教育社同人积极推进国难教育的宣传和普及，并和全救会一致行动，把国难教育运动展开到全国，唤起民众，促进共同的救国运动。1936年7月，陶行知受全国各界救国联合会委托，担任国民外交使节，前往欧美亚各国进行抗日宣传，发动侨胞共赴国难。尽管陶行知出使海外，但生活教育运动并未因此停滞。一方面国内的生活教育社成员通过国难教育社积极从事国难教育，为国难教育服务；另一方面，通过陶行知把生活教育在中国结下的鲜果带到世界各地，促进了世界范围内的生活教育运动的兴起和发展。这一运动持续到1937年的八一三抗战。

第五节　抗战教育研究会

1937年七七事变后，抗战全面爆发，国难教育社的工作转入战时教育，核心人员撤至武汉，成立抗战教育研究会，发动战时教育运动；同时，为响应这一运动，生活教育社成员在浙、皖、贵等地开展了旨趣相同而形式各异的战时教育运动实践。

一、成立的社会背景和过程

（一）战时教育运动的发动

抗战全面爆发后，生活教育社、国难教育社同志认为整个情势起了空前的变化，遂把国难教育运动转变为“战时教育运动”，以应战时所需。1937年9月16日成立战时普及教育服务团，成立大会选举了杨东莼、张宗麟、沈体兰、邓裕

①建培：《上海同志所做的两件事业》，《生活教育研究会会刊》1936年第2期，第20页。

志、陶行知、王洞若、吴征真、刘良模、方与严等九人为理事，张劲夫、盛震权为候补理事。服务团颁布了工作大纲，为战时教育运动提出战时教育总路线：在战时工作的组织中进行教育。将民众组织起来进行教育。然后以此确立战时教育工作的原则：(1)在有组织的行动中，执行全面抗战时的自我教育，以辅助他人计划学习为主要任务。(2)在各个不同的对象中运用各种不同的形式，但以抗战为主旨。(3)教育民众之组织，应从文化的、经济的发展到战时工作团体，在每一个进程中引导其自觉。(4)全面抗战越发展，都市就得越缩小，因此本团工作应特别注意乡村。(5)文字符号为民众取得抗敌救亡知识的必要工具，因此本团工作应郑重注意文字教育之普及的工作。(6)接受地方政府指导，并取得当地驻军及地方人士密切联络。在方法上尤其提出"集体主义的自我教育"的主张，配合战时教育的学习方法。这是教学做合一的发展，是更为实际的教学做合一。

在战时教育总路线的指导下，上海的社员在王洞若、刘季平、戴伯韬、张劲夫等领导下积极参加抗日救亡活动。

他们首先组建上海市战时普及教育训练班，"罢平时之课，上战时之课，过战时生活，受战时教育"，以"在做上学、做上教"为方法，一面受教，一面教人，对大规模失学失业有志于战时教育的教师和青年，加以战时需要的知识的短期训练，以供各方需要，同时进行难民教育、民众教育、流浪儿童教育。继而发起战时普及教育服务团，旨在有组织、有力量地开展战时普及教育。服务团成立弄堂学校、流浪儿童学校、民众学校妇女认字班等共十处，赞助孩子剧团，加紧推进救亡戏剧教育，唤起民众抗敌救亡等。其次，他们以山海工学团为实体，在张劲夫的领导下，成立战地服务团，直接为战争前线服务。

(二)《战时教育》的编辑和出版

为了更有力地宣传战时教育和生活教育的主张，对因故停刊的《生活教育》积极复刊。据《读书》杂志的编辑言，"前日晤及生活教育社负责人，据说磋商结果，《生活教育》可以复刊，先复刊第一期的稿子已凑齐，即日寄送南京，一经发回，即行发排。如中途发生波折，七月初或可出版。因陶先生尚在美国，复刊后实际负责者将为张宗麟先生与方与严先生"[①]。后为配合战时教育运动，复刊后

①《读书》1937年第2期，第40页。

改为《战时教育》，具体事宜由戴伯韬和刘季平（适逢出狱）负责。此时，陶行知正在海外，听闻戴、刘创办《战时教育》，遂致信他们，表明高兴之余提出办刊意见：

我对于《战时教育》有一点——意见！就是把学堂变做战场，把战场变做学堂。今早想出几句小诗，描写这个意思，抄下来请你们指教！

学堂变做战场，战场变做学堂。来一千教一千，来一万教一万。

同学们，把自由种子带回东洋。

现在华北是一个伟大的战场，也是一个伟大的学堂。东洋的兵士在日本无法追求真理，现在到华北来，遇到游击先生，受民主的洗礼，在远东时局之开展过程中，是会发生意想不到的作用。[①]

《战时教育》于1937年9月25日创刊，在上海共出版4期。《战时教育》极力鼓吹"抗战教育"，提出"集体主义的自我教育"，符合抗战形势，受到各界进步人士的好评，为战时教育运动的开展奠定了良好的舆论基础。

此时，中共决定动员上海的进步刊物向武汉迁移，其中就包括《战时教育》。当时国难教育社的王洞若、杨东莼、张宗麟、戴伯韬等遂于迁移前以国难教育社和《战时教育》的名义召开了座谈会，共同研究迁移到武汉后的工作问题，讨论并提出了教育界关于抗战时期教育的宣传口号："抗战教育"和"集体主义的自我教育"。后刘季平、戴伯韬于1937年10月初带着《战时教育》先行转移到武汉[②]；南京、上海、浙江等地沦陷后，刘明凡、陈光宇、王洞若、王东方、张敬仁、陆维特、张健、陈佩明、陈维清等陆续来到武汉。

彼时的武汉因抗战的全面爆发，国民党中央党部、国民政府军事委员会及外交、财政、军政、内政等重要机构和人物皆在武汉办公；各民主党派和无党派民主人士、抗日救亡团体的领袖人物、文化界知名人士、青年学生、沦陷区的大批知识分子也大都聚集到武汉；华北及沿海地区一批工厂、企业纷纷内迁到武汉；尤其是南京沦陷后，因武汉在军事上的重要战略地位，使得武汉成为中国的

①陶行知：《把战场变成学堂》，《战时教育》1938年1卷12期，第4页。

②据《战时教育》一卷4期的"编辑室"所说，第4期本拟在汉口出版，但因稿件无法从上海预期寄至，而在武汉的出版事宜尚未筹备好，故第4期仍在上海出版。所以，《战时教育》是从一卷5期才在武汉出版，而其时只有戴伯韬和刘季平负责编辑。

政治、经济、军事、文化的中心，成为“战时首都”。在民族生死存亡的时刻，举国上下团结一心，以驱逐日寇、争取民族独立自由为己任。为了推动形成最广泛的抗日民族统一战线，国民党召开象征民意机关的首届国民参政会，加紧动员民众抗日，并于1938年3月至4月召开临时全国代表大会，通过《抗战建国纲领》，宣布“在抗战期间，于不违反三民主义最高原则及法令范围内，对于言论出版集会结社，当予以合法之充分保障”。而此时武汉的实权派（保定派高级军官）鼓励媒体自由，甚至还对很多出版物进行了资助。故政治上的宽松和相关法令的颁布，为战时生活教育运动的开展和《战时教育》的编辑出版确立了合法的地位。

（三）成立过程

因《战时教育》提出“抗战教育”和“集体主义的自我教育”，极为符合当时教育界的呼声。因此，到达武汉后，受到了抗日救亡人士的欢迎和支持。为进一步有效开展抗日救亡活动，刘、戴在中共指示下拟成立一组织开展活动。他们只有首先动员湖北省知名人士孔庚[①]和陈时[②]做武汉抗战教育研究会的发起人，于1937年10月24日邀集武汉教育界知名人士召开座谈会，商议成立抗战教育研究会事宜。刘季平在会上详述了成立抗战教育研究会的动机和意义。他提出当时全面抗战存在两个最大的弱点，“民众文化水准太低”和“民众组织散漫”。教育民众克服这些弱点是教育工作者的责任，但“这是一个异常艰巨的工作”：

> 第一，我们不能有长时间作百年树人的长久之计，我们要立刻见效；第二，我们不能只教少数的民众，我们要训练四万万五千万同胞；第三，我们不能有大量的金钱，我们要用极少的金钱得极大的效果；第四，我们不能仅教些普通的教材，我们要教一些随抗战的需要和发展而能应用的教材；第五，我们不能只教一些我们所知道的教材，我们必须要随时厉行自我教育，增进我们的教育能力和范围。[③]

---

①孔庚，湖北浠水人，早年加入同盟会。民国初年，在山西任晋军师长，后曾任国民党军委会中将参议。抗战时期，为国民参政会驻会委员。在湖北有相当势力和威望。

②陈时，时任华中大学校长，桃李盈门，素有名望，为湖北教育界头面人物。

③子周：《抗战教育研究会发起人座谈会小记》，《战时教育》1937年1卷6期，第11页。

为此,“有联合一切热心教育的同志共同研究的必要”。大会推选孔庚、陈时、范寿康、陈仁炳、戴伯韬、刘季平等9人,成立筹备委员会,负责起草章程、宣言、抗战教育纲领等。经过月余准备,1937年11月21日在华中大学司徒厅召开抗战教育研究会成立大会。出席会员100多人。省党部特派员彭国均、省教育会代表王茂先等出席,彭国均致辞,高度肯定抗教会的成立,云“敌人的侵略教育老早就在那里实施了,因此感到我们的抗战教育研究会未免成立得太晚了”。后又提出两点:“一应以三民主义统一思想,二要以奋斗精神深入农村。”①会上通过简章,选举孔庚、陈时、季平(即刘季平)、白桃(即戴伯韬)、范寿康、陈开运、周子桢、冯永轩、何伟、陈仁炳、孟宪章11人为理事;后召开第一届理事会议,选举孔庚为理事长,陈时为副理事长,陈仁炳、周子桢、孟宪章、季平、白桃为常务理事,成庆生、费怒春、陆叔昂为候补理事。会址设在粮道街私立粮道街小学内,会员主要是武汉的中小学教师。日常工作由刘季平和戴伯韬负责。

二、宗旨和工作大纲

在《抗战教育研究会缘起书》中,该会提出以“集思广益研究抗战教育的理论与方法为宗旨”,目的是“飞快地训练民众,锻炼自己,发展国民文化,提高民族战斗力,来完成神圣的民族解放革命!”②

为了使宗旨得以实现,该会于1937年12月5日颁布工作大纲:

抗战教育研究会工作大纲③

(一)工作原则

在研究中推行抗战教育在推行中研究抗战教育。

(二)工作内容

1.研究各抗敌救亡团体、部队,应如何建立集体的、实践的自我教育,并推

①《抗战教育研究会成立大会纪实》,《战时教育》1937年1卷8期,第5页。

②《抗战教育研究会缘起书》,《大公报》1937-10-27。另见《抗战教育研究会成立》,《战时教育》1937年1卷8期,第3页。

③《战时教育》1937年1卷9期,第12页。

动他们执行起来；

2.研究并推动各级学校机构、课程、方法的改进；

3.研究并推动全国总动员的民众教育，特别是农民教育；

4.在上述工作中间研究并推动如何进行扫除文盲教育及提高大众文化的工作。

(三)工作的进行

1.用集体的方法研究各个部门的理论与实际问题：

农民教育，工人教育，店员教育，难民教育，伤兵教育，军队教育，妇女教育，儿童教育，战地民众教育，专门教育，中等教育，其他教育；

2.设立抗战教育设计委员会，不确定抗战教育法案，拟定各种教育实施办法；

3.组织各种教育服务团，努力推行抗战教育，并特约各级学校及各社团试行之；

4.开办各种训练班、研究班及民众学校；

5.编辑抗战教育教材及理论与方法的刊物及小册子。

1937年12月5日

工作大纲表明了抗战教育研究会工作的目的是为抗战教育服务，内容是研究抗战中的教育问题并贡献意见给政府及各界，因此其范围较广，不仅限于教育界，而是全面全民的教育，方法是进行集体主义的自我教育。

三、主要活动

抗战教育研究会根据工作大纲，成立后即投入救亡、抗战教育活动，主要开展了以下形式多样、内容丰富的工作：

1.续编《战时教育》。抗战教育研究会成立后，《战时教育》因为与其渊源深厚，成为其机关刊物。[①]《战时教育》开辟《时事研究》《时事谈话会》栏目，向读者介绍国际、国内时事；开展战时各种教育问题的研究，如伤兵教育和难民教育

①参见刘季平：《刘季平文集》，北京图书馆出版社，2002，第463页。

（白桃）、战时高等教育（杨东莼）、工人教育（张敬仁）等；拟定各类具体方案和方法以供读者交流，如由抗战教育研究会提出的关于儿童教育、伤兵教育、工人教育、难民教育的基层工作大纲等。通过《战时教育》，抗战教育研究会的“抗战教育”得以进一步宣传，扩大了该会的影响。

2. 主编战时教育书籍。（1）《战时教育丛书》之《战时儿童教育》（黎明[①]等著，生活书店，1938.8），分战时儿童教育概论、儿童教育内容、儿童教育的方法和方式、战时儿童训练四部分；（2）《战时工人教育经验谈》（生活书店，1938.4），分为战时工人教育概论、工作大纲、内容方式和方法、工人组织教育、经验和教训的总结等；[②]（3）《蒋委员长抗战问答》（新生出版社，1938），主要是关于蒋介石的言论，分为怎样完成统一、认识国策、估计敌情、推动各国、运用战术、培养斗志、训练民众、争取胜利等8卷。（4）除了抗战教育研究会主编外，其会员也有个人编著，如白桃（戴伯韬）主编的《战时大众知识丛书》8种。

3. 开展各种形式的抗战教育讨论。一是团结本地骨干积极分子，在大中小学教师中开展活动，召开教育座谈会，主要讨论对当时教育的改革和抗战教育的实施；二是以原国难教育社同志为主体，开展宣传组织工作，积极接待络绎不绝的来访者，回复群众来信，“他们待人接物，恳切耐心，心平气和，令人一见如故，格外温暖”[③]，积累了坚实的群众基础；三是和其他团体合作，包括中华民族解放先锋队、青年救国团、孩子剧团、蚁社、汉口基督教女青年会等，互相支援开展抗日宣传活动。

4. 发动中小学教师和中学生参加抗日救亡斗争。举办抗日演讲会、讲习会、训练班等，主要由陆维特、刘明凡负责。其中较为突出的是举办游击训练班。1937年底在武汉大学开办游击训练班（公开名称“游击战术研究班”）。该训练班由八路军办事处派遣边章五、聂鹤亭协助，具体工作由刘明凡负责，叶剑英、李涛等人还应邀去作过报告。学员主要来自国立武汉大学，主要内容包括讲授游击战术、组织军事演习。

5. 深入开展工人教育。在武胜门外工人区办工人夜校、识字班、抗日演讲

①黎明即徐荇。安徽巢县人，后任育才教员。

②抗战教育研究会主编：《战时工人教育经验谈》，生活书店1938年4月版，目录页。

③周洪宇：《武汉抗战教育研究会述略》，《武汉文史资料》2000年11期，第32页。

站等，主要由张敬仁、陈光宇等人负责。较为有效的工作一是以抗战教育研究会的名义掩护省委纱厂工人工作委员会开展公开活动，并派张敬仁担任书记。他们在武汉三镇公开筹办工人夜校和识字班，在工人当中广泛开展教育和组织工作，“提高了工人的思想觉悟，促使他们积极投身于如火如荼的抗日救亡运动”[①]。二是成立抗战讲演室。1938年1月底，先后成立第三、第二讲演室。1938年1月30日《新华日报》报道：“第三讲演室设于武昌武胜门外马路街纱业工人教育馆内，已于本月26日午后开幕，到会工友、群众、军警等六百余人，极一时之盛。第二讲演室设于武昌圣安德烈堂，昨天午后3时开幕，到会民众军警二百余人。由该会常务理事白桃报告开办宗旨后，即由第六分局陶局长演讲，对该会教育群众、帮助政府抗战极为赞许。”

6.发起组织全国战时教育协会。抗战教育研究会联合陕、湘、粤、桂等各省抗日救亡团体，共同发起“全国战时教育协会”，进一步扩大了文教界的抗日救亡运动的规模和影响。

抗教会是以“战时教育社”为基础，以教工为对象，组成的抗战初期武汉地区文教界的一个抗日救亡团体，它通过多种形式宣传群众、组织群众，对推动工人开展抗日爱国运动起了积极作用，同时在把武汉地区的抗日救亡运动推向高潮的过程中起到了重要的作用。尽管时值国共合作，其主要活动是利用上层统一战线，通过国民党进步人士进行的，然而其开展的各种活动还是引起了国民党的注意。而这也影响了当初的发起人之一孔庚的态度和行为。在此形势下，为免抗教会成员遭遇不幸，他们开始撤离，张健、陈光宇去了延安，程今吾去了江苏失学青年服务团，戴伯韬、陆维特等去了重庆，刘季平、王洞若、张敬仁则去了桂林。抗教会的这些核心人物的撤离使抗教会的实际工作停止了，这也标志着抗战教育研究会的实际消亡。

到1938年底，战时教育运动后期陶行知已经回国，即亲自参与和指挥整个运动，也正是在这一时期，陶行知系统地把生活教育介绍到印度等东南亚国家。另一方面，生活教育社的主力聚集桂林，在陶行知的领导下公开成立生活教育社，开展全面教育和民主教育运动。

---

①周洪宇：《武汉抗战教育研究会述略》，《武汉文史资料》2000年11期，第32页。

第六节　生活教育社胚胎和萌芽期的特点及成果

综上，生活教育社在公开成立前，历经不同的生活教育运动，组建了不同组织，以生活教育理论为指导，开展各种活动，推进了生活教育事业的进行。总结如表2-13：

表2-13　生活教育社公开成立前的组织及活动

组织名称	宗旨	实体	核心人物	会刊/社刊
乡村教育同志会	依据中华教育改进社乡村教育政策组织而成，以群策群力共谋中国乡村教育之改造	晓庄学校	晓庄师生	《乡教丛讯》
乡村教育先锋团	采取军队组织精神以整肃共同生活之纪律，增进团体行动之效率	晓庄学校	晓庄师生	《乡村教师》
《生活教育》社	在中国教育界广泛地宣传生活教育理论，希冀为中国教育探索新的出路		晓庄师生 工学团团员	
普及教育助成会	采取最经济、最迅速、最能持久、最能令人进步的方法，力谋普及大众与儿童向上生活所需要之教育，以助成中华民国与大同世界之创造	工学团 自然学园 儿童科学通讯学校	晓庄师生 工学团团员	《生活教育》
国难教育社	推进大众文化，实施国难教育，以启发中国大众争取中华民族之自由平等，保卫中华民族领土与主权之完整	工学团	晓庄师生 工学团团员	《生活教育》
抗战教育研究会	集思广益研究抗战教育的理论与方法		晓庄师生	《战时教育》

资料来源：《乡教丛讯》《乡村教师》《生活教育》《战时教育》。

一、不同组织及其活动的特点

这一时期处在生活教育社的孕育、形成和发展期。虽然是秘密成立，但因处于社会教育团体发展的成熟化阶段，几个外围组织（由表2-13可见）得到平稳发展，呈现出这样一些特点：

第一，规模虽然不大，但有一定的专业建树。这一时期的各个组织，从人数、开展活动的范围看，规模都算不上大，但因主事者陶行知和生活教育派成员的实践和研究，在普及教育、生活教育理论上颇有建树，尤其是生活教育理论日臻成熟。

第二，具有鲜明的时代特性。陶行知和当时学院派教育学家最大的不同即他拥有强烈的问题意识和行动意识，这表现在生活教育以“事”为中心，事关国家、民族前途的当然就是生活教育的“事”，就是中心。从几个组织开展的活动来看，它们和国家、民族的命运紧密联系在一起，并且善于抓住整个国家与民族生活的实质，即他们总是走在时代的前沿，为民族重建不断探索新的出路并付诸实际行动。

第三，具有一脉相承的宗旨。不同时期的活动始终以探索最适合、最有效力的教育来实现教育的改造乃至社会的改造和重建为宗旨，在不同阶段进行具体的不同任务。

第四，具有宽广的视野。生活教育运动始终把视野放在最广大的人民身上，始终秉持晓庄时期的理念，即“他爱农人只从农人出发，从最多数最不幸的出发；他的目光，没有一刻不注意到中华民族和人类全体。”[①]

二、不同组织及其活动的成果

这一时期生活教育社取得了显著的成果，表现在生活教育理论的发展、生活教育派的壮大和宣传组织力量的增强。

第一，生活教育理论的进一步发展。

①陶行知：《陶行知全集》第2卷，四川教育出版社，2009，第450页。

乡村教育运动时期形成的生活教育理论雏形，在后继的生活教育运动中获得了深入的发展。除了陶行知本人结合不同的时代主题阐发生活教育理论外，生活教育派其他成员也积极参与生活教育理论的研究，如刘季平、方与严、戴伯韬、王洞若等，并在《生活教育》《战时教育》等刊物上发表文章，探讨生活教育。

表2-14 生活教育理论的发展谱系

<table>
<tr><th>发展阶段</th><th>教育运动</th><th>总的任务</th><th>基本方针</th><th>基本原理</th><th>具体方法</th></tr>
<tr><td>形成期
1927-1930</td><td>乡村教育运动</td><td>教育启蒙</td><td>人民的教育，人民教育人民，人民为自己生活的提高进步所希求的教育</td><td>生活即教育
社会即学校
教学做合一</td><td>在劳力上劳心</td></tr>
<tr><td rowspan="3">发展期
1931-1937</td><td>普及教育运动</td><td>教育启蒙</td><td rowspan="3">生活所原有
生活所自营
生活所必需的教育</td><td>工以养生
学以明生
团以保生</td><td>小先生</td></tr>
<tr><td>国难教育运动</td><td>启蒙大众以救亡</td><td>生活的
行动的
大众的
前进的
世界的
有历史联系的</td><td>救国教学做</td></tr>
<tr><td>战时教育运动（前期）</td><td>启蒙大众、自我教育以救亡</td><td>集体主义的自我教育</td><td>集体主义的自我教育</td></tr>
</table>

资料来源：参考章开沅，唐文权：《平凡的神圣——陶行知》，湖北教育出版社，1992，第487—489页。

第二，巩固并扩大了生活教育派。

随着生活教育事业的深入发展，生活教育派在人力上不断地扩充。在数量上，虽然发动生活教育运动的始终是以晓庄时期形成的生活教育派为主力，但在其领导下，不断吸收新鲜的血液，播下新的种子。以山海工学团为例，统计《山海工学团大事记》中出现的48个人名（比较重要的人物），其中15人出身晓庄学校，他们是马侣贤、张劲夫、严竟成、张健、操震球、王作舟、朱泽甫、查淑怡、丁柱中、戴自俺、王醉霞、尹孔敏、方与严、张宗麟、王洞若；其余的有陈光宇、周瑞锦、张杰、沈增善、苏德隆、沈嗣庄、陈立廷、程霖生、沈禹生、沈少田、尹玉珍、楼南高、胡守仁、张顺根、陆德森、马善业、沈柏生、俞华、张耀祖、杨应彬、张敬仁、余立金、王东放、林犁田、徐晴、徐祥先、徐治平、林一心、方明、孟根根、赵文明、孟洁华。[①]在这些人中,楼南高曾任《生活教育》记者,杨应彬是著名的小先生,方明则在后来的陶行知研究中起到了重要的组织作用。在质量上,这批核心成员经过生活教育运动的历练,对生活教育事业愈加忠诚、对生活教育理论的研究愈加深入、开展生活教育实践的经验愈加丰富。生活教育派在数量和质量上的整体提升为生活教育社的公开成立准备了充分的人力资源。

第三,增强了宣传和组织力量。

如表2-13所示,在生活教育理论的指导下,生活教育社先后成立的组织及其推动的实体有完整的建制,它们所提供的制度样本和活动范型已基本具备现代社团的特征:具有组织结构、宗旨,规定了成员资格以及权利和义务。生活教育社的组织力量不断增强。

同时借助出版刊物来宣传生活教育的理论和实施。生活教育社出版了晓庄丛书、生活教育丛书、普及教育丛书、儿童科学丛书、乡村教育书籍、师范教育新刊本等百余种;在杂志方面,有《生活教育》半月刊、《生活教育研究会会刊》(内刊)、《战时教育》旬刊,先后在上海、武汉、重庆三地出版,专门探讨生活教育理论与实施。

三、不同组织及其活动的不足

客观来讲,诚如方与严所说,“生活教育运动……虽然是追随着时代需要,曾经努过力,而进展成为乡村教育、普及教育、国难教育、战时教育、全面教育五大运动,但我们的工作做得非常不够的。在当时一致对外的民族统一战线环境下,我们为了集中力量贡献给国家,所以随时根据‘抗战建国纲领’来进行我们的工作”[②]。

综合前述,方与严所说的“我们的工作做得非常不够”表现在几个方面:

---

①傅家驹,张大卫,沈德宣:《山海钟声——陶行知与山海工学团(连载之八)》,《重庆陶研文史》2011年4期,第100-103页。

②方与严:《生活教育简述》,上海:教育书店印行,1950,第19页。

第一,秘密成立于1931年的生活教育社,并没有向社会部备案、立案,更是因为陶行知本人还被通缉,故作为一个半秘密半公开的组织,要公开活动,只得借助外围组织。这严重影响了生活教育社发挥的效力。

第二,生活教育社的外围组织尽管从形式上符合现代社团的特征,既有董事会之组织,又有社章之颁布,却并未形成严格的运行机制,缺乏具体的方案,故执行力不强。这导致这些组织在很多时候会流于形式。

第三,虽然生活教育社的活动都是具有国家民族视野的,但因为组织本身的力量薄弱,导致在生活教育实践中,尽管各社团成员众多,真正从事的人还是以原晓庄师生为核心的成员;尤其国难教育后期陶行知的缺席,更使生活教育社群龙无首,而核心成员则分散居住,缺乏联系,这也影响了生活教育社效力的发挥。

抗战建国的伟大使命要求发挥全面、全员的力量,而未公开成立的生活教育社的不足显然阻碍了自身对这一使命的贡献。遂有公开成立生活教育社之需,一为整合组织,二为整合力量,以期对抗战建国发挥更大的效力。

第三章

生活教育社成立

历经乡村教育同志会、乡村教育先锋团、中国普及教育助成会、国难教育社和抗战教育研究会，生活教育组织不断成熟，由这些组织总其成的生活教育运动不断发展，生活教育理论不断深入，生活教育派的力量不断壮大。为了对抗战建国做出更大的贡献，1938年12月15日生活教育社在广西桂林公开成立。成立大会上，全体社员通过了社章，对生活教育社的宗旨、社务、组织结构、经费、社员、会议等做出了规定。

第一节　生活教育社的公开成立

中国进入全面抗战后，得益于广西桂林宽松的政治气氛、浓厚的文化气氛，以及聚集在桂林的生活教育派核心成员，生活教育社于1938年12月15日在桂林公开成立并通过立案。在成立大会上选举了理事、监事，通过了《生活教育社章程》。

一、生活教育社成立通过立案

1938年8月陶行知自海外回国后，即投入抗日救亡工作。结合抗战情势，他提出教育要配合抗战，认为“现阶段的抗战是全面抗战。所以现在要展开全面教育来配合全面抗战的需要"[①]。1938年11月21日，陶行知抵达桂林，和聚集在此的生活教育社社员总结并回顾了推行生活教育十二年来的理论和实践经验，一致认为要更有效地增加抗战力量，应把生活教育社公开成立。当即成立筹备委员、组织筹备会积极筹备；并向政府备案。这些情况陶行知在1939年1月15日向广西省政府呈送的《生活教育社立案的呈文》中做了详细阐述。

迩来因战局关系，生活教育同志不期而集于广西者为数渐多，佥认过去之努力虽曾发为乡村教育运动、普及教育运动、国难教育运动、战时教育运动，第去国家民族之所要求与吾人者尚远，爰有组织生活教育社之议。当即由发起人推定陶行知、唐现之、李平、杨寅初、汪达之、王洞若、吴新稼、王慕祥、陆静山等九人为筹备委员，组织筹备会积极筹备：一面向钧部申请准予组织，并呈报广西省政府备案；一面拟定社章、征求社员。先后奉得钧部文字第37号许可证书民字第1353号与第1354号及广西省政府教字第9368号指令准予组织，越时一周，筹备就绪，乃于二十七年十二月十五日下午一时，假座广西省政府大礼堂举行成立大会……各当选理监事即于二十七年十二月十六日宣誓就职，由广西省政府邱厅长昌渭监誓，即日启用图记在案。依照人民团体组织规程规定程序，至此已告完成。[②]

呈文表达了三个重要信息：

一是说明了生活教育社的主要使命和任务是推动生活教育运动，以为国家民族和大众服务。如前文所述，生活教育社在公开成立前，通过组织乡村教育同志会和乡村教育先锋团，创办晓庄学校发起乡村教育运动；通过组织普及教育助成会，借助山海工学团和创制小先生制发起普及教育运动；通过组织国难教育社发动国难教育运动；通过抗战教育研究会，研究和发动战时教育运动。这几个运动虽然称谓不同，但主旨却相同，是同一个运动——"教育为公"——的四个不同方面，即通过实现普及教育推动国家民族的进步。同时，生活教育运动孕育了逐渐成熟的生活教育理论，形成生活即教育、社会即学校和教学做

①陶行知：《陶行知全集》第4卷，四川教育出版社，2009，第232页。

②陶行知：《陶行知全集》第4卷，四川教育出版社，2009年，第258—259页。

合一，从此成为主导生活教育运动的学说。

二是从社的使命阐述了生活教育社公开成立的必要性和可行性。从必要性来看，历经十二年，生活教育运动不断深入，不断契合并服务于社会和时代的发展和变化，无论是对乡村教育和乡村社会的改造还是对普及教育的推进，及至而后的唤起大众共赴国难，都取得了不俗的成绩。但是生活教育社始终没有一个公开正式的组织，而仅仅依靠外围的组织进行公开活动，极大地限制了生活教育运动的效力。正如陶行知在十二周年纪念中所说，“组织便是力量”，故为了发挥更大的作用，为了使生活教育者能更紧密地团结起来，有组织、有计划地推动生活教育运动，为抗战建国发挥更有效的力量，公开成立一个这样的组织就显得尤为迫切。

除了必要性外，“因战局关系，生活教育同志不期而集于广西者为数渐多”，这也说明了生活教育社的公开成立还具备了人员和政治上的条件和基础。

1938年10月，抗战进入战略相持阶段。因武汉、广州相继失守，作为西南重镇的桂林凸显了其地位和作用。新桂系统一广西后，励精图治，在30年代被称为中国的“模范省”。抗战爆发后，他们一面表明抗日的决心，一面继续励精图治，同时实行招贤纳士的开明政策，使广西成为对文化人有较强吸引力的地方。而蒋介石一时无力军事解决广西问题，便只好采取怀柔政策，暂时默认桂系的“三自政策”，这就造成了桂林当时的特殊政治地位，形成了相对宽松的政治氛围。抗战中的新广西在政治、经济、文化教育上都呈现了新风貌。陶行知1939年1月12日在中国青年记者学会新年联谊聚餐会上谈到“抗战中的新广西”，这样来描述广西的新面貌：“在政治方面，除了过去的村民大会之外，乡、镇代表会在12月底举行了。2月底成立县临时参政会以后，将成立省参政会。该省雷民政厅长说：人民没有组织，就像没有人民。广西政治已在民主化的大道上迈进了。……经济方面很注重生产。”[①]教育上，经过雷沛鸿推动的国民基础教育运动，得到了很大的发展。这些条件都为桂林成为抗战时的文化城奠定了基础。

同时，桂林当时不仅是广西省会，更是西南半壁河山以及东南各省的交通枢纽，还处于内地与香港及海外联络的重要通道上，因而大批的学者、作家、文

①陶行知：《陶行知全集》第4卷，四川教育出版社，2009，第244页。

化团体“像候鸟那样，大部分聚集到当时政治气候适宜的桂林”[1]。这样，抗战前一个仅有六七万人口的、经济落后的小城，成为盛极一时的文化名城，其表现在人文荟萃、人才济济，新闻出版事业兴旺发达，文学艺术空前繁荣，文化团体纷纷成立。以文化团体为例，当时桂林活跃着上百个文化团体，其中既有各种行业协会，也有各种职业、专业团体等方面。

此时，陶行知作为国民外交使节历经两年多的海外抗日宣传也已回到国内，生活教育运动结束了群龙无首的局面；而生活教育运动的主将包括刘季平、王洞若、程今吾、戴伯韬等在上海、武汉相继失守后，聚集桂林；加之生活教育派1934—1935年在广西南宁开展的生活教育运动[2]所打下的民众基础。这样，生活教育社的公开成立就有了主观的愿望和客观的条件。

三是说明了生活教育社作为一个公开合法的民间团体已经履行了必要程序。生活教育社的成立可谓一波三折。如前文所述，生活教育社的实际社史是始于乡村教育运动，而其作为一个组织是在1931年，作为教育社团在上海秘密成立。尽管是秘密成立，但根据当时的一些情况来判断，此“秘密成立”不是秘而不宣，而是缺少社团组织成立的相关程序，即没有得到政府的认可，所以没有备案。为何没有公开成立，推测原因是陶行知因被通缉而不宜露面，后战事又起，陶行知本人作为国民外交使节出访欧美宣传抗日，生活教育社群龙无首，又忙着开展救亡活动，故公开成立亦无暇顾及也不适宜。因为是半秘密的组织，只能依靠外围的普教助成会、国难教育社等进行公开活动。随着陶行知恢复人身自由，生活教育派所倡导的生活教育运动遍布全国多个省份和日益成熟的生活教育理论，为生活教育社的公开成立加强了民众基础。

由此可见，生活教育社的公开成立有天时、地利、人和的契机，水到渠成。

1939年1月28日，国民政府教育部发出2114号公函致国民党社会部，谓：“准此，查生活教育社所呈章册，大致尚合。”2月22日，社会部分别致函国民党广西省党部及内政部和教育部：“查该社宗旨与组织尚合于文化团体组织大纲之规定，业经本部核准备案。”[3]2月25日，教育部高教司司长吴俊升告知陶行

①谢加因：《四十年前的会议》，见潘其旭，王斌等编：《桂林文化城纪事》，漓江出版社，1984，第536页。

②参看前文，即方与严、潘一尘、杭苇等参与的广西国民基础教育。

③陶行知：《陶行知全集》第4卷，四川教育出版社，2009，第258—260页。

知,生活教育社已在中央社会部及教育部正式备案。[①]

至此,生活教育社正式成为公开、合法的民间教育社团,生活教育社的社员们在其领导下进行了伟大的抗战建国活动,从组织上增强了生活教育运动的力量。

二、生活教育社成立大会暨第一届理事会

1938年12月15日,生活教育社在广西省政府大礼堂[②]召开成立大会。和3月15日一样,这注定成为生活教育运动另一个值得纪念的时间。

成立大会堪称盛会。到会社员及来宾1500人,包括大批社会知名人士,尤其是广西白崇禧将军、中央委员会李任仁委员等莅临出席。成立大会由陶行知亲自主持并发表"生活教育目前的任务"的讲话。在报告中,陶行知提出在生活教育理论的指导下,生活教育社当前的任务主要有四:(一)力求长进,把自己的集团变成抗战建国的真力量;(二)影响整个教育界共同求进,帮助整个教育界都变成抗战建国的真力量;(三)参加在普及抗战建国的生活教育的大运动里面帮助全民族都变成抗战建国的真力量;(四)参加在普及反侵略的生活教育的大运动里面帮助全人类都变成反侵略的真力量。[③]

而后,白崇禧发表"全面抗战和全面战术"的演讲,指出当前"我们对日本帝国主义抗战,是民族革命的战争,所以应该是全面的战争。战术要配合战争,所以我们应该是全面战术……"而这种全面战术"我们只从经验里创造。新的战术是什么呢? 就是游击战,运动战,阵地战等综合运用的全面战术……"[④]。

另外,广西省政府省党部刘藜清代表致训词:"生活教育社以往所发动的新教育运动,都是唤起民众的最好办法。我们相信生活教育社的成立必定是可以增加抗战的力量,巩固建国的基础。"[⑤]省教育厅邱昌渭厅长训词:"生活教育社

①陶行知:《陶行知全集》第10卷(下),四川教育出版社,2009,第886页。

②成立大会原定于桂林中山纪念学校召开,后因天气欠佳,特改在省政府大礼堂。见1938年12月16日《广西日报》"生活教育社成立大会志盛"。因原晓庄学生杨寅初时任桂林中山纪念学校代理校长,社址即设在桂林中山纪念学校。

③陶行知:《陶行知全集》第4卷,四川教育出版社,2009,第228—229页。

④童常:《生活教育社成立大会》,《东南战线》1939年03期,第156页。

⑤童常:《生活教育社成立大会》,《东南战线》1939年03期,第155页。

过去所努力的四种教育上的运动，对国家非常有益，在广西都是做了的。最近陶先生躲避敌机，又给我们提出一个'岩洞教育'的建议。这个建议非常好。我们已经开始做，并且计划把它扩大起来作为明年广西成人教育年的方案……"[①]以上两位是代表政府的意见，是对生活教育社十二年工作的认可和肯定。

郭沫若则代表政治部第三厅发表演讲。郭沫若对新安旅行团和孩子剧团在抗战中的成绩给予高度肯定，并指出这样的团体"是我们中国的'裴斯泰洛齐'陶先生创造出来的"。由此证明"生活教育是注重实践，启发自觉性和创造性。……新安旅行团、孩子剧团是生活教育的具体化，标本！"而后，又提出政治部的宣传工作原则"宣传即教育""服务即宣传"，"也可以说是模仿陶先生的'生活即教育''社会即学校'的。这个宣传原则的确定是生活教育十二年来努力的结果，也可以说是一年多的抗战使我们觉得我们需要生活教育"。[②]

成立大会选举了理事会和监事会，随即召开第一届理事会，公推陶行知为理事长，选出理事陶行知、李任仁、雷宾南、黄炎培、邵力子、沈钧儒、杨东莼、唐现之、张宗麟、顾颉刚、尚仲衣、周月宾、陆璀、林砺儒、崔载扬、徐特立、俞庆棠、汪达之、季平、白桃、吴新稼、田汉、胡兰畦、杨寅初、王洞若、张劲夫、唐柯三、徐谷荪、方与严、潘一尘、孙铭勋、张敬仁等共计33名，监事邱昌渭、杜重远、吴涵真、喜饶嘉措、钱新之、黄次咸、赵洪文国、蔡楚生、任光、范长江、台和中、楼南高、戴自俺、刘琼瑶、程今吾共计15名。有意思的是理事正式名单上实际只有32人，包含了各民族的代表，寓意最广泛的统一战线；其中回族的代表是唐柯三先生，藏族的代表是喜饶嘉措先生，满族的代表是赵洪文国老太太，但蒙古的代表还没有，"我们相信不久一定会有的，所以空一格名字……"[③]。大会通过了《生活教育社章程》[④]。社章共有七章十六条，依次对生活教育社的宗旨、社务、社员、组织、职权、会议及经费做出了规定。

---

①童常：《生活教育社成立大会》，《东南战线》1939年03期，第155页。

②童常：《生活教育社成立大会》，《东南战线》1939年03期，第157页。

③童常：《生活教育社成立大会》，《东南战线》1939年03期，第156页。

④见附录6。

第二节　生活教育社的宗旨和社务

宗旨是教育社团的主导思想，它陈述教育社团存在的目的或对社会应做出的贡献；为了实现社团宗旨，社团还应制订切实的社务计划并付诸实践。为此，生活教育社确定了合乎时代的宗旨，制订了切合实际的社务计划，以此促进该社的事业发展。

一、生活教育社的宗旨

生活教育社社章规定生活教育社的宗旨是“在探讨最合理最有效之新教育原理与方法，促进自觉性之启发，创造力之培养，教育之普及，及生活之提高”[①]。

这一宗旨兼具专业性和大众化、手段论和目的论。它确定了生活教育社“以最合理最有效之教育原理与方法”为途径，“自觉性之启发”和“创造力之培养”为两大人才培养要求，目的是实现“教育之普及”乃至最终实现“生活之提高”。此处，“最合理最有效之新教育原理与方法”，即形成和发展于生活教育运动并指导生活教育运动的生活教育理论，以及这一理论在生活教育运动不同阶段的具体方法，如小先生制、集体的自觉主义等，这是专业性之体现，是生活教育者研究之结果；两大人才培养要求始终贯穿于一系列的办学活动中，从晓庄学校到山海工学团再到育才学校和社会大学，尤其是在育才学校，“创造力之培养”达到了顶峰；通过生活教育理论的探索，启发人的自觉性和培养人的创造力，最终实现“教育之普及”和“生活之提高”，用生活教育理论来解释，即教育最终是为了生活，而这种生活之提高不是少数人的，而是大众的；不仅是中国大众的，也是整个人类的。从这个角度而言，生活教育社的宗旨还具有普遍性的意义。

这一宗旨也是贯穿于整个生活教育运动的。从该社公开成立前的诸外围组织的宗旨看，它们是一脉相承的，只是在生活教育运动的不同阶段具体任务不同而已。如果说公开成立前的组织的宗旨具有针对性和时代性，那么公开成立的生活教育社

①陶行知：《陶行知全集》第4卷，四川教育出版社，2009，第259页。

宗旨则更为全面、更为广泛，是对之前各组织宗旨的容纳；在该社公开成立后的战时教育、全面教育和民主教育中，贯彻这一宗旨，在不同的阶段侧重不同的使命。

表3-1 生活教育运动各组织的名称和宗旨

组织名称	宗旨
乡村教育同志会	群策群力共谋中国乡村教育之改造
乡村教育先锋团	采取军队组织精神以整肃共同生活之纪律，增进团体行动之效率
《生活教育》社	在中国教育界广泛地宣传生活教育理论，希冀为中国教育探索新的出路
普及教育助成会	采取最经济、最迅速、最能持久、最能令人进步之方法，力谋普及大众与儿童向上生活所需要之教育，以助成中华民国与大同世界之创造
国难教育社	推进大众文化，实施国难教育，以启发中国大众争取中华民族之自由平等，保卫中华民国领土与主权之完整
抗战教育研究会	集思广益研究抗战教育的理论与方法
生活教育社	探讨最合理最有效之新教育原理与方法，促进自觉性之启发，创造力之培养，教育之普及，及生活之提高

资料来源：《乡教丛讯》《乡村教师》《生活教育》《战时教育》《陶行知全集》（第3、4卷）。

二、社务

围绕宗旨而设计的社务有九项：

甲、调查生活需要；
乙、设计教育方案；
丙、编辑教育材料；
丁、研究专门问题；
戊、试验教育方法；
己、推广探讨所得；
庚、介绍社员服务；
辛、促进社员互助；
壬、指导社员进修。[①]

①陶行知：《陶行知全集》第4卷，四川教育出版社，2009，第260页。

这一社务规定偏重实践和服务。从内容而言，广泛且充实，既有“研究专门问题”的学术性特征，又把“调查生活需要”作为首要的社务，规定了社的活动必须从大众的生活切入，又使该社具有广泛参与性的特征；既强调服务社会，又注重社员自身的发展。

这些社务在实践中的推进主要由常务干事会负责。并非齐头并进，而是时有侧重。从实际社务推进看，生活教育社成立数十年，主要围绕“设计教育方案”“编辑教育材料”“研究专门问题”“试验教育方法”等方面进行，根据时代之变化和社会生活之需要时有变化。历经战时教育、全面教育和战后民主教育，具体推进的社务有：在调查生活的基础上设计并提出“兵役宣传案”“全国难民教育草案”“岩洞教育”“普及民主教育计划”等，组建晓庄研究所研究战时各种问题，在各地建立分社为抗战服务，创办育才学校、社会大学试验创造和民主的生活教育，编辑《战时教育》《民主教育》以及相关读物、读本，宣传并推广生活教育。

当然对于社务计划的制订和实施，也会因偶发因素而有所变化。如生活教育社成立初期，因“政治部原按月津贴一千元，七月份起停发，该社现缩小范围，裁撤人员达三分之二”①。总社经过讨论，议决中心工作主要在于“研究并整理生活教育已有之理论与经验”“发展各方面的教育经验并产生教育材料，供给各地教育同志的应用”“提供教育实际工作最具体最有效之办法”。②

纵观生活教育社的实践活动，在诸多社务的推进中，对于社员自身的发展建设不足，主要原因在于社员数量多、分布广，但该社的组织却结构散漫不健全，因此社员之间缺乏联系和互助。

①转引自《生活教育文选》，四川教育出版社，1988，第581页。原件存南京中国第二历史档案馆。

②程今吾：《总社工作动态》（1939年9月15日止），《生活教育文选》，四川教育出版社，1988，第611页。

第三节 生活教育社的组织架构

生活教育社的组织结构见社章的“组织机构图”，它是通过该社的一般构成与权责分配来体现的。

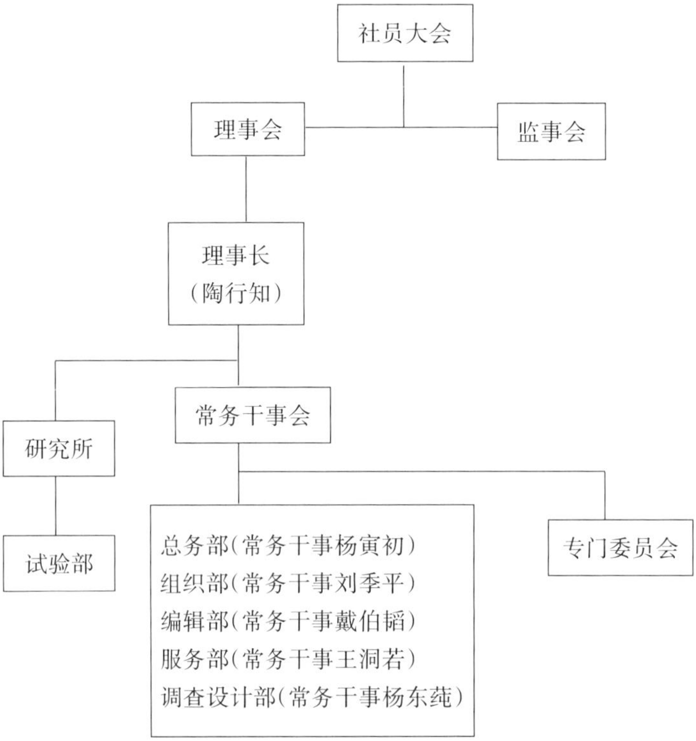

图3-1 生活教育社的组织机构

资料来源：陶行知：《陶行知全集》第4卷，四川教育出版，2009，第260页。图中附第一届理事会理事长及各部负责人。

一、组织的构成

生活教育社采用“会员制”“理事制”，为了社务的顺利推行，又设立监事，形成理、监事联席会议制度。

从理事、监事的构成看，主要由军政界和社会各界名流构成，他们为社务的顺利推行提供了政治支持和广泛的社会基础。

从层级构成的情况看,包括理事长、职员(常务干事会)、一般社员三个层级。一般社员是该社的基本细胞和实体部分,人数众多,广泛分布于各级各类学校、教育团体、政府部门或社会机关。该社的生活教育运动计划、其他决策基本是通过他们的实践得以在各地实现。故该社的影响力和活动效率实际取决于一般社员的数量与质量。所以,该社对一般社员入社资格有所要求,即须"赞成本社宗旨及生活教育理论技术,实地为人民儿童服务者,经社员二人以上之介绍,理事会之通过,得为本社工作社员"①。从社员名单②看,社员遍布军、政、教界,其中不乏社会名流和既有学历又学术造诣深厚者,这保证了生活教育社有高素质的成员。

一般社员之上有专门委员会委员,负责专门问题的研究。在该社中,专门委员会仅为虚设,真正负责实际社务的则是干事员(职员)。生活教育社设有专门的职能机构,负责开展特定的日常工作。如社章所示,生活教育社共有总务部、组织部、编辑部、服务部、调查设计部五个职能部门,各部常务干事即各职能机构职员,他们中除杨东莼外,其余四人即杨寅初、刘季平、戴伯韬、王洞若为长期从事生活教育运动者,历经晓庄、山海工学团等历练,他们的深厚情谊和工作默契是该社组织运作良好且高效的保障。

和常务干事会并列的还有一个研究所,即晓庄研究所,理事长陶行知任所长。晓庄研究所专为研究战时各种问题,下设试验部,主要试验育才学校以研究难童教育,还为抗战研究国药、小型炼钢炉等。研究所和常务干事会工作虽各司其职,但也存在联系:研究所的工作为编辑部的《战时教育》提供材料,《战时教育》则刊登战时问题的研究结果以及各试验结果,以此作为宣传和推广材料;常务干事会也为研究所提供人力支持,如陶行知曾两次致信桂林总社要求程今吾赴渝助其办育才学校,常务干事刘季平、王洞若等皆为研究所研究员;参与研究所试验,如王洞若曾找陶行知谈炼钢事,得陶允诺:在不妨害生活教育社、晓庄研究所、育才学校之进步生存的前提下,尽量赞助。③

①陶行知:《陶行知全集》第4卷,四川教育出版社,2009,第260页。

②见附录。

③陶行知:《陶行知全集》第10卷,四川教育出版社,2009,第1066页。原载陶行知《备忘录》35-011。

理事长是该社最高负责人，由社员大会公选产生。对于理事长的任职资格，尽管社章中没有明确规定，但就陶行知而言，是符合教育社团对最高负责人的普遍要求的，如德才兼备、威望很高、热心新教育、对教育改革有功。陶行知连任两届理事长，实至名归；在第二届理事会期间，陶行知逝世，即由方与严代理事长。

方与严，陶行知高足，是陶行知的忠实追随者。从创办晓庄开始，方与严几乎追随了陶行知一生所从事的生活教育事业，对生活教育理论有充分的理解和高度的认同，也有丰富的工作经验。

二、权责分配

与层级构成相应的是责权分配。

该社最高权力机关是全体社员大会，包括常会和临时会，主要职权是：(1)确定教育社工作方针及计划；(2)产生及改选理事长，理监事会之理事及监事。

理事会为次高权力机关，主要职权是：(1)执行社员大会之工作计划；(2)指导并督促常务干事会及各种委员会之经常工作及特殊事项。

理事长的权责是：(1)对外代表教育社；(2)主持指导教育社一切进行事宜。

干事会则是办事机构，常务干事会有五部分：(1)总务部负责办理文书、会计、庶务等事宜；(2)组织部负责办理社员入社，分社组织及实际工作分配事宜；(3)编辑部负责编辑刊物、丛书及战时教材等事宜；(4)服务部负责推广探讨所得，进行社会服务，指导社员进修，介绍社员工作及其他各种互助事宜；(5)调查设计部(杨东莼)负责办理生活调查及方案设计等事宜。

三、生活教育社组织的民主化原则

作为一个教育社团，生活教育社在组织原则上鲜明地体现了民主化原则。第一，从理事制本身而言，采用理、监事联席会议制度，以及从监事的职权来看，都是为了保证组织本身的民主性。第二，全体社员大会是最高权力机关，而全体社员大会采取的是“社员合议”，而非“代议”，其做出的决定即是代表最广大社员的意志。第三，理事、监事由社员大会推举，任期三年，每年改选三分之一，连选得连任；理事长、监事主任委员、常务干事等并非源自行政部门的任命，也不是社团内少数人的意志，而是经过社员大会公开选举出来的，虽然常务干事是由理事长推荐，但因理事长本人是公选的，在一定意义上具有间接选举之意，实是体现了多数社员的意志。

第四节　生活教育社的经费来源及管理

经费是一个民间社团能否正常运作的基本条件。如何筹措必要经费并进行有效管理，对生活教育社的发展具有重要的影响。

一、经费来源

生活教育社作为一个全国性的民间教育社团，创办晓庄研究所、育才学校、社会大学等实体事业，其运作需要大额的经费。经费的来源主要有以下几种：

一是政府津贴。政治部按月给津贴一千元。该社成立之初，正值战时教育大力提倡之时，加上陶行知的个人声望，政府对其举办的推进战时教育的事业颇多支持。这项经费到1939年7月停发。

二是社员社费和社员特别捐。第一届理事会期间，社费是一年国币一元。从金额看，几乎可算作象征性地征收；而社员的特别捐也较为有限，从《陶行知全集》的资料看，仅找到一位陈志中社员为发展社务捐国币二十元的记录。[①]

三是社会捐助。主要来自个人和国际援助，尤其是美国援华会。因战时的特殊环境，社会捐助本就不足，对生活教育社的直接资助不多见，仅可见陶行知和汪达之商议以生活教育社和新安旅行团的名义争取获得宋明轩（宋哲元）捐赠的房子。个人资助和国际援助较多见于对该社的事业育才学校和晓庄研究

①陶行知：《陶行知全集》第8卷，四川教育出版社，2009，第551页。

所的资助。就现有资料看,美国援华会欲资助陶行知所撰之普及教育计划。[①]后因陶行知逝世,计划被搁置,资助也未见落实。

四是建立生产基金创收自救。眼见上述经费来源都非长久之计,不足以维系社的运作。彼时陶行知正在重庆北碚全力推行育才学校的难童教育和晓庄研究所的研究事业,其从事的大部分活动是为育才筹募经费;桂林的总社由刘季平、王洞若等负责。恰逢抗战进入战略相持,实行建设教育、打定建国基础成为社会团体的重要任务。以此为契机,生活教育社响应"中央盛倡建教合一"的主张,推行建设教育运动,尤其赞同广西"以生产运动解决国民基础学校经费问题"[②]的办法,于1940年5月由常务干事会连续提出《常务干事会为发起本社生产基金及资金运动决议案》《常务干事会接到理事长指示后关于本社生产运动的决议案》《常务干事会为组织本社生产基金及资金筹募委员会、保管委员会暨生产事业委员会决议案》《生活教育社生产基金筹募管理办法》和《生活教育社吸收生产资金办法》。这些议案决议通过筹募生活教育社生产基金十万元,同时采用吸收生产资金的办法。

为了有效地推行建设运动,常务干事会又提出《为扩大本社生产基金及资金运动致全社同志书》,一则对社员进行动员,鼓励社员加入到这个运动中来,为抗战建国工作做一点儿实实在在的事情,"或以现金、或以稿费、或以劳力、或以生产工具、或以其他不动产、或自己想法、或向其他同志想法、或向亲戚朋友想法、或多或少都可以"。陶行知首先积极回应,他在1940年4月28日致信刘季平及桂林生活教育社全体同志,称阅读《生活教育通讯》第9期,获悉生产基金筹募运动已经开始的消息,病便好了一半,慨然认捐200元,并拟根据生产计划认募10000元。他在信末还附短诗一首,题名《理事长带病参加竞赛》。诗云:"基金筹募开始,病儿好了一半。捐二百募一万,病夫队里比比看。"[③]后又收到吴蕴初赞助生活教育社生产基金100元。到1940年5月前已认捐12000元。[④]

在议决案和基金筹募进行的同时,生活教育社开始了生产事业。如生活教

①陶行知:《陶行知全集》第9卷,四川教育出版社,2009,第77页。

②陶行知:《陶行知全集》第11卷,四川教育出版社,2009,第614页。

③陶行知:《陶行知全集》第8卷,四川教育出版社,2009,第680页。

④胡国枢:《生活教育理论》,浙江教育出版社,1991,第111页。原载《生活教育通讯》1940年5月第10期。

育社在生产方面参加江南出版合作社、樟脑油生产合作社、药水棉花厂及水泥试制四种事业。[①]

五是创造募集经费新方法。第一，号召社员们集体学做新武训。从1942年开始连续举办武训诞辰纪念，向社会筹募。第二，为筹集普及教育经费，发布《卖字卖文卖诗歌卖演讲》广告。

生活教育社启事[②]：

本社理事长陶行知先生决定自即日起卖字卖文卖诗歌卖演讲，以所得尽充本社推行普及教育之用。兹订办法如下：

（一）卖字　每幅一万元。

（二）卖文　每千字一万元。

（三）卖诗歌　校歌每首一万元，挽歌寿歌结婚歌每首二万元。

（四）卖演讲　市内每次一万元，市外另议。

1946年3月12日重庆《新华日报》和20日延安《解放日报》也对此举相继做了报道，并有郭沫若、冯玉祥加入“四卖兴学”的活动。

二、经费的有效管理

在经费异常困难的时期，如何使有限的经费能够维持一个全国性教育社团的运行，有效的经费管理是至关重要的。对经费管理的分析也有助于对生活教育社作为一个组织的自运转机制有所了解。

1.公私分明

理事长陶行知以身作则，公私分明，对该社的公款从不占用一丝一毫。如在1940年1月25日致戴伯韬的信《关于生活教育社数事》中，提及“信封、信纸

①陶行知：《陶行知全集》第10卷，四川教育出版社，2009，第1132页。原载陶行知《备忘录》37-018、019

②《生活教育社启事》，《民主教育》1946年03期，第14页。

十元是我用的,当由我来还你们。其余十六元五角为软片钱,及育才十学生赴校费二十五元三角,共四十一元八角,我当通知马先生寄给你”[①]。

2.严格管理

虽然陶行知在该社成立后把主要的精力投入育才办学,但并未放松对总社经费的管理。

第一,把总社和育才、研究所的账目分开,便于疏清账目。如前文提及的1940年1月25日致戴伯韬的信《关于生活教育社数事》中所说的款项。又如1940年12月10日致信马侣贤《千万火急请即办妥》中提及“请你由学校款内借垫三百元作印《战时教育》之用,交维特同志手收。我回校后赓即归还”[②]。

第二,及时清理账目。他在《备忘录》中经常提及“整理账目”,如1941年7月25日,清理生活教育社账目[③];12月23日拟定三日内必须完成之事:……3.草拟生活教育社卅一年计划;整理账目写总报告。[④]

第三,善任财务管理人员,对其要求严格。总社的会计是吴瀚[⑤],她工作认真负责,陶行知在《请转嘱理清账目——致刘季平》的信中提及“……吴瀚同志的账目已经收到。手续清楚,至堪佩慰。省三之账请转嘱其立即理清,以完手续”[⑥]。

第四,合理安排经费使用。如在陶行知11月29日的《备忘录》中显示,王洞若来谈炼钢事,允诺在不妨害生活教育社、晓庄研究所、育才学校之进步生存的前提下,尽量赞助,并表示:“我自己不愿从事实业,怕因此而改变或决定我们的生活,后来抱着发展文化的大目的来帮助同志,从事实业是不会走到资本家之路。”[⑦]

①陶行知:《陶行知全集》第8卷,四川教育出版社,2009,第597页。

②陶行知:《陶行知全集》第9卷,四川教育出版社,2009,第108页。

③陶行知:《陶行知全集》第10卷(下),四川教育出版社,2009,第1135页。原载陶行知《备忘录》37-032。

④陶行知:《陶行知全集》第10卷(下),四川教育出版社,2009,第1169页。

⑤刘季平夫人。

⑥陶行知:《陶行知全集》第8卷,四川教育出版社,2009,第543页。

⑦陶行知:《陶行知全集》第10卷(下),四川教育出版社,2009,第1066页。原载陶行知《备忘录》35-011。

3.实行制度化管理

总社在提出推行生产事业议决案后，为了顺利地筹募生产基金，进行了一系列有效的管理。首先，在组织上成立专门部门、实行专人专责。1940年5月设立“生产基金及资金筹募委员会”专门负责筹募，陶行知被推选为主任委员，生活教育社理事或监事如吴新稼、杨寅初、唐柯三、楼南高、黄次咸、张敬仁、张栗原、杜重远等为委员，在分社设立筹募主任，由各分社负责人担任。

表3-2　生活教育社生产基金及资金筹募委员会委员

姓名	简历
陶行知(主任委员)	生活教育社理事长
崔载阳	生活教育社理事；时任中山大学教育研究所所长
杜重远	生活教育社监事；时任新疆学院院长
黄次咸	生活教育社监事；时任重庆青年会总干事
楼南高	生活教育社监事；时任山西牺牲同盟救国会干事
陆叔昂	生活教育社成员
唐柯三	生活教育社理事；时任广西成达师范校长
吴新稼	生活教育社理事；时任孩子剧团团长、育才学校教员
杨寅初	生活教育社理事兼服务部常务干事；时任广西中山纪念学校代理校长
张敬仁	生活教育社理事；时任第四战区服务队队长
张栗原	生活教育社社员；时在广东省立文理学院任教

资料来源：陶行知：《陶行知全集》第9卷“人名索引”，四川教育出版社，2009，第483—732页。

在具体筹募上，参照现代公司法和合作社法，将基金和资金各分为甲乙两种。基金部分：甲种基金——永远捐赠本社，乙种基金——以母金捐赠本社，为生产基金，永不收回，但该项基金部分为生产基金，经投入生产后捐赠人仍得依照规定支取应得利息。资金部分：甲种资金为有限责任，依照普通投资办法办理，暂定五千股，每股十元；乙种资金为有限责任，由乐于赞助教育社人士提供资金援助教育社生产建设，以息金及红利捐为教育社生产基金。[1]这是生活教育社运用现代化的经济管理模式的初次尝试。

其次，设立“生产基金及资金保管委员会”[2]进行具体管理，管理项目包括募集款的保管、收据存根、存入银行、动用等。最后，由“生产事业委员会”推行生产运动，首先以现有资力，立即试办简易生产事业三所（如机器碾米等），同时开始筹办造纸厂及出版社。

生活教育社欲推行生产事业以自救的方案实施，不久因政治形势的骤变、生活教育社迁往重庆和工作重心的转移而停止；而常务干事会的刘季平、戴伯韬相继前往苏北解放区，这一生产事业并没有顺利推进。

第五节　主要社员概况

一、社员概况及其发展

1.社员数量

生活教育社成立时，根据陶行知1939年1月15日提供的“社员名单”，社员[3]共有191人。生活教育社成立后，规模迅速扩大，短短时间内登记的合格社员已经达到2400余人，成为桂林当时参与成员较为广泛的民间教育社团。但到1939年7月因政治部津贴停发，生活教育社裁撤社员2/3。之后到抗战胜利期间，社员规模有所扩大，到1945年12月陶行知向宋子文呈请迁社至沪的文中，言“社员2000余人”[4]。而后为推行普及民主教育运动所需，陶行知发出了

①陶行知：《陶行知全集》第11卷，四川教育出版社，2009，第620、622页。原载1940年5月30日《生活教育通讯》第10期。

②由吴瀚等任委员。

③包括赞助社员和工作社员，在社员名单中并未注明两者的分类。

④陶行知：《陶行知全集》第9卷，四川教育出版社，2009，第440页。

征集社员十万众的宏愿。但因陶行知的骤然离世和局势的恶化并未实现。

由社员数量的变化可见，初时社员规模的迅速扩大，一则是陶行知本人的社会关系网的辐射以及生活教育运动多年来的社会影响；二则是社员入社门槛不高，最基本的条件即同情或赞同生活教育理论；三则社员所需缴纳的社费仅为1元一年，这样的规定对于入社者没有任何经济压力。而成立不到一年后的社员裁撤，说明该社的运行受制于经济的因素；抗战胜利后数量的增多和陶行知征集社员的计划，则说明民主教育推行的紧迫性。

2.社员分布

从地区分布看，社员广泛分布于广西、四川、广东、湖南、甘肃、湖北、山西、安徽、浙江、江西、江苏、新疆、西藏、贵州、陕甘宁边区、上海、香港等省市区，其中因总社地址所在，广西桂林是社员集中地，包括生活教育运动的主将原晓庄学生、新安旅行团团员、孩子剧团团员、江苏省立教育学院学员等。由此可见，生活教育社是一个全国性的、具有广泛参与性的民间教育社团，其社员足迹遍布大半个中国，与其提倡和赞同的抗日统一战线、最大力量地动员民众实施战时教育、为抗战建国而奋斗相呼应。

3.社员的社会背景

在社员中，原晓庄学校师生共40人，新旅21人，孩子剧团11人；其他44人皆为著名学者和广西地方文教界的官员。[①]由此可见，晓庄、新安、孩子剧团是生活教育社的骨干力量。

人员类别上，社员构成多样，包括了军、政、文、教、工各界人士；其中有参政员6名，包括陶行知、黄炎培、沈钧儒、杜重远、钱新之、喜饶嘉措；从党派看，既有国民党中央委员如邵力子，广西省政府委员如白崇禧、雷宾南、邱昌渭，也有著名的中共人士如徐特立，也有无党派人士；影剧新闻文化学界人士如田汉、任光、蔡楚生、范长江、顾颉刚；教育界著名教育家如尚仲衣、林砺儒、崔载阳、俞庆棠；还包括普通民众如三代打游击的赵洪文国老太太。这使生活教育社不仅有着较高的社会知名度，同时兼具了一定的各阶层代表性。

①在陶行知提供的191人的社员名单中，除了文中所述有明确身份的社员外，还有75人未查出背景。

二、生活教育社理事、监事小传[①]

生活教育社的主要社员由理事和监事构成，如上所述，其中的社会各界人士要么和陶行知私交甚笃，要么赞同和支持生活教育运动；而实际推动社务进展的则是以原晓庄师生为核心，以及在此基础上在工学团时期吸收的新核心成员，他们服膺于生活教育学说，和理事长陶行知以及社员相互之间有着深厚的感情，且基本参与了大部分生活教育运动，作为各地分社负责人，对生活教育运动在各地的推行起到了重要的作用。这些主要社员的工作和活动对推进生活教育社事业的发展贡献甚大，实有必要对他们进行介绍，以更充分地了解他们对于生活教育社的推动作用。

陶行知（1891—1946年）　原名陶文濬，安徽歙县人。1914年毕业于金陵大学，随后赴美留学，先后于伊利诺伊大学攻读市政、哥伦比亚大学师范学院攻读教育学，师从美国实用主义大师杜威、克伯屈，并立志“余今生之唯一目的在于经由教育而非军事革命创造一民主国家”。1917年回国后，开始从事教育改革。先后任教于南京高等师范学校、东南大学，任职中华教育改进社，发动平民教育运动。1927年3月15日，创办晓庄学校，在晓庄的实践中，把杜威的“教育即生活、学校即社会、从做中学”翻了半个筋斗，初创以“生活即教育、社会即学校、教学做合一”为核心的生活教育理论。他和一批志同道合者共同发起乡村教育运动，由此拉开中国生活教育运动的序幕。后以生活教育理论为指导，跟随时代的变化而依次发起普及教育运动、国难教育运动、战时教育运动、全面教育运动和民主教育运动。1938年12月15日创立发起生活教育社，陶行知任第一届、第二届理事长，带领生活教育社社员们始终以“探讨最合理最有效之新教育原理与方法，促进自觉性之启发，创造力之培养，教育之普及，及生活之提高”为宗旨，为改革和发展中国的教育事业，为中华民族的解放和民主事业的胜利，鞠躬尽瘁，死而后已，做出了不可磨灭的贡献。

李任仁（1886—1968年）　字重毅，广西临桂人。1931年、1935年两度任广西教育厅长。抗战时期，任文化服务社董事长。1937年10月，任广西建设研究

①此部分主要参考《陶行知全集》第9卷“人名索引”，《刘季平文集》《陶门弟子教育家孙铭勋》《父亲的脚印》《程今吾教育文集》《方与严教育文集》《明清岁月——徐明清回忆录》《陶行知词典》等。

会常务委员，1939年5月任广西省政府委员。曾出席生活教育社在桂林召开的成立大会，并担任生活教育社第一届理事、第二届监事。

邵力子（1882—1967年）　浙江绍兴人，中共党员，著名民主人士、“和平老人”、社会活动家、政治家和教育家。早年留学日本，同盟会会员。1928年起历任国民党中央政治会议委员、陆海空总司令部秘书长、国民党三届中央监委、国民党五届中央监委。生活教育社第一届理事、第二届监事、第二届3位常务监事之一。

黄炎培（1878—1965年）　字任之，号楚南，江苏川沙（今上海浦东新区）人。中国近代教育家、政治活动家。同盟会会员，辛亥革命后任江苏省教育司司长，首提“生活教育”名词，提倡教育与学生生活、学校与社会实际相联系的实用主义生活教育。1917年发起成立中华职业教育社。九·一八后积极投身抗日救亡运动。抗战胜利后发起组织中国民主建国会，为主任委员。生活教育社第一届理事、第二届监事，支持生活教育社事业，参加生活教育社十二周年纪念大会并发表演说，后又参加生活教育社上海分社成立大会并发表演说，为上海分社开设专题讲座。

汪达之（1903—1980年）　原名达志，安徽黟县人，中共党员。1928年春进晓庄学校就学。1929年受陶行知委托，与晓庄同学李友梅、蓝九盛、台和中、孙铭勋去淮安创办新安小学，把生活教育的种子播撒到了苏北。晓庄被封后，汪达之临危受命，担任新安小学校长，直到他于1935年带新安旅行团出发之前。这五年中，为了办好新安小学，他们历经千辛万苦，在没有工资、连吃饭都成问题的情况下，坚持为贫苦儿童服务，还代养了孙铭勋领来的项英的幼女，直到她去延安时止。其间组织“新安儿童自动旅行团”，带领学生旅行修学，广受好评，真正实践了“社会即学校”的生活教育理念。1935年，得到陶行知支持，在“新安儿童自动旅行团”的基础上组成“新安旅行团”，汪达之任顾问，冲破重重阻挠，以“社会即学校”为指导，行程五万里，历时14年，走遍了中国19个省宣传抗战。汪达之和“一群小好汉”的功绩，曾被誉为“新安旅行团的光荣历程永远是全国儿童的典范”[①]。皖南事变后，汪达之率领新旅转移撤退到苏北抗日根据地。曾

①汪达之著，刘友开编：《汪达之教育文集》，中国文联出版社，1995，第246页。

任苏皖边区政府教育厅督学。

刘季平(1908-1987年)　又名刘焕宗、剑雄,江苏东人,中共党员。1928年春进入晓庄学校就学,任学校中共支部书记、中共南京市委宣传部长。毕业后,先至无锡河埒口小学任教,后至北平香山慈幼院任试验部主任,开展生活教育实验,因和学校主流意识冲突,遭解聘,回到晓庄。晓庄被封后,曾两度入狱,在狱中撰写《科学化的生活教育》《教育与生活》等对生活教育理论进行了思辨性的分析和研究。他是陶行知学生中为数不多对生活教育理论提出质疑的人。八·一三后出狱,和戴伯韬共同编辑《战时教育》。上海沦陷前后,带着《战时教育》和生活教育社成员到武汉,组织抗战教育研究会,对战时教育进行研究;曾任国民政府军事委员会政治部第三厅主任科员。后到桂林,协助陶行知筹备生活教育社。生活教育社公开成立后任第一届常务理事和干事,在桂林开展各种救亡活动。皖南事变后到苏中根据地。

戴伯韬(1907—1981年)　又名戴邦、白桃、邦杰,江苏丹阳人,中共党员。1927年3月离开原就读的江苏省立商业专科学校,报考晓庄学校,成为晓庄第一批13名学生之一。在校期间,积极参与生活教育试验,并参与编辑《乡教丛讯》。1928年毕业,曾在无锡民众教育学院、惠山实验小学任教。晓庄被封后,流落上海、浙江等地。1931年应陶行知之邀,来到上海,协助陶行知开展"科学下嫁运动",创办自然学园、儿童科学通讯学校,编写《儿童科学丛书》、小学自然科学课本(与董纯才合编)和农民科普读物,对儿童进行科学普及教育;后又编辑《师范生》。1934年,陶行知创办《生活教育》杂志,戴伯韬主要负责编辑工作,他本人在该杂志上发表了儿童科普作品60余篇。一二·九之后,陶行知发起成立国难教育社,戴伯韬任理事,和生活教育社其他成员一起推进国难教育运动。陶行知至海外进行抗日宣传,《生活教育》的编辑即由戴伯韬具体负责。通过编辑《生活教育》,宣传生活教育理论、介绍生活教育实验,推动了生活教育的发展。抗战爆发后,《生活教育》转为《战时教育》,仍由戴伯韬负责。上海沦陷前夕,和刘季平等携带《战时教育》一起转移到武汉,并参与发起成立"抗战教育研究会",任常务理事。后又参与发起"全国战时教育协会"。1938年9月携《战时教育》杂志来到重庆,并负责编辑。一系列书刊的编写,为其积累了丰富的编辑经验。生活教育社成立后,任第一届理事兼编辑部常务干事、第二届常务理事,四川分社负责人。1939年7月协助陶行知筹备育才学校，育才成立后被委任为副校长，因国民党当局的反对而未能任职。1941年皖南事变后赴苏北抗日革命根据地，在苏北解放区开展了革命教育工作。1946年任苏皖边区政府教育厅厅长、华中行政干部学校副校长、山东省教育厅厅长。

吴新稼　现名吴蒨生，湖北宜昌人，中共党员。1937年任孩子剧团团长，1938年任生活教育社第一届理事、生活教育社生产基金及资金筹募委员会委员，1939年在育才学校工作。

沈钧儒（1875—1963年）　字秉甫，号衡山，浙江嘉兴人，著名的民主人士，陶行知的知交。曾留学日本。1912年加入同盟会，后致力于教育事业，被推举为浙江省教育会会长。1935年12月与陶行知共同发起上海文化界救国会，任执行委员。支持国难教育社工作，义务为国难教育社举办的教师讲习班讲课。1936年参加发起全国各界救国联合会，11月22日遭逮捕，是著名的“七君子”之一。1938年7月被聘为国民参政会参政员。1944年任中国民主政团同盟中央常务委员。1945年任中国人民救国会主席。生活教育社第一届理事、第二届9位监事之一、第二届3位常务监事之一。积极支持社会大学创办，为社会大学校董之一，并担任社会大学专题讲座老师。

顾颉刚（1893—1980年）　原名诵坤，字铭坚，江苏苏州人，历史学家。早年毕业于北京大学，曾任北京大学、中山大学、中央研究院语言研究所教授。生活教育社第一届理事。

雷沛鸿（1888—1967年）　字宾南，广西南宁人。曾与陶行知同期在美国哥伦比亚大学求学。回国后四度出任广西教育厅厅长，任上海法政大学、中央大学等教授，广西大学校长。创办国民基础教育研究院并任院长，倡导广西的国民基础教育，推行义务教育的普及。20世纪30年代曾资助陶行知在上海的普及教育运动和生活教育运动。同时期，陶行知派方与严、潘一尘、程今吾等赴广西，推行小先生制，协助雷沛鸿办理国民基础教育。生活教育社成立后，任第一、二届理事。

杨东莼（1900—1979年）　湖南醴陵人，中共党员。早年毕业于北京大学。1930年后，先后执教于广州中山大学、广西师范专科学校校长。1934年赴上海参加上海文化界救国会，结识陶行知，支持陶行知的普及教育事业，共同推进“大众语文”运动。抗战爆发后，赴广西担任广西地方干部建设学校副校长兼教务长。1938年12月15日出席生活教育社成立大会，被推选为第一届理事兼调查设计部常务干事，全力推进生活教育运动。1941年皖南事变后，被迫离开广西。

张宗麟（1899—1976年） 浙江绍兴人，中共党员。1921年考入南京高等师范教育系，师从陶行知和陈鹤琴，投身新兴的幼稚教育。1925年毕业后留校任教，后协助陈鹤琴创办南京鼓楼实验幼稚园，并成为中国幼稚园建立后第一位男性幼稚园教师。1927年任南京市教育局学校教育科幼儿教育视导员。后应陶行知之邀兼任晓庄学校第二院即幼稚师范院指导员和晓庄学校生活指导主任，负责学校事务。1930年晓庄学校被查封后，因遭国民政府通缉，随陶行知避祸于上海。1931年秋到厦门，和当地朋友共同集资筹办集美乡村师范并任校长，邀请潘一尘、唐文粹等晓庄师生一起办学，继续推行乡村教育和生活教育。1933年1月红军进攻漳州，有部分学生被发现投奔闽西根据地，张宗麟冒险保释集美乡师的学生党员出狱，被疑与方志敏部有联系，遭到国民党南京中央党部通缉，遂被迫辞职离校。此后历任桂林师专教师、重庆教育学院教务长、湖北教育学院教育系主任、山东邹平乡师校长等职。1936年2月，回上海协助陶行知创办国难教育社，在陶行知赴海外进行抗日宣传时，代理负责国难教育社工作，为生活教育社下属山海工学团、晨更工学团、余日章工人小学、普及教育助成会等团体筹措经费，领导国难教育运动，编辑抗战读本，筹款在沪西工人区办了30所工人夜校。1937年以国难教育社代表身份参加宋庆龄等人发起的营救“七君子”活动。生活教育社公开成立时任上海分社临时负责人，生活教育社第一、二届理事。1942年9月撤到新四军淮南二师阵地，参加新四军，曾任江淮大学秘书长。1943年8月到延安，对延川农村进行农村普及教育的调查工作。1944年7月任延安大学教育系副主任，10月在陕甘宁边区文教大会上被选为模范工作者。1946年8月，任北方大学（中国人民大学前身）文教学院院长。

主要著作有《幼稚教育概论》《乡村教育》《幼稚教育论文集》（与陶行知、陈鹤琴合译）《乡村小学教材研究》《给小朋友的信》《乡村教育经验谈》《幼稚园的演变史》《教育概论》等。

田汉（1898—1968年） 字寿昌，湖南长沙人，剧作家、诗人、文艺活动家。早年留学日本，1922年回国后在上海创办南国剧社。1929年1月23日率领南国剧社应邀冒风雪前往晓庄演出。陶行知在欢迎仪式上风趣地说是"'田汉'欢迎田汉"。随后陶行知组织晓庄剧社与之交流，并派学生谢纬启参加南国剧社活动。生活教育社第一、二届理事。支持生活教育社事业，曾到育才学校讲学，担任社会大学专题讲座老师。1946年5月出席生活教育社上海分社成立大会并发表演讲。

胡兰畦（1901—1994年）　女，四川成都人。1927年初入中央军事政治学校武汉分校女生队学习，曾任国民党中央妇女部干事。1930年留学德国，1933年因参加反法西斯活动被关进集中营，同年出狱。1937年，组织上海劳动妇女战地服务团，任团长。后任广东难民妇女工作团副团长、贵州日报社社长。生活教育社第一届理事。

杨寅初　安徽盱眙人。晓庄学校毕业生。毕业后曾任广西中山纪念学校代理校长，生活教育社筹备委员、生活教育社第一届理事兼服务部常务干事，生活教育社生产基金及资金筹募委员会委员、桂林筹募处主任，积极推动生活教育社的发展。

王洞若（1909—1960年）　原名王义田，又名王作、王用观、王乃明，江苏丹徒人，中共党员。晓庄学校第一期13位学生之一。大学部第一期毕业生，毕业后留校工作，长期追随陶行知从事生活教育运动。他协助陶行知创办山海工学团、晨更工学团、普及教育助成会。一二·九后，于1936年1月与张劲夫组建"国难教育社"，任中共国难教育社党组书记。编辑《生活教育》《战时教育》，主编《生活教育论集》《上海话新文字课本》等。抗战爆发后，为难民救济委员会负责人之一。8月下旬，收难童22人，和吴新稼共同成立"孩子剧团"。上海沦陷前夕，带领生活教育社、山海工学团部分人员撤至武汉，任抗战教育研究会党团书记。生活教育社公开成立后，任第一届常务理事兼服务部常务干事，负责总社日常事务，第二届理事，后又任晓庄研究所桂林办事处主任；参与育才筹办，任中共南方局文委直接领导下的育才学校支部书记，育才学校研究部主任，积极推行战时教育运动。

王洞若在生活教育理论研究方面有较大贡献。普及教育、国难教育运动期间，在《生活教育》杂志上发表《中国话写法拉丁化》《对小先生的评估》《怎样推动国难教育》《"读死书""死读书""读书死"通吗？》，制订"上海话新文字方案"，拟订“工人之部——国难教育方案实施办法草案之四”;战时教育运动时期,为战时教育提出“集体主义的自我教育”,发展教学做合一的新方式,拟订“战时教育方案”,在《战时教育》杂志上发表《生活教育到国难教育之理论上的联结》《谈上海国难教育工作纲领》《今日普及教育运动之方针及其内容与办法》以及多篇战时短评。后受陶行知所托,整理总结生活教育理论,发表《生活教育与普及教育运动》《生活教育的涵义(代论)》《生活教育运动与生活教育社》《论平时教育与战时教育抗战教育与建国教育》。

尚仲衣(1902—1939年)　笔名子钵,河南罗山人,民众教育专家。1924年留学美国,1929年回国受聘为中央大学教育学院教授,后任浙江省立民众教育实验学校校长。1933年至1936年任北京大学教授。1934年10月27日曾在天津《大公报》上撰文与陶行知就《中华民族之出路与中国教育之出路》的文章展开争鸣。以后专程去拜访陶行知,恳谈后成为好友,并共同参加生活教育运动。1937年任广西省立中山纪念学校校长,中山大学教授。1938年生活教育社成立大会即在中山纪念学校举行,尚仲衣任第一届理事。

周月宾(1917—2012年)　女,曾就读燕京大学学医,后留学比利时布鲁塞尔大学。全面抗战爆发后,为抗战救国而奔走呼号,并毅然中断学业回国。回国后,仍然热心抗日救国活动,撰写《目的地重庆》一书,先后在美国和英国出版,以让世界各国人民了解中国抗战的真实情况。生活教育社第一届理事。

陆璀(1914—2015年)　女,浙江湖州人。参加一二·九学生运动,曾代表全国学生联合会与全国各界救援联合会和陶行知一起去国外参加国际会议,从事国民外交,宣传与扩大抗日民族统一战线,促进华侨团结活动。生活教育社第一届理事。

张劲夫(1914—2015年)　原名张世德,安徽肥东人,中共党员。1930年5月入晓庄学校就学。当时学校已被国民政府查封,但晓庄学生还在开展护校运动,中心小学仍在照常进行教学活动,张劲夫进入时由马侣贤负责的万寿庵中心小学,成为晓庄的末班生。在晓庄仅三个月即被宪兵驱赶出校,短暂流落南京后,到常宗会[1]执掌的太门外蚕桑试验场所办的讲习班半工半读,两年毕业后

①曾到晓庄做过两次演讲。

任晓庄蚕桑指导所主任。九·一八后立志救国却苦无出路，后从晓庄农友陈金禄处得知陶行知在上海的近况，遂于1932年冬携其弟张健到上海山海工学团工作，负责创办了沈家楼棉花工学团、肖场工学团，1934年又到俞塘民众教育馆的民教训练班任教导主任，帮助俞塘小学教师推广小先生制。《生活教育》半月刊创刊后，任经常撰稿人和编辑。1935年继马侣贤后任山海工学团团长。一二·九后，任国难教育社总干事，推动国难教育运动。抗日战争全面爆发后，负责组织上海战地服务团，主要为前线部队做运输等后勤工作。上海沦陷后撤到武汉，和刘季平、戴伯韬等汇合。后经冯玉祥介绍，于1938年2月和操震球等赴安徽六安，在安徽省民众抗日工作动员委员会有过短暂的工作经历，在组织部任主任干事，积极动员群众抗日。生活教育社第一届理事。

唐柯三（1882—1950年）　名仰槐，字柯三，回族，山东邹城人。1904年毕业于京师大学堂。1925年创办私立成达师范学校，任校长18年。1930年出任南京政府蒙藏委员会委员、直隶国民政府蒙藏委员会总务处长。抗战期间，1938年创办"中国回教救国协会"，当选为驻会副理事长，组织领导回民抗日救国运动。生活教育社第一届理事中的回族代表、生活教育社生产基金及资金筹募委员会委员。

方与严（1889—1968年）　原名方昌，字禹言，又字竹因，安徽歙县人。1921年加入国民党。1927年8月考入晓庄学校，学习一年毕业，被陶行知派往湘湖师范任校长，以晓庄模式办湘湖，使湘湖以"浙江的晓庄"而闻名全国。1929年秋被陶行知召回晓庄，担任学校办公室主任。晓庄学校被封后，他被开除出国民党，随陶行知避居上海，继续从事生活教育工作。1931年主编《儿童生活》《师范生》等刊物。1932年10月陶行知创办山海工学团，方与严担任联络处主任，协助陶行知开展普及教育运动；参与《生活教育》半月刊编辑，一度担任《生活教育》主编，编辑"生活教育"和"大众教育"丛书。1935年初作为大先生被派往广西南宁参与广西国民基础教育研究院工作，实行"互教共学"，年底加入中国共产党，曾任中共南宁市委委员、宣传部长，因负责编辑出版《国民基础教育》《新动向》《新大众》等进步刊物，并组织成立南宁市文化协会，开展革命活动，被广西国民党当局驱逐出南宁，再次回到山海工学团任教员。一二·九后，参与全国各界救国会工作，担任上海战时服务团总干事。1938年11月受陶行知所托，赴香港担任中华业余补习学校的教务主任，推进生活教育在香港的发展。生活教育社第一届理事、常务理事，第二届理事、常务理事。1939年秋，出任国民政府军委会战地党政委员会皖南视察员。其间发起组织了生活教育社歙县分社，发展了一批社员，在家乡播撒生活教育的种子。陶行知在重庆创办育才学校后，方与严任校务主任；1946年又任社会大学副校长兼生活教育系教授。陶行知逝世后，1947年7月生活教育社随育才学校迁往上海，方与严主持社务。1947年11月，他和章汉夫等一起取道香港经朝鲜和山东解放区去华北解放区。在香港停留期间，又参与胡愈之发起的为南洋华侨小学编写新教科书的工作。次年10月到达河北，在中宣部教育组工作。

方与严是陶行知的得力助手，和陶行知亦师亦友；他是陶行知教育思想的忠实实践者和最早的宣传者，他和其子、其女同在晓庄学习，曾被誉为晓庄美谈。一生著述颇多，包括《晓庄一年计划》《教学做合一概论》《乡村教育》《新教育史》《陶行知教育论文选辑》《生活教育简述》《大众诗人和大众教育家》《创造风》等。

徐谷荪（1911—2008年） 即徐明清[①]，曾用名徐一冰，中共党员。1928年9月进入晓庄学校，曾任共青团南京晓庄学校学生支部书记。1932年7月至1935年4月，历任上海一·二八难民工厂教育科长，上海教联常委，上海浦东女青年会劳工学校主任教员，参加生活教育社发起的普及教育运动。1932年10月，参与创办晨更工学团，任主任，后去上海浦东办女工夜校。1936年8月至1937年9月，在西安任中共东北军工作委员会妇女支部书记，这一期间，积极开办妇女学习班，启发教育东北军随军家属，宣传抗日救国。1937年10月到延安。1938年相继担任陕甘宁边区妇委书记兼妇联主任、中共中央第一届妇委委员，积极动员边区妇女踊跃支前，参加大生产和扫盲运动，支援抗战。参与筹建陕甘宁边区战时儿童保育分会，将延安市托儿所扩建为陕甘宁战时儿童保育院，开办保姆训练班，教授育儿知识。生活教育社公开成立后，担任第一届理事、生活教育社西北分社负责人。

林砺儒（1889—1977年） 原名林绳直，广东信宜人，教育家。1918年毕业

①见徐明清：《明清岁月》，中共党史出版社，2014，第108页。

于日本东京高等师范学校，同年回国。先后任北京师范大学、中山大学、厦门大学、桂林师范学院教授，广东文理学院院长。生活教育社第一届理事。

崔载阳（1901—1991年）　1936年曾任中山大学教育研究所主任，生活教育社第一、二届理事，生活教育社生产基金及资金筹募委员会委员。

徐特立（1871—1968年）　原名懋恂，又名立华，字师陶，中共党员，中国无产阶级革命家、教育家。1930年任中华苏维埃共和国中央执行委员兼教育部副部长。长征到陕北后，任边区政府教育厅厅长。赞同生活教育思想，曾在多种场合、多次撰文推重、介绍陶行知及其生活教育学说，积极支持陕甘宁边区开展各种生活教育活动：促成延安生活教育分社的成立；联合延安新教育会和生活教育社延安分社共同举办生活教育社十五周年纪念大会，致电陶行知表示祝贺，而后又参加生活教育社十八周年纪念大会，发表讲话，并致信慰问陶行知；促成延安新教育学会和延安分社联合编辑出版了《行知教育论文选集》。此外在实践中，促进延安等地推行生活教育理论和小先生制。生活教育社第一届理事、第二届9位监事之一。

俞庆棠（1897—1949年）　字凤歧，江苏太仓人，中国社会教育的先驱。毕业于美国哥伦比亚大学师范学院，回国后任大夏大学教授、南京第四中山大学教授兼扩充教育处处长，提出并实践推行民众教育的主张。倡议成立中国社会教育社，并在河南洛阳、广东花县创立两个民众教育实验区。生活教育社第一届理事。

潘一尘　江苏人，曾任无锡开原第一小学校长，晓庄学校小学部主任、指导员。晓庄被封后，1931年秋赴厦门参与创办集美乡师，继续从事生活教育事业。1933年秋，到百侯中学任校长，以晓庄为蓝本，团结本地人士成立“百侯乡村教育促进会”、百侯中心小学，在百侯推行乡村教育改革和生活教育，被誉为“北有晓庄，南有百侯”。同时响应普及教育运动，积极推行小先生制，促进了百侯教育的普及和中小学教育质量的提高，使百侯的教育面貌焕然一新。1935年初到南宁参与广西国民基础教育研究院工作，1935年8月又到山东邹平简易乡师任教师。全面抗战期间，两次出任浙江云和县长。以生活教育理论为指导，改革县政、革新民众教育馆、开办学校和简易师范，并和唐文粹筹办生活教育社浙江分社，推动了浙江云和的战时生活教育运动。生活教育社第一、二届理事。

著有《儿童故事集》《儿童戏剧集》《一个南方的普及教育运动》《小先生制》《教学做合一发凡》。

张敬仁　早年参加山海工学团、国难教育社工作。抗战全面爆发后，和王洞若等社员继续在上海积极参加抗日救亡活动，上海沦陷后，与王洞若、陆维特、张健等一起撤往武汉，参加抗战教育研究会工作。1938年底到桂林，参加生活教育社成立大会，生活教育社第一届理事、生活教育社生产基金及资金筹募委员会委员。后赴前线参加华南游击区工作。

孙铭勋（1905—1961年）　贵州平坝人，中共党员。1928年春入晓庄学校，经过一段时间的学习、研究、见习，在陶行知、陈鹤琴、张宗麟等名师指导下，他选择了幼稚教育为自己的终身事业。在晓庄，他先后参与创办过晓庄乡村幼稚园、迈皋桥幼稚园。晓庄被封后被捕，得陶行知、黄齐生等先生多方奔走营救，于1928年8月被保释出狱。半年后到淮安新安小学任教并创办新安幼稚园。1934年到上海，和戴自俺合办劳工幼儿团；1935年秋劳工幼儿团因受英租界的强行干预被迫停办后，赴广西国民基础教育研究院任附设幼稚师范班班主任；1936年赴延安师范任教员。1937年4月应上海生活教育社要求回到上海，从事国难教育。上海沦陷后，和王洞若等到武汉进行战时教育，后到重庆。生活教育社第一、二届理事。参与育才学校的创建，任育才社会组主任，在此期间不断发展幼稚教育理论。皖南事变后，赴大西北，先后在兰州女子师范学校、甘肃玉门油矿职工子弟学校任教。1943年4月回重庆育才学校。次年返回贵州平坝并任平坝县立中学校长。1945年春再次回到重庆，在育才学校驻渝办事处编辑《战时教育》。1946年陶行知创办社会大学，孙铭勋担任教育系教学工作。陶行知去世后，育才学校本部迁往上海，孙铭勋调往红岩村分部工作。重庆育才学校处在最艰难的时期，孙铭勋临危受命，担任校长，领导全校师生共同奋斗。

孙铭勋长期追随陶行知从事生活教育事业，潜心研究幼稚教育并进行实践，被孩子们亲切地称为“孙妈妈”。著有《乡村幼稚教育经验谈》《劳工幼儿团》《古庙活菩萨》《从行知诗歌看教育》《幼稚教育》，还与戴自俺合著有《晓庄批判》、《晓庄幼稚教育》等十册，近百万字。

唐现之（1897—1975年）　广西灌阳人。1919年考入南京高等师范学校教育科，是陶行知的学生，开始接触陶行知的教育思想理论。毕业后1928年任广西教育厅编译室编辑，创办并主编《广西教育》。1929年9月后任广州国立中山大学副教授、广西教育厅设计委员会委员、导学室主任。1944年赴重庆，任北碚儿童福利实验区副主任、歇马场乡村建设学院教授。生活教育社第一届理事。

邱昌渭（1898—1956年）　湖南芷江人。生活教育社成立前后，任广西省政府委员兼教育厅厅长、民政厅厅长。对陶行知提出的岩洞教育大加赞赏，并促使岩洞教育成为当年广西民众教育的组成部分。出席生活教育社成立大会，并当选为第一届监事。支持生活教育运动。

杜重远（1897—1943年）　吉林怀德人。早年留学日本。"九·一八"事变后，赴各地宣传抗日救亡，在上海结识陶行知。1934年2月，在上海创办《新生周刊》，任总编辑和发行人，向陶行知约稿，陶行知发表了《教育的新生》一文。同年11月，协助陶行知发起筹设"中国普及教育助成会"，支持陶行知开展工学团试验和推广小先生制。生活教育社第一届监事，生活教育社生产资金及资金筹募委员会委员，支持陶行知推进生活教育运动。

吴涵真（1894—1948年）　浙江人。长期从事儿童教育工作。陶行知1938年8月发表"回国三愿"，其中一愿即在香港成立中华业余补习学校，吴涵真任校长。生活教育社第一届监事、育才学校董事会董事，支持晓庄研究所的工作。

钱新之（1885—1958年）　名永铭，浙江吴兴人。早年留学日本神户高等商业学校学习财经及银行学。回国后，1928年任国民政府财政部次长、浙江省财政厅厅长、中华职业教育社董事会主席、中兴煤炭公司总经理。1938年被聘为国民政府参政会参政员，接任交通银行董事长兼总理职。生活教育社第一届监事。

黄次咸（1890—1952年）　重庆青年会总干事。生活教育社第一届监事、第二届社员。生活教育社重庆分社理事长。生活教育社生产基金及资金筹募委员会委员。

任光（1900—1941年）　浙江嵊县人。1917年考入上海复旦大学，曾两度赴法学习音乐。1938年8月在法国遇到作为国民外交使节正在海外宣传抗日救亡的陶行知，10月同船回国。多次为陶行知的诗歌谱曲。生活教育社第一届理事，后参与创建育才学校音乐组。

范长江（1909—1970年）　原名希天，四川内江人，中共党员。1927年参加南昌起义，1932年到1934年在北大学习。1938年组织国际新闻社，1941年创办香港《华商报》。曾任《大公报》记者，国际新闻社社长，香港华商报社副总经理，新华社华中总分社社长，新华日报社华中版社长、总编辑，新华社副社长、总编辑，人民日报社北平版社长、总编辑。生活教育社第一届监事。

台和中（1904—1959年） 甘肃泰安人。1927年8月进入晓庄学校，晓庄学校大学部毕业。1929年被派往淮安县莲花街新安会馆创办新安小学。曾任甘肃胜利女子职业学校校长、甘肃省第三女子中学校长，生活教育社第一届监事，生活教育社甘肃分社临时负责人、甘肃兰州小组负责人。

戴自俺（1909—1994年） 贵州长顺人，中共党员。1928年春考入晓庄学校，选修幼儿教育专业，参与办理燕子矶幼稚园，1930年初和孙铭勋共同创办迈皋桥中心幼稚园。晓庄被封后，到安徽涡阳协助晓庄同学朱泽甫办理乡村师范学校，基于在涡阳乡师的实践和思考，著成《从儿童的队伍里来》（1932年出版）和《教师生活速写》（1934年4月出版）；1932年在河南百泉乡村师范任教并创办幼儿园。一年后到上海协助陶行知办理山海工学团，和孙铭勋共同创办第一个劳工幼儿团。1934年底作为“大先生”被派往北平协助张雪门开展乡村幼稚师范教育，创办核桃园工学团和乡村教育示范区，推动了北平的普及教育运动。抗战爆发后，曾任贵州省立青岩社会教育试验区指导员。生活教育社第一届监事、第二届理事，贵州分社负责人。40年代先后担任广西女子师范学校教务主任、北平香山慈幼院桂林分院幼稚师范教务主任、桂林师范辅导主任和教务主任，擅长因材施教、启发式教学等，并向学生极力宣传生活教育思想。育才学校成立后，在校担任教学工作。

刘琼瑶（1908—1996年） 又名刘心村，福建永春人。晓庄学校高中部师范科毕业生，曾任福建仙游行政公署教育指导员，在任期内积极推行小先生制。生活教育社第一届监事，生活教育社福州分社临时负责人。

程今吾（1908—1970年） 安徽嘉山人，中共党员。1929年9月入晓庄学校学习。晓庄被封后，返乡从事乡村教育，后又在浙江嘉兴九溪中学、安徽蚌埠、亳县等地中学以及池州乡师任教。1933年夏，他经陶行知推荐，和潘一尘等十多名晓庄学生到广东大埔参与恢复百侯中学，分别任校长、主任、教员，倡导小先生制、互教共学，用启发式教育替代填鸭式教育；带领学生走向社会，将书本知识与实际结合起来，促进了南方的生活教育运动之发展。1934年冬，程今吾离开百侯赴广西，协助雷沛鸿推进广西普及国民基础教育。抗战全面爆发后，程今吾于1938年初赴武汉参加抗战教育研究会，从事战时教育研究，同时任中共"江苏失学失业青年工读服务团"支部书记、团务委员兼教务主任，后率团迁往湖南辰溪县开展救亡活动；1939年赴桂林任教于中山纪念学校，协助陶行知创立生活教育社，任第一届监事、第二届理事，并担任党支部书记，积极推动战时教育运动，曾写《生活教育总社工作动态》。应陶行知再三邀请，1942年到育才学校任研究部主任，成为陶行知的得力助手。在此期间，对教育理论进行了较为系统的探讨，曾对师生作了《新教育体系》学术讲座。1944年春到延安，同年9月任中共八路军抗属子弟学校校长兼支部书记。《延安一学校》就是他在该校工作的生动实录与教育经验的系统总结。出版有《新教育体系》《延安一学校》《工农读写教学的实际经验》《青年修养》等。

喜饶嘉措（1883—1968年）　别号智海，青海循化人，藏族。幼年出家，后在拉萨考取拉人巴格西（一等博士）学位。曾在中央大学、北京大学、武汉大学、清华大学、中山大学讲授西藏文化。1938年6月至1948年3月任第一至第四届国民参政会参政员。生活教育社第一届监事中的藏族代表。

蔡楚生（1906—1968年）　广东潮阳人，中共党员，著名导演、电影艺术家。1936年与欧阳予倩创立上海电影救国会。抗战爆发后，参加上海文化界救亡协会、电影工作者协会等，拍摄抗战影片，宣传抗日救国。生活教育社第一届理事。

楼南高　1932年参加山海工学团，1934年任《生活教育》记者。生活教育社第一届监事，生活教育社生产基金及资金筹募委员会委员。

陈鹤琴（1892—1982年）　浙江上虞人。中国现代教育家、儿童教育家、儿童心理学家，陶行知的知交，积极支持生活教育社的事业。1911年毕业于北京清华学堂，后留学美国，先后就读于约翰·霍普金斯大学和哥伦比亚大学。1919年回国后，历任南京高等师范学校教授、东南大学教授兼教务主任。1927年协助陶行知从事乡村幼儿教育试验，担任晓庄学校指导员兼第二院幼稚师范院院长，与张宗麟一起创办中国最早的乡村幼儿园——燕子矶幼儿园等。20世纪30年代，与丁柱中为儿童科学通讯学校合编儿童科学丛书，共计一百册。1936年2月，响应并支持陶行知发起国难教育运动，协助成立余日章小学、工人识字学校等。生活教育社第二届理事。1946年5月，被推选为生活教育社上海分社理事长。陶行知逝世后，10月主持陶行知追悼会，12月被推选为育才学校顾问委员会主任、山海工学团校董会董事长，生活教育社南京分社负责人之一。

傅学文（1903—1992年） 女，江苏宜兴人，邵力子夫人。1927年毕业于苏联莫斯科中山大学。回国后，长期从事幼小教育和保健事业。1939年任重庆中苏文化协会妇女工作委员会副主任。生活教育社第二届理事。

操震球（1902—1995年） 安徽安庆怀宁人。1925年考入清华大学教育心理学系。在得知陶行知要创办试验乡村师范的消息后，出于对乡村教育改造的热心，遂决定投考晓庄学校。1927年3月，操震球成为晓庄学校第一批13名学生之一。1928年，陶行知推荐操震球出任湘湖师范校长。8月，陶行知为操震球赴湘湖师范亲书3副对联："以社会为学校，奉万物作宗师""以教人者教己，在劳力上劳心""和马牛羊鸡犬豕做朋友，对稻粱菽麦黍稷下功夫"。他和方与严等共同努力实践生活教育，使湘湖师范成为"浙江的晓庄"。1930年4月，晓庄学校被封后，操震球离开晓庄回到安徽，同晓庄学生查淑怡一起在同心村创办了莲花庵小学，继续推行生活教育。1932年应陶行知之邀，到上海任山海工学团指导员，推行普及教育运动，结识了张劲夫等。1935年，经陶行知介绍，操震球任池州师范教务主任兼附小校长。操震球在池州师范组织了"抗日救国会"，在师生中教唱《流亡三部曲》《毕业歌》《大路歌》等抗日救亡歌曲。他在学生中传播马列主义，宣传革命思想，推动抗日救亡运动。1936年，操震球又约晓庄校友程今吾、陈韦等人来池师任教。操震球一边推行小先生制，一边深入农村进行社会调查，坚持到全面抗战爆发后，转移离开池师。在辗转大后方的岁月中，操震球一边从事抗日救亡工作，一边不忘乡村教育。曾编著《农民课本》8册，《小学行政处理法》和《初中语义课本补充教材》4册。生活教育社成立后，任安庆小组负责人，生活教育社第一届常务理事、第二届理事。1941年，操震球到重庆育才学校任教。1945年，经沈钧儒介绍参加了中国民盟的中华人民救国会。抗战胜利后，他回安徽执教，积极参加安徽民主同盟活动。

邹绿芷（1914—1986年） 原名尚禄，辽宁辽阳人，诗人和翻译家，清华大学肄业。曾任七七少年剧团团长。1939年到重庆，任育才学校文学组主任兼陶行知秘书，育才学校北碚办事处主任、育才学校教导主任。生活教育社第二届理事。

张西曼（1895—1949年）　又名百禄，湖南长沙人。著名的民主人士。辛亥革命后两次赴俄国考察，中国早期马克思主义传播者。1922年曾向孙中山建议联合苏俄，改造国民党。“七君子”事件后，奋不顾身地支持救国会，声援“七君子”。1945年在重庆创办《民主与科学》杂志，任社长兼主编。1946年先后发起成立中国民主宪政促进会、九三学社。生活教育社第二届理事。

安娥（1905—1976年）　原名张世沅，曾用名何平、张菊生，河北涿鹿人，诗人、剧作家。抗战时期任战地记者、战时儿童保育会常务委员。生活教育社第二届理事。

马侣贤（1907—1974年）　字肖生，安徽肥东人。1927年3月入晓庄学校，是第一期13名学生之一。1928年毕业后，先后在安徽采石矶小学、杭州昭庆寺小学任教。1930年2月应陶行知之邀回晓庄任万寿中心小学校长。4月晓庄被封，被迫离校，至安徽涡阳师范任中心小学校长。1932年初晓庄启封，奉陶之命恢复晓庄小学并任校长，但因当局无意恢复晓庄学校，复回到上海协助陶创办山海工学团。1932年10月1日山海工学团成立，任首任团长，与戴自俺合编《山海工学团》。1934年春，国民党上海市党部诬称其为中共华东区宣教委员会负责人，对其加以逮捕。经陶行知多方营救幸免于难。1935年7月离开上海到安徽协助杨效春创办黄麓师范，任教师兼附小校长。1937年后任湖南省政府咨议。生活教育社第二届理事、常务理事。1939年至重庆参加育才筹建工作。育才学校成立后，任总务部主任。陶行知称赞他“不避劳苦，廉洁自守”，委以副校长职，明确“开源我担任，节流你主持”。陶行知逝世后，他继任校长。1949年后，迁沪的育才学校改为公立，更名“行知中学”，他继续任校长。

陆静山（1905—1992年）　笔名陆洛，江苏无锡人，中共党员。1926年结识陶行知并参与发起乡村教育同志会。一年后，受陶行知之邀任晓庄学校小学指导员，兼任劳山中学音乐教师，他用音乐调动两校师生活跃的教学生活。晓庄被封后，他仍追随陶行知，参加生活教育理论的探讨与实践工作。任厦门集美乡师教导主任，《儿童新闻》周报主编、发行人。后为山海工学团服务。1933年底受陶行知委派率小先生侣朋连带大洋三十元和一批图书，到宜兴西桥去协助当地农民青年承继行知精神，发展西桥工学团；被陶行知誉称“无锡小学之新生命”的开原乡河埒口小学办学有方，陆静山又到该校去工作，强化了手脑双挥和小先生活动。抗战后，又去桂林参加生活教育社的筹备工作，生活教育社第二届理事。在桂林新知书店主编《少年战线》半月刊，编辑高小课本《少年国语文选》等；后又去重庆育才学校协助陶行知办学。陶行知逝世后，在重庆任陶行知纪念小学校长。著有《晓庄歌曲集》《陶行知的教育方法——教学做合一》等。

张志让（1893—1978年）　字季龙，江苏武进人，著名的民主人士。先后赴美国留学、德国进修，1922年回国。后任北京政府司法部参事、武汉国民政府最高法院推事、复旦大学法律系主任兼法学院院长等。1936年参加全国各界救国联合会，后作为律师，为“七君子”辩护。抗战后任国民政府军事委员会政治部第三厅厅长。组织上海各大学教授联谊会，曾多次营救和资助受国民政府迫害的共产党人和进步人士。生活教育社第二届理事。

曹孟君（1904—1967年）　女，湖南长沙人，妇女运动领导者。全面抗战期间，任战时儿童保育会常务理事，重庆歌乐山保育院院长，中国妇女联谊会常务理事，全国妇联国统区工作部长。生活教育社第二届理事。

许士骐（1901—1996年）　安徽歙县人。陶行知同乡好友。上海美术专科学校毕业后，曾在国民政府卫生部供职，任晓庄学校指导员，在学校义务授课。20世纪30年代先后留学法国巴黎美术学院学习美术和德国德累斯顿卫生博物馆研究艺用人体解剖。1943年为育才学校董事。生活教育社第二届理事。陶行知逝世时，为陶行知做了一副面膜和手膜，给后世留下了珍贵遗物。陶行知逝世后，为纪念陶行知，创办歙县行知小学。

千家驹（1909—2002年）　浙江武义人，经济学家。1932年毕业于北京大学经济系。曾任广西大学教授，《中国农村》《经济通讯》主编。1936年参加全国各界救国联合会，和陶行知等同任常委之一。1945年加入中国民主同盟，任民盟南方总支部秘书长。生活教育社第二届理事。

陶宏（1915—1975年）　陶行知长子，小名桃红，曾用名吕峰。1931年在自然学园大力推行科学下嫁运动，参加《儿童科学丛书》《儿童科学指导》等书籍的编写。先后在儿童科学通讯学校、中国科学社生物研究所、四川大学、北京大学理学院化学系、中国科学院化学研究所及感光研究所等单位,从事教育和科研工作,成绩卓著。在育才学校自然组独当一面的贡献尤大,深得父亲的赞许。虽未上过大学,20岁却能在中央大学医学院担任助教。生活教育社第二届理事。

冯玉祥(1882—1948年) 字焕章,安徽巢县人。著名的"布衣将军"。他是陶行知的亲密朋友,积极支持陶行知的教育事业。曾资助晓庄学校办学,修建校舍甘肃、河南、陕西三馆,后将建在晓庄的住宅也捐给学校。1927年12月,邀请陶行知去河南开封研究士兵教育。1928年,支持晓庄组建联村自卫团,并亲临晓庄指导练兵。中原大战之际,蒋介石借口陶行知受冯玉祥支持,于1930年4月12日查封晓庄学校,陶行知本人受到通缉。1932年,经冯玉祥亲自疏通作证,国民政府解除对陶行知的通缉,并启封晓庄师范。1936年任国民政府军事委员会副委员长。生活教育社第二届监事会9位监事之一、3位常务监事之一,积极支持、资助重庆育才学校,后任社会大学董事长。

白鹏飞(1870—1943年) 字经天,广西桂林人,行政法学家。早年留学日本,获东京帝国大学法学士学位。回国后先后在上海、北京、广西等9所大学担任教授或校长。1938年初任广西大学校长。因积极从事民主进步教育和抗战救亡活动而被国民党当局罢免。生活教育社第二届监事。

杨卫玉(1888—1956年) 江苏嘉定人。早年留学日本。1921年参加中华职业教育社工作,1930年后任中华职业教育社副理事长、总干事。生活教育社第二届9位监事之一。

李德全(1896—1972年) 北京通县人,冯玉祥夫人。1936年发起组织南京女子学术研究会,抗战时期任战时儿童保育委员会副理事长,积极从事妇女解放和儿童福利保健事业。陶行知多年来和冯玉祥夫妇保持深厚的友谊,冯玉祥夫妇积极支持其生活教育事业。生活教育社第二届9位监事之一。

第六节 生活教育社的会议

社团的会议主要是为社员沟通、社务处理和决策而设。按照生活教育社社章规定,该社的会议分为社员大会,每年举行一次,由理事会召集之;理事会,每三月举行一次,由理事长召集之;监事会会议,每半年举行一次,由监事会主任监事召集之;常务干事会会议,每月举行一次,由总务部干事召集之。以上四种会议,遇有紧急事宜,得召集临时会议处理之。

从生活教育社的实际运行看,这四种会议并没有严格按照规定召开。主要是因为战事阻挠,交通不便,社员分布广泛,无法按时集中,现有资料发现两次:一是1939年3月14日下午6时在青年会召开生活教育社在渝理事会议。[①]二是1939年12月10日召开社员大会,由刘先生讲:1.敌占区;2.敌我交界区;3.游击区;4.游击后方。[②]此后,并未召开正式的社员大会。另一方面,该社成立后,理事长陶行知即常驻重庆,而理事、监事大部分是广西社会知名人士,陶行知因重庆事务繁忙,也并未如期至桂。从陶行知的备忘录和几位出身晓庄的理事、常务干事的零星资料中,显示该社的事务沟通基本是陶行知和个别社员的谈话。如1939年3月29日下午新安旅行团汪达之来,商谈生活教育社事务。[③]4月9日抵重庆,晚谈生活教育社社务。[④]

虽然社员大会并未能按照社章规程如期举行,但临时大会起到重要作用。如1945年10月10日在重庆管家巷28号召开生活教育社临时大会,这次大会宣布了普及民主教育运动计划;而1946年1月20日在渝社员举行新年叙餐会,到会社员40余人。

相比之下,较为固定的则是生活教育社每年召开的生活教育运动纪念会。见表3-3:

---

①陶行知:《陶行知全集》第10卷(下),四川教育出版社,2009,第930页。原载陶行知《备忘录》29-193。

②陶行知:《陶行知全集》第10卷(下),四川教育出版社,2009,第1006页。陶行知《备忘录》32-028。

③陶行知:《陶行知全集》第10卷(下),四川教育出版社,2009,第904页。原载陶行知《备忘录》29-089、090)

④陶行知:《陶行知全集》第10卷(下),四川教育出版社,2009,第907页。原载陶行知《备忘录》29-102。

表3-3 生活教育社历年生活教育运动纪念会(1938—1946年)

周年	地点	参加人	主题	成果
十一	—	—	—	十一周年纪念特刊
十二	重庆社交会堂	该社社友及来宾千余人。黄炎培、陶行知、董必武、邹韬奋、喜饶嘉措诸先生均莅会讲演	生活教育社12年来的事业总结； 战时全面教育运动	
十三	—	—	生活教育社的一年社务进展； 教育者的重要任务	十三周年纪念特刊
十四	—	—	创造	—
十五	管家巷	各界人士、生活教育社社员及育才学校小朋友共两百余人	生活教育的特点	—
十六	重庆	—	集股创立出版部	—
十七	—	—	—	—
十八	延安(分社)	延安分社社员及延安文化教育界人士徐特立、艾思奇、柳湜、艾青、贺绿汀、张宗麟、董纯才等百余人到会	生活教育之于教育事业的功绩	—
十九	重庆	生活教育社社员	民主教育	—

注:“—”表示无相关资料。

资料来源:《生活教育运动十一周年纪念特刊》《战时教育》《新华日报》(1939-3-16、1942-3-16)《解放日报》(1945-3-13)《民主教育》(1946年06期)

如表所示,生活教育社从1938年开始,在每年的3月15日举行隆重程度不一的纪念会。具体情况以下稍作叙述。

1938年的十一周年纪念会。彼时陶行知仍在国外宣传抗日救亡,生活教育社并未公开成立,由国内的生活教育同志发出纪念倡议,“但以‘三八妇女节’,相隔不满十天,遂又决定联合出版,籍作共同纪念”[①],集稿出版《生活教育运动十一周年纪念特刊》。主要内容为:

---

①天之:《我所见的生活教育》,见生活教育十一周年纪念特刊编辑委编辑:《生活教育运动十一周年纪念特刊》,生活教育社,1938年,第32页。

表3-4《生活教育运动十一周年纪念特刊》的作者和篇目

作者	篇名	作者	篇名
陶行知	十二个字的理论	初裁	中国妇女当前的责任
	锄头舞歌	姜平	生活教育与女子教育
张宗麟	纪念晓庄成仁诸先生	王荆璞	谈谈养护孩子
方与严	纪念“犁宫”	何时钟	怎样纪念“三八”
	“三·一五”生活教育十一周年纪念工作纲要	古霞	谈妇女统一战线
楚才	怀念	筱华	先生、尼姑、观音菩萨
林一心	忆山海工学团	伦	谈谈难民教育
逸之	晓庄集锦录	峰	二十七天的工厂生活
钟一鸣	从阁楼教育谈起	阿秀	吃肉
天之	我所见的生活教育	君平	怎样做小先生或大众先生

资料来源：生活教育十一周年纪念特刊编辑委编辑：《生活教育运动十一周年纪念特刊》，生活教育社，1938年，目录页。

其中既有晓庄师生对晓庄学校和山海工学团的怀念，也有普通民众的生活记录和随感，符合生活教育的一贯作风，接近大众、关注大众生活。

此后举行的纪念会已在生活教育社公开成立后。其中较为引人注意的是十二周年、十三周年、十五周年、十八周年和十九周年纪念会。

十二周年纪念会(1939.3.15)。这是生活教育社公开成立后的第一个纪念会，于是日下午2时在重庆市社交会堂召开，到有该社社友及来宾千余人。黄炎培、陶行知、董必武、邹韬奋、喜饶嘉错(措)诸先生均莅会讲演。继由树德歌咏队、朝鲜三一剧团、中国战时儿童保育院、七七少年剧团、孩子剧团等表演话剧歌咏，甚为热烈，至六时许始散。[①]会议的主题是总结12年的工作，并为此后工作指明方向。在召开前，陶行知曾于3月5日草拟完成《致生活教育社全体同志公开信》。信中认为，生活教育社在这12年中做了三件事，但还没有做完：一是反洋化教育；二是反传统教育；三是在半殖民地半封建的国家建立争取自由

①《新华日报》1939-3-16。

平等之教育理论与方法。为了使生活教育社为抗战发挥更大的力量，他指出此后所要做的工作有三："一、继续以往的工作。……二、负起当前的任务。我们当前的任务是展开全面教育以配合全面抗战而争取全面的最后胜利……。三、加强我们的力量。……第一，学术便是力量。……第二，组织便是力量。……第三，行动便是力量。"①为此，生活教育社当时的社务即进行战时全面教育运动。

十三周年纪念（1940.3.15）。由陶行知撰写《生活教育运动十三周年纪念告同志书》，内容包括两个方面：一是总结报告一年来社的工作，即生活教育社所属晓庄研究所已经建立；育才学校已经开学；新旅开展西南伤兵和难民工作成绩很好；浙江云和、湖北英山及陕西运用生活教育理论有特殊效用；社友500人在江南一带工作，过去一年有40余人壮烈牺牲。二是和社会宪政运动相呼应，强调民主宪政是保证精诚团结抗战建国的根本大计，必须把宪政运动和国民教育、民众教育联起来，使大家对制宪有共同了解并共同参加、共同信仰。在此基础上，他认为教育者的重要任务即把自己和学生的成见、武断、私心、偶像崇拜、公式主义、教条主义从头脑里肃清出去，并把客观环境与头脑之间的门开得好好的，以此来启发自觉性。

除此之外，出版《生活教育十三周年纪念特刊》，包括戴伯韬的《生活教育发展史纲》及《长江以北之社务报告》、王洞若的《生活教育研究提纲》、帅昌书的《育才学校概况》等。②

十五周年纪念（1942.3.15）。于是日下午三时在管家巷举行。《新华日报》以"活的教育的模范——生活教育社昨纪念十五周年"为题进行了长篇报道：

生活教育社于昨（十五）日下午三时在管家巷举行十五周年纪念茶会，到会有各界人士、生活教育社社员及育才学校小朋友共二百余人，当由育才学校小朋友主席并致词……复由该社理事长陶行知先生致词，他讲本社能存在十五年，完全是由于社会人士赞助的力量。固然本社同仁是尽了自己的本份，然今后更要格外努力以不辜负社会人士的赞助。他又讲到生活教育的特点，……至六时许始在育才小朋友们的"人生有两宝，双手和大脑"的歌声中而散。③

①陶行知：《陶行知全集》第4卷，四川教育出版社，2009，第302—304页。

②陶行知：《陶行知全集》第8卷，四川教育出版社，2009，第641—643页。

③《新华日报》1942-3-16。

纪念会上陶行知首先讲述了生活教育的特点：1.外行[1]办的——免除过去那种酸溜溜的作风；2.穷办法——中国是穷国家，穷社会，但是要以穷办法办内容丰富的教育；3.丘八作风——实行丘八教育，教育丘八学生，丘八教育的意义就是把教育当作武器以求民族解放和人类解放；4.工人的手段；5.科学的头脑。

尔后，再次阐明生活教育社的使命和责任，即手握生活教育这一“武器”，克服“贫穷”和“患难”，去为民族解放、人类解放事业而战斗，为贡献出自己的一切力量而努力。

3月17日，生活教育社延安分社与新教育学会在延安礼堂联合举行纪念生活教育15周年大会。延安新教育学会正副理事长徐特立、范文澜致电陶行知，祝贺生活教育15周年。[2]

十八周年纪念(1945.3.15)现有资料并未见有生活教育社庆祝十八周年纪念(1945.3.15)会，反而是3月13日，生活教育社延安分社暨延安市文教界举行座谈会，纪念生活教育十八周年。延安分社社员及文化教育界人士徐特立、艾思奇、柳湜、艾青、贺绿汀、张宗麟、董纯才等百余人到会，延安边区政府主席林伯渠亦到会并讲话。他肯定了生活教育社陶行知和诸位先生的劳绩，在中国教育事业上有一定的收获，他们打破了中国历代把读书当成士大夫阶级特权的思想，使教育为群众服务。徐特立、柳湜、贺绿汀相继发表讲话。会中决议写信慰问陶行知先生。[3]

上述两次纪念会，说明生活教育社、陶行知及其生活教育思想在边区大受欢迎和被肯定，这固然和皖南事变后生活教育社大将们赴延安的工作有关，当然也说明生活教育的思想及其具体方法对边区教育思想和实践的推进具有重要的意义。

十九周年纪念(1946.3.15)。在重庆管家巷28号举行，规模盛大，这也是陶行知参加的最后一次生活教育运动纪念大会。此时正是生活教育运动进入民主教育运动时期，陶行知表示：今天这个会是象征我们的团结，只有团结才能进

①此处意指生活教育社十三个创办人中只有陶行知一人是学教育的，其他都是外行。

②延安《解放日报》1942-3-19。

③延安《解放日报》1945-3-13。

步,只有团结才有力量。希望大家把力量贡献给人民,给新中国,给世界人类。[①]

从纪念会具体情况看,一方面是为纪念生活教育运动的诞生日“3·15”;二方面是总结一年社务进展;三方面是明确社的工作方向;四方面从参加的人员来看,主要是生活教育社社员,其目的即在于社员之间的联系。如此,在某种程度上可以说纪念会代替了社员大会的功能和职责。

①明远:《三·一五特写》,《民主教育》1946年06期,第23页。

第四章

生活教育社第一届理事会期间的活动

第一届理事会从成立到1943年6月，历时约四年六个月，这一期间是生活教育社的大力发展期。依照社务工作推行计划，生活教育社成立后以桂林总社和重庆办事处为主阵营，以各地分社为网点，在极为艰苦的战时条件下推行战时全面教育运动，以配合全面抗战。理事长陶行知在该社成立后仅一周就离开广西前往香港，为即将成立的晓庄研究所和育才学校而奔忙；桂林总社的日常工作由王洞若、刘季平、程今吾负责；陶行知从1939年起就常驻重庆，总社虽在桂林，但决策中心转移到重庆。1940年4月生活教育社在重庆成立办事处，主要进行战时教育研究（晓庄研究所）、难童教育研究和实践（育才学校）。1941年皖南事变后，桂林总社的刘季平、王洞若撤出桂林，社务交由操震球兼管，生活教育社为方便联络和继续工作而迁往重庆，与陶行知汇合。

第一节　第一届理事会工作之推行计划

第一届理事会根据社章和该社的当前任务，制订了下列工作推行计划：

1. 吸收中国经济研究会及中国青年记者学会桂林分会负责人加入该社为个别社友。

2. 推陶林、胡杰、徐风、苏明负责桂林岩洞教育，推杨旋、张世贵（第二届社员）主持成人教育,推赵子范(第二届社员)、刘萍进行儿童教育,以新安旅行团及孩子剧团为基干。

3.拟在香港创办育才学校,吸收优秀难童。

4.成立晓庄研究所,由陶行知负责。

5.编辑《战时教育》,已出刊至十五期;《生活教育通讯》及成人班教材,现尚在研究中。

6.该社理事潘一尘及唐文粹等在浙江云和县,现已着手组织生活教育分社。又,理事张敬仁、杨舒明已于上月离开韶关,往华南游击区工作。

7.新安旅行团留桂工作队日渐发展,现有新旧团员七十余人,组成东郊、西郊两工作队,分布桂林乡下工作,并组织伤兵之友队在军政部第六、第七两陆军医院服务。

8.成立儿童工学团,招收十二岁以上十六岁以下失学儿童、难民儿童、卖报儿童,学习抗战常识,并予以集体生活与简易生产训练。成立以来,已有男女团员二十余人。现报名投考者,尚源源不绝。该团由张继新、吕惟馨(第二届社员)负责,团址设桂林东旭路六十五号。①

此工作计划是围绕全面抗战教育而制订的,具体且具有可操作性。第一项和第六项是关乎该社本身的发展,第二项和第七、八项是战时民众教育和儿童教育的实施计划,第三、四项是生活教育社拟发展的新教育事业和研究事业,也是陶行知回国三愿之二愿,第五项关乎该社的编辑事业,是战时生活教育的宣传媒介。这八项工作计划在该社成立大会后即刻开始。

第二节　桂林总社活动(1938—1941年)

生活教育社在桂林公开成立后,桂林成为事实上的总社所在地,是活动中心。根据社务推进计划,总社在桂林开展岩洞教育,编辑发行战时刊物,推动战时儿童教育,宣传和讨论抗日救亡。总社在桂林的主要活动到1941年皖南事变后终止,转而在重庆继续开展生活教育运动。

①陶行知:《陶行知全集》第11卷,四川教育出版社,2009,第576—578页。

一、开展岩洞教育，推动战时民众教育

岩洞教育是陶行知利用桂林多岩洞的天然优势提出的一种对避难民众进行普及教育的新的生活教育方式。岩洞教育方案因其可行性强受到广西当局的重视，应当局的要求，晓庄研究所于1938年12月8日在《广西日报》发布第一号报告《一个建议——桂林山洞教育》[①]（以下简称《建议》）。《建议》提出了岩洞教育具体的实施办法、场地布置、教育组织、教学内容、教育方法、教育经费、可能成效等。因合于1939年广西普及成人教育年的政策，建议为当局所采纳并开始着手实施。

时任教育厅长的邱昌渭从战时成人教育的重要性和迫切性的角度给予了《建议》高度的评价和期望："岩洞教育其用意及方法至善，尤与本省成人教育运动之宗旨相合……此固为一种适应环境之新教育的试验，更可谓整个成人教育运动的开始。故不仅在空袭警报时施教，无警报时亦可在洞内上课，且将扩展范围至山洞以外，使桂林全部成人均获有受教之机会。然后再将此种试验的结果，加以考察与改进，普及施行于全省。则对于抗战建国之前途，必大有裨益。"[②]于是岩洞教育的意义扩大为广西战时民众教育的起始和重要的组成部分。省政府随后把此《建议》付诸实施，组织上成立"广西省会战时民众教育指导委员会"[③]主持其事，下设总干事和指导员。指委会设常委一人，当即擢定教育厅邱昌渭厅长担任，并由其指定总干事一人，指导员由各机关团体派人担任。[④]

岩洞教育于1938年12月23日正式开始实施试验。每一山洞，由各团体、学校、文化机关和热心救亡工作的知识青年儿童分头负责。生活教育社派新旅、孩子剧团负责七星后岩。[⑤]岩洞教育的内容主要是讲抗战形势和抗战故事，教唱抗战歌曲，演活报剧，说快板，普及空袭常识，办岩洞图书馆，发动小先生教老百姓识字写信等。新旅团员屠明一人就在七星岩组织了60多个小朋友，每天教他们识字唱歌。几十年后七星后岩的崖壁上还写着引人注目的落款为"生活教育社服务团"的

①陶行知：《陶行知全集》第4卷，四川教育出版社，2009，第225页

②彭韬晦：《桂林的岩洞教育》，《全面抗战》1939年04期，第10页。

③陶行知被聘为该会委员。

④唯干：《桂林山洞教育的展开》，《战时教育》1939年3卷10期，第12页。

⑤参看彭韬晦：《桂林的岩洞教育》，《全面抗战》1939年04期，第10页。

大标语："岩洞就是学校""警报是我们的上课钟""敌人在轰炸，我们在上课"等，这些标语是当时新旅开展岩洞教育的真实记录。[①]1939年1月28日，苏联国营电影制片厂摄影师、莫斯科《消息报》驻华特派记者卡尔曼来桂采访，拍摄了新安旅行团的工作、生活影片《小英雄》，并把该片和以广西学生军生活为内容的影片一起带到苏联，向二战中的苏联人民介绍了中国抗战时期的这种"生活教育"的新形式。[②]

二、编辑发行刊物和读物，宣传战时教育

生活教育社正式公开成立后，以《战时教育》为社刊，《生活教育通讯》为社报[③]，由戴伯韬负责；同时以生活教育社名义公开出版了很多刊物。通过这些刊物进行舆论宣传，推行战时教育。

表4-1 生活教育社公开发行的刊物和读物

编者	书刊名	出版社
陆静山	西南儿童	西南儿童报社
陆洛	少年战线	新知书店
刘季平 赖少其	工作与学习·漫画与木刻	新知书店
白桃	战时大众知识丛书（8种）	生活书店
陆洛	战时初级儿童读物丛刊	新知书店
陆洛	"幼年文库"十册	建文出版社
生活教育社	战时教育	生活书店
生活教育社	战时教育论集	生活书店
生活教育社	抗战故事集	

注：陆洛即陆静山，白桃即戴伯韬

资料来源：魏华龄：《桂林抗战文化史》，陶行知：《陶行知全集》11卷、《战时教育》《战时教育论集》《北碚》

这些刊物定位多样，面向儿童、普通大众和教育工作者，对提高师资力量和

①魏华龄：《桂林抗战文化史》，漓江出版社，2011，第351页。

②参看《桂林日报》2009-12-6。

③创刊于1939年1月15日，在桂林发行了12期，对生活教育社的活动起到重要的组织作用和推进作用。

学生素质、繁荣抗战文化、宣传抗日救亡起到了积极的推动作用。

以下择要稍作介绍，重点介绍生活教育社社刊《战时教育》。

（一）《西南儿童》和《少年战线》

这是两份面向儿童的战时刊物，旨在呼吁儿童团结起来，共同推进抗战。

《西南儿童》，1939年6月5日创刊，由陆静山任主编，徐礼川组织出版。该刊以小学中高年级儿童为主要读者，创刊目的正如《发刊词》所言："我们的责任这样重，我们西南的小朋友就应该团结起来……就应该和全国的小朋友团结起来。我们要互相通信，互相学习，互相帮助。……进一步，再和全世界的儿童团结起来，打倒日本鬼子，创造新中国，打到法西斯，创造新世界。"[①]该刊主要刊载儿童故事、诗歌、社会自然知识、时事、儿童通信、儿童言论、儿童创作、游戏、戏剧、生活报告及各科补充材料等，"并选择有系统、有价值的作品汇印为单行本，供给西南儿童精神的食粮"。[②]该刊第一期印行3000份，因较受欢迎，此后"每期发行约在八千份左右，普遍流行于桂、粤、湘、滇、黔、蜀各省，尤为本省各级基础学校儿童主要读物之一"[③]。1943年8月停刊。

《少年战线》1939年4月创刊，陆洛、陈原主编，新旅、孩子剧团也作为了编委，由桂林新知书店出版，反映抗战时期少年生活动态的半月刊。发刊词《为什么要出版〈少年战线〉》指出："在战壕里、医院里，在街头、在城市，在乡村、在中国的各处，都有许多埋头苦干的小工作者、小战士、小护士、小演说家、小艺术家，但是，现在还没有一个刊物，来反映这些小战士、小工作者的生活，来使大家的力量团结起来，更有力地推动工作，来使大家互相交换工作经验，来使大家吸收更多的新知识。"[④]因此，《少年战线》是"全中国的小朋友自己的刊物"。该刊设有世界大事、抗战知识、童运消息、工作报告、儿童生活、诗歌、童谣、歌曲、故

---

①杨寅初：《三年来广西中山纪念学校》，《桂林文史资料》第四辑，政协桂林市委员会文史资料研究委员会1983年版，第183页。原载《广西教育通讯》。

②杨寅初：《三年来广西中山纪念学校》，《桂林文史资料》第四辑，政协桂林市委员会文史资料研究委员会1983年版，第183页。原载《广西教育通讯》。

③杨寅初：《三年来广西中山纪念学校》，《桂林文史资料》第四辑，政协桂林市委员会文史资料研究委员会1983年版，第191页。原载《广西教育通讯》。

④转引自魏华龄：《桂林抗战文化史》，漓江出版社，2011，第348页。

事、活报、游戏、科学、工艺等栏目，主要报道抗战中儿童各方面的情况。每期文章除了陈原、陆洛、姜君振、王一青、刘季平、戴自俺、杨寅初等供稿外，大多是由孩子们提供的。这样此刊更具儿童化，同时因内容充实，故事有趣，通俗易懂，深受少年儿童的欢迎。三卷革新后，增加了儿童团体的社会史诗、连环的木刻故事等内容。

（二）《工作与学习·漫画与木刻》

此刊于1939年5月16日由生活教育社与漫画家木刻界抗敌协会联合创办，刘季平和赖少其是主编。刊物把内容不同的两种刊物统一编辑、文章穿插插图，图文并茂，内容丰富，切中时弊，铿锵有力。刊物的宗旨正如其发刊词指出的："我们要通过这个刊物，互相学习，互相帮忙，互相交流经验，互相纠正错误，互相鼓励，互相督促，把我们大家都锻炼成为一群更好的民族斗士；更忠诚切实，齐心一致地在……的统一指挥下，根据国共合作、抗战建国纲领，为争取抗战胜利建设独立自由民主富强的国家而努力。"[①]刊物先后发表刘季平、程今吾、田汉、范长江、艾芜等人的时政论文及经验性文章，还出版过木刻配以文字的《讨汪专页》《桂林市民疏散宣传专页》，刊物上的种种内容不断激发抗日群众的爱国热忱，促进了抗日救亡运动的高涨。

（三）《战时教育论集》

由生活教育社1939年5月出版，反映了文化教育界关于抗战教育的主张，包括杨东莼、张申府、潘公展、雷沛鸿、杜君慧等文化教育界知名人士，还有生活教育派主力干将张宗麟、陆维特、刘季平、孙铭勋、戴伯韬、方与严、马昌实等。该书分总论、分论、方案和方法、动员及附录五部分。"总论"提出通过教育、动员民众，全面持久地抗战。"分论"提出了改进与实施战时政治教育、农民教育、难民教育、军队教育、伤兵教育、边疆教育以及教育行政、战时教师、学校机构、学校课程改造等具体主张。"方案和方法"对抗战教育方案、战时民众教育、各级学校教育、儿童训练、技术人员训练诸方案，进行了具体设计。"动员"部分号召教

①刘季平：《刘季平文集》，北京图书馆出版社，2002，第8页。

育界、记者界、戏剧界、文艺界及全国各界同人及家庭妇女，有智出智，无智出力，积极参与民族独立解放的斗争。"附录"介绍了汉口文化界座谈会讨论的"抗战教育的实施与推进"。该论集对其时"战时教育"表态，对形成"战时教育"思潮起到重要的推动作用。

（四）《战时教育》

《战时教育》是生活教育社的社刊，报道大量战时教育消息、研究和实践。由此可窥生活教育社的主要活动。故对此做重点介绍。

1.《战时教育》的创办和宗旨

抗战全面爆发后，生活教育社同人在陶行知的指导下将国难教育运动转入战时教育运动。和往常的生活教育运动一样，战时教育首先必须阐发自己的主张，并进行宣传和动员。《生活教育》半月刊的停刊使生活教育失去了有力的宣传阵地，当务之急，必须复刊《生活教育》，后考虑到对战时教育运动的配合，复刊的《生活教育》就改为《战时教育》。该刊创刊于1937年9月25日，由生活教育社编辑发行，生活书店总经售，陶行知任主编，戴伯韬任责任编辑。编辑人员仍是生活教育社的主要成员，有戴伯韬、刘季平、陆维特、王洞若、魏东明、孙铭勋、殷金陵①等。初创刊为旬刊，篇幅在16个版面左右，第3卷第3期开始，改为半月刊，每月10日、25日出版。从创刊到停刊，共出版9卷，先在上海出版4期，后迁至武汉；武汉失守后，又迁到重庆。1945年11月改为《民主教育》。

该刊在创刊号的代刊发辞中明确表示了其创刊宗旨和使命，并提出了生活教育在战时的新理论和新方法。战时教育的任务是"充实战斗智能、健全集体精神、提炼战时经验、创造新的文化""本刊的主要工作：研究战时教育、号召战时教育、规划战时教育、执行战时教育"。故"本刊以服务战时教育为目的""我们的根本路线是集体主义的自我教育"。此后，王洞若在《集体主义的自我教育》中详细阐述了这一"根本路线"，提出它是"战时教育的总口号"。"它不但具有指示教育工作总路线的意义，并且它更指示我们战时教育所最不可少的一种

①育才学校教师，曾教历史课，后协助校长室工作。

训练的根本精神；它不仅原则地指示我们战时教育的理论，同时还指示出战时教育之具体方法。”[①]简言之，《战时教育》就是一份旨在推动抗战、为抗战生活增加力量的综合性刊物。

2.《战时教育》的编辑概况

围绕“为抗战教育服务”的宗旨，《战时教育》主要探讨战时教育的性质、内容、方法等，同时介绍各地各类战时教育，提供战时材料、教材，刊载国家、教育部的重要政策文件，介绍国内外形势。按照期刊的内容、形式，大致可以分为三个阶段。

（1）初期的《战时教育》

这一时期从创刊开始到第4卷。创刊于战火中的《战时教育》先在上海出版4期，后迁至武汉，彼时陶行知已赴海外抗日宣传，编辑仅戴伯韬和刘季平两人，后王洞若、陆维特等逐渐加入编辑团队。战火的影响和编辑力量的薄弱，使得初期的《战时教育》无论在形式还是内容上都稍显单薄，但仍然努力履行“为抗战教育服务”的职责。

这一时期的《战时教育》没有核心栏目，比较固定的有《时事研究》《教育短评》《通信》《特载》等，其余则是围绕战时教育的各类文章；另外刊有《战时教育总动员专辑》《战时普及教育特辑》《孩子剧团特辑》《新安旅行团专号》。主要内容围绕该刊的五个主要工作而展开。

第一，推动“战时教育思潮”的发展

随着抗战爆发，在教育领域就一直存在战时教育与平时教育的争论，至《抗战建国纲领》颁布，又增添了前两者和建国教育的认识歧义。在这样一个特殊的时期，中国的教育究竟应该何去何从？战时教育究竟有无存在的合法性和合理性？战时教育和平时教育、建国教育关系如何？应该怎样正确认识战时教育？

战时教育社为此一方面驳斥反对抗战教育的言论，如2卷6期白桃的《答复抗战教育的反对论者》；另一方面在生活教育的指导下发表战时教育理论，包括创刊号上王洞若的《集体主义的自我教育》、2卷11期和12期刘季平的《战时教育与平时教育》、3卷7期社论《抗战与建国并行中的教育》、4卷8期王洞若的

①王洞若：《集体主义的自我教育》，《战时教育》1937年创刊号，第6页。

《论平时教育与战时教育·抗战教育与建国教育》。这些文章，鲜明地提出战时教育不是凭空跳出来的，而是"平时教育走到战时的一个飞跃，同时又是今后更合理的教育的一个开头。""平时教育是根本，战时教育是平时教育的继续；……是适应战时需求的更高、更扩大、更紧张、更合理化的继续。"①"抗战与建国是一件事的两面，而基本上要侧重于抗战。"②

第二，战时教育总动员

抗战不但是武力的抵抗，要想取得抗战胜利，唯有"全国国民总动员，全国各方面总动员"③。《战时教育》提出"抗战教育"和"集体主义的自我教育"，吸引了诸多知名人士参与讨论和交流，遂主要在1卷2期、3期推出"战时教育总动员特辑"：

表4-2　战时教育总动员特辑的具体篇目

篇目（卷/期）	作者	篇目（卷/期）	作者
战时教育中大学生的动员（1/2） 向全国教育专家与教育工作者的一个建议（1/4）	杨东莼	战时生产教育的动员（1/3）	李楚材
职业团体应如何开展战时教育（1/2）	沙千里	战时教育中之中学生动员(1/3)	沈体兰
战时教育中之歌咏界的动员（1/2）	刘良模	战时教育中之画家的动员（1/2）	蔡若虹
战时教育中之家庭妇女的动员（1/2）	君慧	战时教育中之记者的动员（1/3）	陆怡
战时军队教育动员（1/2）	明凡	全国教育界团结起来（2/1）	刘季平
战时教育中之戏剧的动员（1/2）	殷扬	保卫大武汉和农民动员（2/1）	张劲夫

资料来源：《战时教育》1937年1卷2~4期、2卷1期，目录页。

第三，研究战时教育

一是通过《论述》《抗战讲座》等栏目对战时教育理论进行研究和建设。二是对战时各种教育问题展开研究。这些研究为实施战时教育提供了理论基础。

①季平：《战时教育与平时教育》，1938年2卷11、12期合刊，第9页。

②王洞若：《论平时教育与战时教育·抗战教育与建国教育》，《战时教育》1939年4卷08期，第5页。

③张宗麟：《战时识字教育》，《战时教育》1937年1卷03期，第6页。

表4-3 战时教育研究的篇目

类别	作者	篇目(卷/期)
战时教育总论	王洞若	集体主义的自我教育(1/1)
	杨东莼	要从战时教育中树立起新文化的基础(1/1)
	李平	抗战教育的任务(1/5)
	古一今	目前教育的出路(1/5)
	胡绳	救亡工作者的自我教育(1/5)
	彭康	抗战与文化(1/8)
	张申府	文化动员的意义(1/10)
	季平	教育是什么东西(1/7),教育的特质及其发展(1/8),新道德论(2/10)
	老舍	抗战教育(2/3)
	洞若	生活教育运动与普及教育运动(3/1)
	程今吾	谈谈教育准备论(3/7)
	廖庶谦	过去教育的检讨与今后教育的动向(3/7)
	陶行知	生活教育目前的任务(3/10)
	王洞若	生活教育的涵义(3/11)
普及教育		战时普及教育运动特辑(2/11、12)
政治教育	杨东莼	战时底政治教育(1/3)
难民教育	维特	战时的难民教育(1/3)
学校教育	楚才	战时师范教育(1/2)
	徐翔之	抗战中的大学教育(1/6)
	东原	战时中学的活动组织和活动课程(1/12)
	唐文粹	开学后小学实施抗战教育的内容和方法(2/4)
行政教育	潘公展	教育行政机关当前之急务(1/2)
民众教育	张宗麟	战时农民教育(1/2),战时识字教育(1/3)
	张敬仁	目前的工人教育问题(2/1)
	白桃	目前社会教育的中心任务及其他(3/3)
	陆维特	战时民众教育和民众运动(3/8)
		社论:用实际事件教育民众(3/3)

续表

类别	作者	篇目(卷/期)
军队教育	明凡	军队教育的改造(1/7),军队政治教育(1/9)
	冯玉祥	军人救国问答(1/12)
	记者	冯先生谈今日军队教育问题(1/12)
	陶行知	兵役宣传之研究(4/7)
伤兵教育	冯乃超	立即推行伤兵教育(1/7)
边疆教育	张佐华	抗战期中的边疆教育(1/11)

资料来源:《战时教育》,1937—1939年1—4卷,目录页。

注:表4-3、4-4中"季平"即刘季平,"洞若"即王洞若,"楚才"即李楚材,"维特"即陆维特,"白桃"即戴伯韬。

第四,规划战时教育,提出方案和方法

《战时教育》为抗战教育、儿童教育等提供教育方案,同时在《特载》栏目刊登各地战时教育实施纲要,为战时教育提供参考材料。

表4-4　战时教育具体方案细目

方案名称	提出者	刊期	方案名称	提出者	刊期
抗战教育方案拟议	生活教育社	1/6	用艺友制训练技术人员	古一今	1/6
战时教育方案	西安学生抗敌后援会分会	1/6	抗战教育下的活教科书	白桃	1/7
推行普及教育以增加抗战力量而树立建国基础案	陶行知	3/7	农村工作研究班训练纲领	聂赞绪	1/6
民众训练大纲拟议	季平	1/8	怎样到农村去	陆叔昂	1/6
青年训练大纲	季平	3/3	下乡工作的实际问题	曹康	1/6
抗战期内儿童训练大纲	白桃	1/9	怎样组织学生下乡宣传队	王翰	1/9

续表

方案名称	提出者	刊期	方案名称	提出者	刊期
各级学校实施抗战教育办法大纲	季平	1/9	游击战术讨论 游击队的几种战法	明凡	1/10 1/12
非常时期小学教育实施纲要	开封女师附小	1/7	战区教师服务团工作计划大纲	黄建衡	2/5
最近时事讨论大纲	季平	1/10	全国教育行政者怎样实施战时教育	张宗麟	1/4
三民主义讨论大纲	许涤新	1/10	怎样办战时的小学教育	白桃	1/5
保卫大武汉讨论大纲	洞若	2/1	救亡团体如何建立自我教育	白桃	1/5
基层工作大纲(儿童教育、伤兵教育、工人教育、难民教育)	抗战教育研究会	2/3	目前的伤兵教育和难民教育怎样干	白桃	2/1
民众训练问答	冯玉祥	2/1			

资料来源:《战时教育》,1937~1938年1—3卷,目录页。

第五,介绍战时教育实施

抗战爆发,各地各团体已经积极开展战时教育实践。为此,《战时教育》报道、介绍其实施情况,一是可动员更多民众,二是总结经验教训,提出更有效的方案促进战时教育实施。

主要有战时儿童救亡团体的实践,如2卷2期的《孩子剧团特辑》和3卷2期的《新安旅行团专号》;民众教育实践,如4卷10期夏阳的《新的任务和新的小学校》、迪民的《如火如荼的山西民众运动》、雷沛鸿的《义卖运动与创造新时代的成人教育》、4卷5期叶厥孙的《新中国战时的教育军》、宋育仁的《消灭文盲的具体办法》、戴自俺的《抗战简报对广大民众的需要》；伤兵教育的实践，如4卷7期七七少年剧团的《伤兵教育的几点经验》；其他还有关于兵役宣传的做法，如苍明的《浙江云和的出征军人家属》；各地抗战情况，如1卷1期金民的《鲁西北的游击队是怎样长成的》、2卷2期的《磁邯民政抗日游击队两月来抗战经过及教训》、3卷9期时子周的《回教教长与回民战时教育》、4卷7期惠波的《河南半年来的抗战教育》、4卷8期陈伦的《浙江的教育县》等。

3.发展中的《战时教育》

初期的《抗战教育》虽对各种教育问题都有所涉及，但并未深入，内容也较为单薄。到第五卷，配合全面教育运动，编辑部发出“启事”：

> 本刊自五卷一期起大加革新，内容方面，着重以下几点：一，整理各种经验和教训；二，建立新教育理论；三，提供各种具体办法；四，供给补充教材。为了解各地战教实况及和各地教育工作者，互相研究起见，我们特开‘教育实施报告’和‘通信’两栏。盼望教育各界同志，经常赐教。①

相应地，增设了固定的栏目：《行知衔你谈》《教学做指导》《短评》《通讯》。此外，还有《时事谈论》《生活讲座》《教育木刻》等不固定栏目，还包括《儿童保育运动》《育才学校二周年》等专号。篇幅增至23个版面。

《行知衔谈》是从5卷1期开始的新栏目，所刊登文章由陶行知撰写，文章大多短小精悍，涉及政治、教育、生活等多方面内容，阐述深入浅出，深为读者喜爱。

表4-5 “行知衔谈”的具体篇目

篇目	刊期
谈未来的东亚新秩序	5/1
来凤晚饭后	5/2
填鸭教育	5/2

①《编辑部启事》，《战时教育》1939年5卷01期，第21页。

续表

篇目	刊期
宪政运动与国民教育	5/3
我的民众教育观	5/4
《战时教育》半月刊方针——献给白桃同志的信	5/4
游击区教育	5/6
小学教师之烦恼	5/9
新武训	6/4、5合辑
合作壁报	6/4、5合辑
一八六二年之白宫厨房	6/10、11、12合辑
谷子在仓里叫	6/10、11、12合辑

资料来源:《战时教育》,1939—1942年5—6卷,目录页。

《教学做指导》或提供解决战时各领域各种教育、生活问题的具体办法,或是各种教学做的纪实。以第五卷为例:

表4-6 "教学做指导"栏目的篇目

篇目	作者	刊期
晚会的价值及其检讨	夏阳	5/1
不照旧历的晚会	孙铭勋	5/1
怎样指导儿童作文	陆亮	5/2
怎样指导儿童写日记	铁马	5/3
怎样处理战时儿童营养问题	陶宏	5/4
我怎样在连里教士兵识字	郭弼昌	5/6
我们的幼稚园怎样进行"保卫大西南"	集体创作(李蟾桂执笔)	5/8
"打倒汪精卫"在我们幼稚园	金恒坚执笔	5/11
怎样教小朋友排剧	吴新稼	5/12

资料来源:《战时教育》,1939—1940年5卷1—12期,目录页。

《教材》这一栏目较为读者所需，“最近得各地读者来信，纷纷要求本刊教材栏多登载一些具体的教材，特别是剧本歌曲之类”①。为此，《战时教育》刊登了形式多样的材料，有课本、儿童剧、诗歌、歌曲等，通过这些向读者呈现各种战时生活。

表4-7 “教材”栏目的篇目

篇目	教材类型	作者	刊期
活捉日本鬼	儿童剧	舒强	5/1
献给北碚青年抗敌出征团	歌曲	陶行知 贺绿汀	5/1
反对奴化教育	儿童剧	陆维特	5/2
鲁迅先生纪念歌	歌曲	陆维特 贺绿汀	5/2
战时农民	教材	史今	5/3
保卫西南活动大纲			5/4
不买仇货	歌曲	时代·联抗	5/4
战地民众	课本		5/6
为了大家	儿童剧	舒强	5/8
白庙子		胡绍轩	5/8
张伯伯李伯伯	歌曲	贺绿汀	5/9
勇敢的小娃娃	歌曲	夏衍 麦新	5/11
马门沙		白危	5/11
结婚歌	诗歌	陶行知	5/11
流浪儿	（独幕歌剧）	集体创作	5/12

资料来源：《战时教育》，1939—1940年5卷1—12期，目录页。

《短评》或刊登短小精悍的各类时评，关注战时动态，如5卷4期的《两种毒化》；或发表战时新消息，如5卷2期的《推进宪政运动》《破天荒的会议》。

《通信》栏目是使读者了解各地战时教育实施，就战时教育各问题交流经验、互相研究，或是指导各类战时教育问题。如5卷1期的《伤兵教育工作的三封信——新旅给陶行知的信》、5卷3期的《浙江“教育县”县长潘一尘同志

①《编辑部启事》，《战时教育》1939年5卷03期，第10页。

来信》、5卷4期的《关于美国对日禁运根据的两封信》、5卷6期的《关于敌后的民运》。

除了固定栏目外，还介绍各地大量战地教育实践：5卷3期张煌的《国防线上的学校》、5卷6期冯子英的《鄂中战地中学》、5卷9期汪羽军的《安徽中学在东战场所做的社会教育工作》、5卷8期朱之平的《边塞战斗学校》、5卷11期赵立法的《盂县战地生活学校始末记》等。正如《战时教育》的编校后记所言："前进的文化是革命的火把，它指引着千千万万的革命群众，向光明之途迈进。"所以发表游击区和战地的教育，"无非是想方设法要大家起来把革命的文化火把送到群众手里去"①。

此外，《战时教育》还出版三个专号：6卷1期的《育才学校专号》，6卷6、7、8合辑《育才学校二周年纪念专号》，7卷10、11、12合辑《儿童文学专号》。通过专号形式对儿童教育进行了深入的研究。

4.转向民主教育的《战时教育》

抗战胜利前夕，民主运动兴起，矢志为战时教育服务的《战时教育》有了新的任务。编辑室在9卷1期的《写在前头》中明确提出"一九四五年是人民的年，是民主年……世界是人民的，中国是人民的，《战时教育》自然也是它的人民——教者与学者的"。为此，从第9卷开始，《战时教育》的重心转向民主教育，具体方针是"从教学做者中来"和"到教学做者中去"。前者指"我们将以三分之二的篇幅，刊登实际教书的、学习的人、办教育的人的稿子"。具体有这些项目：

学校，教师，学生，一切情形的报道与介绍。

教学做的经验与创见。

各种学科所发生的问题与研究成果。

集体讨论的问题或提出问题，希望大家来函谈。

各国教育政策教育制度的介绍与批评。

各种教育理论的介绍与批判。

教育界人物与教育家的介绍。

①《战时教育》1940年5卷06期，第11页。

后者指战时教育社为教学做贡献者的意见，如聘请专家解答疑难，“将设《自修大学》《自修中学》《工人补习学校》等专栏，为失学的青年有系统的补习主要的学科”。

按照这样的编辑方针，第1期开设了《行知衔谈》《短评》《论述》《教学做经验》《生活讲座》《时事谈论》《学府》《译著》《读者问答》等丰富的栏目，而第2期则刊出《民主教育特辑》。

主要内容：一是对民主教育理论的介绍，如陶行知发表在9卷1期的《创造的儿童教育》和9卷2期的《实施民主教育的提纲》、9卷1期邓初民的《略论教育目标与我们的努力》、方与严的《教育·民主·宪政》、9卷2期张申府的《民主与教育》等。尤其是陶行知在《实施民主教育的提纲》中提出了民主教育的目的、方法、教师、教材、课程、学制、行政、文字等，为民主教育的实施提出了具体的方案。二是介绍世界民主教育情况，让读者了解其他国家的学术自由情况。如9卷2期特辑中爱斯金、罗贝慈合著的《战火中的苏联学校与儿童》、沈颂芳介绍的《法国的民主教育》、资料室编辑的《英美大学战时教育》、美国·E·西蒙士（陈原译）的《新型的国际教育——美国康尼尔大学的俄国文化研究班》。此外，也介绍了国内石小帆著的《一个民主的中心学校》和自汗著的《自由教学的西南联大》，这是国内民主教育的些微曙光，但国内更多的是受专制教育荼毒的学校。三是介绍民主教育的实例，以论证民主教育的必要性和可行性。如简拙一的《实验与贡献—— 一个民主作风中学的办学经验》、陶行知的《和平门村民大会》。

5.《战时教育》的特点与效果

《战时教育》是生活教育社的社刊，其承担的使命：一是集中报道生活教育社的事业；二是配合战时教育，为抗战和建国服务。按照陶行知“把学堂变成战场，把战场变成学堂”①的指导意见，在办刊过程中，他们在研究、号召、规划和实施战时教育方面尽可能发挥《战时教育》之于抗战的作用。奈何因编辑人数过少、战火纷扰等原因，《战时教育》更多就教育而谈教育，也改变了《生活教育》大众化的特色。陶行知在1940年11月22日致信戴伯韬，谈《战时教育》半月刊方针，认为不能老在“教育”的圈子里打转，有时要跑到圈子外面看看，对着四面八方看看。陶行知建议说：

①陶行知：《把战场变成学堂》，《战时教育》1938年1卷12期，第4页。

《战时教育》半月刊应该采取这样的方针:一般的特殊,特殊的一般。在一般的生活里,找出教育的特殊意义,发挥出教育的特殊力量。同时要在特殊的教育里,找出一般的生活联系,展开对一般生活的普遍而深刻的影响。把教育推广到生活所包括的领域,使生活提高到教育所瞄准的水平。[①]

陶行知同时表示,这种主张的提出并非出于个人的主观,而是缘于读者对象。他说:

一、生活教育同志,我们要运用这个刊物来互教共学。二、全国各级之教师,希望他们能经常听取我们的意见,并经常给我们指教。三、广大的握有教育影响的知识分子之父母们、社会服务人士及不能入学而施行集体自学者群。这些人大多是经济困难,只能买一份杂志,倘只能谈专门的教育,那是把我们的服务影响缩成一个皮包骨的瘦子。而且我们生活教育者,兴趣比较是多方面,提起笔来,老是教育教育,也觉得干燥无味。我希望《战时教育》半月刊,不但制醋,酸甜苦辣咸各种味道的作料都让我们作一点,那么写的人便有用武之地,也觉得兴高采烈了。长篇有系统的文字,不能每期每人都写,即写一些杂感或笔记诗歌,只要能给读者一些指示和力量便能丰富他们的生活,即是丰富他们的教育。[②]

三、推动战时儿童教育

生活教育社的战时儿童教育主要是通过新旅的实践进行。新旅原是建立在新安小学[③]基础之上。为了实践陶行知"生活即教育,社会即学校"的主张,

①陶行知:《战时教育半月刊方针》,《战时教育》1939年5卷04期,第3页。

②陶行知:《战时教育半月刊方针》,《战时教育》1939年5卷04期,第3页。

③1929年6月,陶行知应淮安徽州同乡会与河下镇莲花街民众的要求,派学生蓝九盛和李友梅在淮安创办新安小学,陶行知任校长,在苏北实践生活教育理论。

1933年时任校长的汪达之把新安小学的7位学生[①]组建了一个旅行团，由学生自己管理自己，用卖报纸等办法自筹经费，至沪体验生活并进行抗日宣传，历时50余天。他们在上海进行演讲、宣传生活教育的理念，收到了较好的效果。这为其后建立新安旅行团奠定了基础。1935年一二·九运动后，全国掀起抗日救亡潮流，汪达之以新安小学的13人[②]为主体组建新安旅行团，以顾问的身份与他们一起走向民族解放的战场，进行了17年的旅行学习，造就了新旅的辉煌成绩。

他们从华东到华北，再到西北，辗转到达华中的武汉，于1938年11月10日离长沙，经衡阳，取道湘桂路抵桂林。此时团员已发展到50人左右。其时生活教育社已经公开成立，新旅遂以团体成员的身份加入生活教育社。而后立即加入桂林的抗战洪流，通过完成宣传、义卖、义演、募捐、战地服务、慰劳伤兵等方面的工作，和孩子剧团[③]一起领导并掀起了桂林儿童救亡运动的高潮。

1.推动桂林儿童救亡团体的组织建设

新旅至桂后，为切合西南儿童工作的需要，增加工作力量，与孩子剧团紧密合作，发出“全广西的儿童团结起来，组织起来，参加抗战工作”[④]的号召，推动了桂林儿童团体的建立；同时推动“桂林儿童团体座谈会”，先后举办“中国儿童运动问题座谈会”“桂林儿童保卫西南紧急会议”、桂林儿童歌咏干部训练班等，这些活动动员了更多的少年儿童来参加抗战救亡工作。

2.举办各种抗日救亡活动

(1)举行各种文艺活动开展抗日救亡宣传

新旅秉承一贯的宣传方式，利用各种纪念集会、时事形势等，开展歌咏、演

①这七位学生是靖秉铎、程昌林、靖秉铨、杨永鑫、张俊鑫、刘昭朗、左义华。

②据《新安旅行团组织的意义方法和经路过线》载，“出发来南京十五”。两人经中央医院检查认为系肺病型，不宜旅途生活，已回淮安。则团员十三人。见《新安旅行团组织的意义方法和经路过线》，《生活教育》卷19期，第35页。

③孩子剧团是1937年“八·一三”事变后，上海一些失去家庭和失学的儿童，由国难教育社王洞若、吴新稼等收容组织，共同成立孩子剧团，到各地开展抗日救亡工作。1938年11月到达桂林，和新安旅行团一起推动桂林的儿童救亡运动。皖南事变后，因不为国民党所容，根据中共中央南方局的指示，有计划地自行撤离。

④许醒亚：《儿童救亡工作在桂林》，重庆《新华日报》1938-12-24。

讲、话剧公演的文艺形式进行抗日宣传。如在保卫大西南运动中，新旅和其他儿童团体出版街头壁报和漫画进行宣传、在各大戏院唱抗战歌曲和演讲、在街头做流动的宣传和唱歌，尤其是1939年11月29日他们在桂西路的一个宣传站进行了《骂汪精卫》的快板表演和相声、12月10日在金城戏院联合举行了“保卫西南”公演[①]，给民众造成了极大的震撼。

(2)组织乡村工作队，开展乡村抗日宣传

乡村工作队于1939年3月成立，计20余人。在团务干事、队长纪宇的带领下，先后到临桂县的万正县、万自乡、甲山村、临桂大村等地工作，工作对象是迁移的难民、本地农民，抗战军人家属、小学生和村庄儿童。工作队在乡村成立农民夜校、姐妹会、抗日儿童团，办识字班、歌咏队，教唱救亡歌曲，讲抗战形势；组织乡村学校儿童每星期六下午服务抗战军人家属，帮他们挑水、砍柴、做家务活；协助全乡小学教师成立教师座谈会。工作队通过这些形式各异的工作动员乡村民众抗日。他们服务的万正乡因抗日动员做得较好，曾获得“临桂县模范乡”的光荣称号。

因乡村工作队的工作收效颇大，后又成立良丰、西郊、东郊三个乡村工作组，为战争难民、工人子弟服务，也配合广西地方建设干部学校开展课外活动，如组织民众和学校举行联欢活动，扩大抗日宣传。

(3)开展伤兵教育

新旅因在乡村工作队的实践中所表现出的高度热忱和获得的成效，以及新旅队伍的扩大[②]，汪达之遂决定响应陶行知全面抗战的全面教育，于1939年5月组织“伤兵之友队”，专心于服务伤兵工作。根据陶行知的指导，伤兵之友队在离城三十里的大圩镇陆军第六、七两个医院为伤兵服务，并进行伤兵教育与民众宣传工作。具体工作包括：对伤兵进行慰问表演，成立抗战歌咏队、业余剧团丰富伤员的文化生活，创办文化夜校招收轻伤伤员、对伤重不能来上课的就送学到病床上，组织医院积极分子举行不定期的抗战形势座谈会。这些工作不仅宣传了抗战，也改变了伤兵的精神面貌。

①参看魏华龄：《桂林抗战文化史》，漓江出版社，2011，第352页。

②新旅在桂林招收了三十余名优秀的试验团员。

(5)恢复新安小学

新安小学是新旅的大本营。通过杨东莼的关系，新旅向桂林教育当局提出在桂林恢复办新安学校，地址选定西郊巫山脚致和村，并得到市政府的同意。[①]

1940年7月到8月间，新旅派童常、李楠、金毓堃做筹备工作，新旅团员张牧、范敏言、张若曼、王德银、刘萍、关建、张泉、罗络等也转到学校工作。新安学校于1940年9月正式开学，由汪达之兼任校长，纪宇任生活指导部主任，童常任总务部主任，学校设在一座古庙和借来的几间民房里。学生约一百余人，主要是当地农民的儿女和新旅派去学习的小朋友。学校实行集体主义的生活制度，选举班组长，定期开生活检讨会和文娱会。由于教师和辅导员发扬民主，将新旅一些集体生活制度同学生实际情况适当结合起来，因此，学生学得生动活泼，热爱集体，师生之间团结友爱，老师对一些年龄小的寄宿同学也特别关怀。学校仍然重视以文艺形式进行抗日宣传，学生演出过《吹起小喇叭》《小小画家》等歌舞节目，尤其是《春的消息》和《虎爷》舞剧的表演，在舞蹈家吴晓邦的帮助和导演下，孩子们从舞蹈的基本训练开始，在排练过程中积极发动集体讨论、发挥集体智慧，短短数月，新旅团中善歌舞的孩子们于1940年10月就在桂林演出了舞剧《虎爷》，首演成功，造成了极大的轰动。新安小学成为桂林市的一所新型学校。后因皖南事变的发生，学校于1941年7月初结束。

(6)编辑出版儿童刊物

新旅团除了上述抗战宣传的实践活动外，还通过出版儿童刊物，利用文字形式进行抗日宣传。新旅中的童常、左林、范政、张拓、张牧、张杰、任干等经常写稿，宣传抗日；范政出版著作《海外一课》，记录向海外华人宣传抗战的情况；张杰写成《敌后的故事》并出版，记录皖南新四军军部实况；张拓、张杰、范政编著“儿童抗战”丛书，包括《儿童抗战故事》《儿童抗战歌曲》《儿童抗战歌谣》和《儿童舞蹈》等。

在桂林两年多的时间里，新旅动员、带领儿童团体进行抗日宣传，成为桂林抗日救亡活动的重要组成部分。他们用自己的实践向世人充分证明了小孩子

①魏华龄:《桂林抗战文化史》，漓江出版社，2011，第355页。

是有大力量的，推动了“社会即学校”的生活教育的发展。

1941年1月，皖南事变发生，桂林的政治形势大为逆转。新旅团员和新安小学共40余人分批撤离桂林，经广州湾、香港、上海转苏北解放区，参加了新四军。生活教育社开展的战时儿童教育暂告一段落。

四、主办或参与抗战教育研讨

抗战爆发后，生活教育社开展了一系列抗日文化活动。一是和聚集在桂林的各进步社团经常举行抗战研讨会或开展讲座。如经常与中国农村经济研究会、国际新闻社、青年记者协会、晓庄研究所等团体联合举行时事报告会、座谈会，邀请来桂著名人士做学术报告或形势报告；二是与文化供应社、国际新闻社等团体联合组织每周一次的读书会，学习讨论党的文件和国际问题，然后分工撰写稿件，统一宣传口径[①]；三是与晓庄研究所联合召开中国教育问题讨论会。[②]抗战研讨会具体见表4–8：

表4–8 生活教育社参与主办的抗战教育研讨会

时间	主讲人	主办者	主题
1938.11.25	陶行知	中华职业教育社	第四次时事讲座：“全面教育与全面抗战”
1939.3.5	刘季平	新旅	第七次时事座谈会：“中国抗战与西班牙战争的现阶段”
1939.4	叶剑英	生活教育社	“积小胜为大胜”
1939.10.15	生活教育社社员	生活教育社联合晓庄研究所	时事讨论会：“欧战前途、湘北大捷后的敌人动向”

①这是生活教育社里中共组织所展开的统战工作之一，借助生活教育社开展抗日救亡文化活动。

②陶行知：《陶行知全集》第11卷，四川教育出版社，2009，第584页。

续表

时间	主讲人	主办者	主题
1939.10.22	生活教育社社员	生活教育社	第二次中国问题讨论会："战时教育之总检讨"
1940.1.31	生活教育社留桂社友	生活教育社	留桂社友举行座谈会："宪政运动与国民教育"

资料来源：魏华龄：《生活教育社桂林纪事》，《重庆陶研文史》2009年03期，第1–2页。

这些抗日文化活动进一步推动了抗日救亡运动。

第三节　生活教育社在重庆的活动

生活教育社在桂林成立不久，即于1939年4月13日下午2点在重庆青年会召开重庆办事处成立大会，王瑞符任办事处主任。陶行知在会上报告生活教育社在渝工作计划：一是成立晓庄研究所，研究伤兵教育、难民教育、华侨教育、游击区教育等专门问题；二是筹办育才学校，训练战争难童。[①]1941年皖南事变后，生活教育社在桂林的工作遭到重创，生活教育社牌子被摘，核心人物刘季平、新旅团撤离至苏北抗日根据地，随后生活教育社为方便联络和继续开展工作而迁至重庆，与陶行知等汇合，全力以赴于晓庄研究所和育才学校的创办。

一、创办晓庄研究所，研究战时问题

（一）晓庄研究所的创办经过

晓庄学校之于生活教育社同人尤其是晓庄校友的意义非凡，它是生活教育运动开始的地方，贯穿生活教育运动的精神也形成于晓庄，陶行知及晓庄校友有晓庄情结是人之常情。他对晓庄是寄予厚望的，乐观且充满希望地提出"晓

①《战时教育》1939年4卷5期，第9页。

庄之再生，象征着教育之黎明，象征着民族的复兴”①。虽然晓庄研究所并不能充分体现“晓庄之再生”，但其对生活教育社的事业意义不小，因此，实有必要对之做一番介绍。

陶行知在抗战爆发后积极奔走呼号、宣传抗日救国，领导生活教育社开展抗战建国事业。1936年6月，陶行知个人作为全国各界抗日救国联合会代表以国民外交使节身份出访欧美亚非等26个国家进行抗日宣传，历时二年二月有余，于1938年8月30日返港。在返港途中，他发表了“回国三愿”，即“我有三件大事要做：(一)创办晓庄学院，以培养高级人才。(二)在港创办中华业余补习学校，以教育方式，发动侨胞救国。(三)创办一所难童学校，选拔有特殊才干之难童，作人才幼苗之培养”②。第二愿不久就在香港实现，成立“中华业余补习学校”，1938年11月1日正式开学，由吴涵真任校长，方与严任教务主任；第一愿由来已久，晓庄学校被封后，陶行知一直耿耿于怀，曾在发起普及教育运动时期派学生王洞若等进行复校准备，然而并没有成功；1938年他归国之际，正是国共合作最为美满的“蜜月期”将消逝之时，国民政府为实行训政，相继召开两次国民参政会。乘此时机陶行知重提旧事，在第二次参政会召开前后，就为实现他的“第一愿”而积极奔走，得到了蒋介石和陈立夫的口头应允，蒋介石表示“深表同情”，他十分欣喜，在开会期间接受记者采访之时，把这一好消息透露给记者，言校址虽“尚未完全决定，大致设在湖南则已初定”③。不过，当局很快寻找借口，收回了允诺，先是搬出部令条规，不许私人办综合性大学，“只许他办农学院”，后又以私人不能办大学为由，“连农学院也不许他办了”。这显然是一种推诿和阻难④。据戴伯韬称，在陶行知和陈立夫的一次交谈中，陈立夫终于道出原委：“你的学生和朋友中，很多是共产党。”⑤

复校无望之下，他退而求其次，创办了规模较小而又无须教育部批准的研究所，并设在生活教育社名下作为该社的一个研究机构。1939年1月初，在香港召开了原晓庄学院董事会议，董事会议决通过筹设晓庄研究所。会后，陶行

①陶行知：《陶行知全集》第4卷，四川教育出版社，2009，第233页。

②陶行知：《陶行知全集》第12卷，四川教育出版社，2009，第355页。

③转引自章开沅，唐文权：《平凡的神圣——陶行知》，湖北教育出版社，1992，第391页。

④稍后晏阳初创办“私立中国乡村建设育才院”就得到了教育部的批准。

⑤戴伯韬：《陶行知的生平及其学说》，人民教育出版社，1982，第109页。

知积极起草相关文件，1月28日在香港《立报》刊发《晓庄研究所章程》，30日刊发《晓庄研究所初步计划之研究问题》。章程规定了晓庄研究所的宗旨、研究员资格、研究地点、经费等事宜。具体如下：

晓庄研究所章程[1]

一、定名：本所定名为晓庄研究所。

二、宗旨：本所宗旨，在研究问题，追求知识，以增加抗战建国之力量。

三、所长：本所由晓庄研究所董事会公推所长一人，专司本所一切行政事宜。

四、职员：本所职员分行政与研究两种，其系统如下：所长之下设办事处主任（干事、艺友），并设研究员，及研究兼指导员（辅导员、研究生、艺友）。

五、用人标准：本所聘请研究员，及录取研究生标准，以研究力之表现为主。表现根据，以著作、创制、发明为证。学校资格有无是其次要条件。

六、研究地点：（一）对象所在地。（二）设备充分地。（三）自设研究地。（四）合作研究地。（五）特约研究地。

七、办事处：总办事处设在重庆，另设驻桂驻港办事处。

八、中心试验：本所得设试验工厂、农场、学校及其他试验场所为研究之中心。

九、经费，本所经费来源如下：（一）委托研究费。（二）政府补助费。（三）出品收入。（四）特别捐款。

按照章程，晓庄研究所迁往重庆于1939年6月20日在北碚挂牌。在重庆设总办事处，在桂林[2]和香港设办事处。研究所研究员有李信慧[3]、王造时、王泗原、李华、戴伯韬、刘季平、吴树琴等，王省三为干事，王瑞符为总办事处主任。

---

①陶行知：《陶行知全集》第4卷，四川教育出版社，2009，第599页。原载1939年1月28日香港《立报》增刊。

②由王洞若负责。

③美国哥伦比亚大学心理学硕士，曾陪同陶行知拜谒马克思墓，并一同回国。

(二)研究项目

晓庄研究所的目的“在研究战时所发生之重要而被忽略的各种问题,以增加抗战力量。它的特点,是由专门家领导无资格的人才,专探深钩玄”[①]。根据此目的,1939年1月9日在香港拟定十项初步研究问题,后补充六项,1940年8月又制订“生活教育社晓庄研究所三十年度工作计划大纲”[②]。研究项目归纳起来有三大类内容:一是关于战时教育的研究;二是关于应用科学的研究;三是关于国产特效药的研究。

1.战时各种教育问题的研究

鉴于其宗旨,晓庄研究所的研究课题较为广泛。据陶行知1939年1月9日的工作日志所载,提交讨论的课题有21个[③],广泛涉及抗战建国问题,包括:(1)与政治、军事相关的有“兵役问题”“游击战术”“军用干粮”;(2)与宣传相关的有“音乐”“戏剧”“无线电”“电影”等;(3)与教育相关的有“伤兵教育”“难民教育”“难童教育”“壮丁教育”“战时民众教育”“游击区教育”“华侨教育”“边疆民族教育”等。[④]

此后,陶行知一方面多方筹款,另一方面开始着手组织各领域专家研究课题,如表4-9所示。

表4-9 战时教育研究细目

战时教育类型	特邀研究者
伤兵教育	汪达之
难民教育	潘一尘
兵役、难民和伤兵教育	王造时
战时普及国民教育	程今吾

①陶行知:《陶行知全集》第4卷,四川教育出版社,2009,第234页。

②陶行知:《陶行知全集》第4卷,四川教育出版社,2009,第630页。原载1940年8月10日《战时教育》1941年6卷01期。

③在1939年1月30日香港《立报》增刊上刊登的《晓庄研究所初步计划之研究问题》则有28个研究问题。

④章开沅,唐文权:《平凡的神圣——陶行知》,湖北教育出版社,1992,第397页。

续表

战时教育类型	特邀研究者
游击区教育	新安学校(汪达之)
战时建设教育	刘季平
美国输日军用材料	胡敦元(美)
兵役宣传、难童教育	陶行知

资料来源:陶行知:《陶行知全集》第8卷,四川教育出版社,2009,第493,695,466,530页;第9卷,第81页。

2.应用科学方面的研究

成立科学处,设立内燃机实验室,由研究员李华负责,后有张亚生加入,进行内燃发动机和小单位炼钢炉的改进等。

3.国产特效药研究

1939年2月27日起,与中国科学社合作研究中药问题,研制治疟治痢的特效药,经临床实验,颇为有效,其中治疟药物在防治作用上能与进口药奎宁并驾齐驱。

研究所不仅自己研究,还通过讨论会、讲座等形式,帮助更多的同志进步。后来,又着重辅导缺少学历资格而有研究能力的青年,帮助他们深造,以成为民族、国家之人才。[①]

(三)研究成果

由于陶行知及其生活教育社同人的积极努力,研究所创立仅一年有余,就取得了较好的成果,"印成学术研究专刊",可以与文教科学界人士广泛"交换意见"了。具体有:1938年12月8日在《广西日报》发布第一号报告《山洞教育》;1939年3月发布第三号报告《全国难民教育计划草案》,包括难民状况、怎样教育难民和结论三部分;1939年4月在《战时教育》4卷7期上发布第二号报告《兵役宣传之研究》,涵盖了军队、壮丁和战时民众教育等。

①金林祥,胡国枢主编:《陶行知词典》,上海百家出版社,2009,第136页。

除了三个报告外，还编辑了诸多读物：战时儿童读物五种，包括国语、音乐、戏剧、史地、图画等；战时民众读物五种，包括战时常识、战时救护、战时生产等。

关于国产特效药的研究，进行了临床实验，效果良好，出《治疟报告》，陶行知并送予孔祥熙，谓："治疟药已临床试验两百余人，除敝校及北碚民众，重庆青年会试用有效外，梁漱溟先生所办勉仁中学亦试用此药，兹将其来信附奉。弟甚望大规模制造，输送前方，以增加抗战力量。现正作预防之试验，倘有预防作用，则可与奎宁并驾齐驱。又因此药多数人一服即愈，而价钱只抵奎宁十分之一二，尤为可喜。"[①]之后提出要求，请政府拨款准予大批量生产，输至前方，以控制疟疾流行，增强抗战力量。

二、创办育才学校，推动难童教育和创造教育

育才学校是生活教育社晓庄研究所重要的事业之一，也是战时儿童保育运动的主要组成部分。因为战时的特殊环境，此一事业持续了7年之久，是生活教育运动发展的新阶段。在生活教育社第一届理事会期间，育才学校主要进行人才教育和创造教育。

（一）育才学校的创办缘起和经过

1.创办缘起

创办育才学校是陶行知1938年6月自欧美归国途中的第三愿。关于他的这个"第三愿"，他后来在《致育才之友书》中进一步指出了创办的五个动机：

第一，是爱迪生幼年生活。……爱迪生因为得到一位了解自己的贤母，所以仅仅受了三个月的学校教育，也能成为一位现代的大发明家。爱迪生幼年的故事，给了我两个深刻的印象：一是科学要从小孩学起，二是科学的幼苗要像爱迪生的母亲一样的爱护才能保全。

①陶行知：《陶行知全集》第10卷下，四川教育出版社，2009，第1092页。原载陶行知《备忘录》，35-063。

第二，是法拉第之幼年生活。法拉第……幼年是在一个书铺里做徒弟。他订书订得慢，别的徒弟到利波老板那里去告状。利波对众徒弟说："你们有所不知，法拉第是一面订书，一面吃书。书订好了，头脑也吃饱了。你们当中如果有人像他那样用功，我也就马马虎虎。"……倘使遇不着利波老板的识拔、宽容，这根科学的幼苗是早已被人摧残了。

第三，是法国的邮船上之所见。……一位四岁光景的外国小孩在甲板上跳舞，细看才知道他是配合着所开放的留声机片跳舞。……"我看了之后，下一判断，小孩之音乐天才，四岁便可测验，测验属实，便应及时培养。"

第四，是湖北临时保育院之所见。汉口沦陷前20天光景，我们看见一位害癞痢的小朋友在那儿指挥许多小朋友唱歌。我请了一位音乐家教给他音符和拍子，他三天竟能将一支不曾听过的歌用音符记录下来。一个没有音乐才干的人是三年也不见得能学会。

第五，是在重庆临时保育院里所受之感触。二十七年(1938年)十一月参观临时保育院。院长告诉我，常有达官贵人、大学教授来院选择干儿子，当着难童说：这个秃子不要，这个麻子不要，这个嘴唇缺的不要，那个长得好我要。这些失掉父母的难童于今还要受这难受的刺激，听了令人愤慨。当时我表示：我若来选，只问他有无才干，虽是秃子、麻子、缺嘴唇都要。我不要他们做干儿子，只是为民族培养人才之幼苗。[①]

串联起这五个印象，陶行知认为"几年来普及教育中的遗憾须求得补偿，选干儿子的做法，应变为培养国家民族人才幼苗的办法，不管他有什么缺陷，只要有特殊才能，我们都应该加以特殊之培养"[②]。

出于这样的动机，"在(民国)二十八年(1939年)的一天晚上正一时，我就草拟育才学校创学的计划与预算，次日即持以与赈济委员会许静仁先生协商，承许先生批准，由该会担任全部经费，我则用全部时间办学"[③]。

除了陶行知主观的"回国三愿"，其时重庆正因为国共第二次合作而具有良好的政治氛围，教育名流来往频繁，为教育家办学提供了便利。另外，由战争产生的

①陶行知：《陶行知全集》第4卷，四川教育出版社，2009，第29—30页。

②陶行知：《陶行知全集》第4卷，四川教育出版社，2009年，第378页。

③陶行知：《陶行知全集》第4卷，四川教育出版社，2009年，第31页。

大量难童为育才提供了充足的生源。“据统计，当时全国十五个省区的战时流浪儿童共有200多万人，由宋美龄担任会长的战时儿童保育总会就设在重庆，总会所辖的十几个战时儿童院，大都设在重庆附近的永川、合川、江北、璧山等县，已收容有难童二万多人。”[①]师资和生源的充足为育才学校成立提供了客观的条件。

（二）育才学校的筹创经过

在阐述了办学动机后，生活教育社重庆办事处即开始马不停蹄地筹备工作。[②]1939年1月，学校校董会在香港成立，校董会成员见表4-10：

表4-10 育才学校校董会

姓名	年龄	籍贯	职务	住址
张一麐	72	江苏吴县	国民参政会参政员	香港九龙沃口道九号四楼
许世英	66	安徽至德	赈济委员会代理委员长	香港九龙雅息士道二十号
吴涵真	45	浙江绍兴	新知出版社常务理事	香港九龙太子道二〇八号
李晋	—	浙江镇海	六河沟制铁公司经理	香港坚尼地道一三六号
陶行知	45	安徽歙县	生活教育社理事长	香港九龙太子道二〇八号
何艾龄	30	广东宝安	香港儿童保育院院长	香港德辅道四号A生记
崔载阳	45	广东增城	中山大学教育研究所主任	广州文明路中山大学
陶对庭	—	广东宝安	芳泉汽水公司总经理	安南堤岸总督芳街芳泉汽水公司
张宗麟	40	浙江绍兴	卫华出版股份有限公司秘书长	上海巨赖达路一七四号

注：“—”表示没有数据。
资料来源：陶行知：《陶行知全集》第4卷，成都：四川教育出版社，2009年，第598页。

由此表可见，校董会由政界、工商界、教育界的知名人士组成，其中董事长由国民党元老、国民参政会参政员张一麐担任。如此阵容为保证学校的社会地位和经费来源提供了有力的支撑。

①转引自孙丹年：《陶门弟子孙铭勋》，贵州教育出版社，2007，第237页。原载重庆市陶研会文史委员会暨育才中学编：《陶行知与育才学校》，2001。

②实际工作由晓庄研究所负责。陶行知曾说：“生下育才的母亲是晓庄研究所，育才不过是在研究所教育处赞助下举办的一个实验学校。”［见陶行知：《陶行知全集》第6卷，四川教育出版社，2009，第412页(英文)，第517页(中文)］

这次校董会提交了育才创办意见计划书，送达赈济委员会后，即获得许世英首肯，拨开办费48000元，经常费每月3000元；同时陶行知利用其社会影响力，积极争取社会各界的支持，尤其向宋美龄写信[1]，争取政治支持。

在获得稳定的经费后，陶行知开始全身心地投入创办工作：首先预选定校址在北碚[2]乡间草街子的古圣寺，因得到卢子英[3]的协助，校址顺利选定。随后，召集生活教育社王洞若、戴伯韬，特邀帅昌书[4]、魏东明、陆维特等得力干将共同至渝办学，于5月8日挂牌"育才学校筹备处"于北碚清凉亭，由王洞若协助陶行知制订办学计划，马侣贤负责筹募经费和租借校舍，陆维特、孙铭勋、张望等组织选拔测验组，经战时妇女指导委员会的同意，分赴战时儿童保育总会所属各保育院、教养院等，以智力测验、文化考察及特殊能力评估三个方面综合考察，择优选拔具有一定特殊才能的儿童，马侣贤和陶行知出面延请教师和员工。

同时，以育才学校校董会的名义向北碚嘉陵江三峡乡村建设实验区署报请立案，6月2日得到批复"应准立案"，并于1943年2月23日得到四川省政府批复"准予立案"。

6月拟成办学蓝图《育才学校教育纲要草案》，草案规定了育才学校的宗旨和性质。育才学校"根据中华民国教育宗旨及抗战建国需要，用生活教育之原理与方法，培养难童中之优秀儿童，使成为抗战建国之人才"[5]。

6月15日在重庆北温泉小学内召开第一次系统的筹备会议，出席的有陶行知、贺绿汀、常学墉、孙铭勋、章泯、王洞若、帅昌书、魏东明。这次会议确定了：(1)学校性质为私立，"为的是办起来比较自由"[6]；(2)组织机构：董事会下设校务会，校长下设总务、指导、研究三部和音乐、戏剧、文学、绘画、自然科学、社会

①陶行知：《陶行知全集》第8卷，四川教育出版社，2009，第433页。

②北碚是战时新兴的一个文化中心，一批迁川的高校和文化单位如复旦大学、中国科学院、国立江苏医学院等均聚居于此。因和北碚区区长卢子英的私交，陶行知决定将志愿兵役制实验首先在此进行；该区有小先生1000余人，生活教育的氛围也较浓厚，甚至随处可听到《锄头舞歌》。最终选择凤凰山上的古圣寺为校址，环境壮美幽静，较为符合陶行知对于文化、环境等的要求。

③卢子英，卢作孚之弟。草街子属于北碚峡防局管辖，峡防局的局长卢作孚与陶行知交往甚厚。卢作孚当时已经离开北碚，他将陶介绍给辖区区长、弟弟卢子英，并嘱托要尽量给予方便。

④即丁华。

⑤陶行知：《陶行知全集》第4卷，四川教育出版社，2009，第381页。

⑥陶行知：《陶行知全集》第4卷，四川教育出版社，2009，第326页。

科学六组，校长为陶行知；(3)各组指导员、学生选拔等情况。

万事俱备，1939年7月20日，私立育才学校在北温泉小学举行开学典礼，不久从北温泉迁往嘉陵江上游的草街子。开学之时，报到学生40多人，正式开课后增至71人，年底至近百人，后逐年增加，生源除了主要来自各保育机构，还招收少量本地儿童。后学校规模扩大，除了小学部，还发展了初中部，到1944年下半年，学员共计约300人。

（三）育才学校的概况

1.办学宗旨和培养目标

育才学校是战时一所培养有特殊才能儿童的难童学校。其宗旨是："根据中华民国教育宗旨及抗战建国需要，用生活教育之原理与方法，培养难童中之优秀儿童，使成为抗战建国之人才。"具体来说，即"在三民主义抗战建国纲领指导之下，教导学生团结起来，做追求真理的小学生；自觉觉人的小先生；手脑双挥的小工人；反抗侵略的小战士。"[①]

育才是以培养优秀的难童为宗旨，但绝不是像传统教育那样培养尖子儿童。陶行知为此特别做出声明，以"三个不是"来做出界定：育才不是培养小专家、不是培养人上人、不是丢掉普及教育来干这特殊教育。

育才学校所要培养的人才目标，即通过实施"知情意合一、智仁勇合一"的生活教育，培养"智仁勇"兼修的人，培养真善美的人。陶行知提出过去"智仁勇"是传统文化中的"天下之达德"，今天在抗战建国时期尤其需要智仁勇兼修的人，因为"不智而仁是懦夫之仁，不智而勇是匹夫之勇；不仁而智是狡黠之智，不仁而勇是小器之勇；不勇而智是清谈之智慧，不勇而仁是口头之仁"[②]。

2.育才学校的教师群像

育才学校的教学分设音乐、戏剧、绘画、文学、社会、自然科学六组，各组指导员都由名师或社会名流担任。重庆作为战时陪都，聚集了中国当时大部分的

①陶行知：《陶行知全集》第4卷，四川教育出版社，2009，第36页。

②陶行知：《陶行知全集》第4卷，四川教育出版社，2009，第383页。

爱国学者和社会名流，他们或与陶行知私交甚笃，或同情支持生活教育，或为支援抗战建国，受陶行知之邀，纷纷至育才任教或指导，使育才学校一时名师荟萃，群星闪耀，为育才的发展提供了强有力的人力资源。其时，育才音乐组有任光、贺绿汀、姜瑞芝、李凌、任虹、范继森等，戏剧组有戏剧家章泯、刘厚生、水华、舒强、沙蒙，舞蹈组有戴爱莲、吴晓邦、盛婕，绘画组有木刻家陈烟桥、张望、汪刃锋、许士祺、丰子恺、王琦、叶浅予、华君武等，文学组有艾青、力扬、魏东明、陆维特、徐荐等，社会组有孙铭勋、廖意林、苏永扬、屠公博等，自然科学组有孙锡洪[①]、陶宏、乐利。

除此之外，翦伯赞、田汉、何其芳、吴玉章、邓初民、周谷城、秦邦宪、萨空了、徐迟、姚雪垠、黎国荃、陆诒等社会名流到校兼课或讲学；特邀郭沫若、夏衍、曹靖华、刘白羽、周而复、周扬、邵荃麟、艾芜、戈宝权、沙汀、程今吾等参加“林间讲座”的演讲。这为育才学校培养各领域的优秀人才奠定了坚实的基础。

（四）育才学校的办学活动及特色

育才学校初创时期，国内形势平稳，又有名师执教，各项生活教育试验计划顺利进行，这一时期是育才大力进行“人才教育”的时期。按照“智仁勇”“真善美”的培养目标，校内热气腾腾，校外社会活动频繁，是育才一段朝气蓬勃的黄金时期。

1.实践集体生活教育

“育才学校全盘教育基础建筑在集体生活上”[②]，所以集体生活的成败简直可以决定育才的成败。育才学校倡导并实践集体生活教育，注重通过集体自治、集体探讨和集体创造来丰富集体生活的意义和内容。“集体自治”即用生活教育法“使大家在实行集体自治上来学习集体自治”“一方面培养自动的力量，一方面培养自觉的纪律，一方面树立宣导这力量及发挥这纪律有效而有条理的机构，使他们向着有目的的生活奔赴。”[③]“集体探讨”即学生在集体中通过“行动、观察、看书、谈论、思考”五路探讨法，追求真理。“集体创造”即学生是在集体

①原东北大学化学系主任。

②陶行知：《陶行知全集》第4卷，四川教育出版社，2009，第383页。

③陶行知：《陶行知全集》第4卷，四川教育出版社，2009，第408页。

创造上学习创造，“运用有思考的行动来产生新价值”。其主要成绩体现在育才师生对学校的共同创办上；同时，计划“从六月二十到七月二十定为集体创造月”“创造健康之堡垒、创造艺术之环境、创造生产之园地、创造学问之气候”。[①]

2.基础知识和专业知识并重

育才学校打破普通中小学按年龄分段的基础知识和专业知识分离的传统模式，开设普修课和特修课。普修课依部章进行，按学生文化程度编班，特修课按学生的特殊才能和兴趣爱好，分设音乐、戏剧、文学、绘画、社会、自然六组，各人就自身的兴趣和才能就学，使自身得到更进一步的发展；后又增设了舞蹈组和普通组。

3.开展各种社会活动，实践“宣传即教育，服务即宣传”

在校外，实践“社会即学校”的原则，学生每周一次深入社会做社会调查、开展群众工作、进行抗日宣传，育才各专业组尤其突出。如1940年12月26日，音乐组同学在贺绿汀带领下到重庆举办音乐晚会，28日在中苏文化协会继续进行音乐会，29日在国际广播电台向苏联演播儿童音乐节目。据重庆《新华日报》报道，从1940年到1946年这6年中仅在重庆就举行了14场音乐会；戏剧组常到外地公演，在没有任何导师[②]的指导下，从选剧本到演出、台前幕后等完全由学生负责，独立成功演出多场，尤其是在1940年端午节为老百姓演出《活捉日本鬼》，受到好评；社会组进行工农生活、劳资、租佃关系、人民负担等社会调查，成立“小时潮社”，出黑板报、举行时事座谈会，并用活报剧形式，在城市、集镇进行街头演出，效果甚好；自然组走向农村学习农业知识，研究从凤凰山到北温泉区域的植物与土壤，为种植业提供可靠数据，直接为农民服务；另外还开展科普宣传、通俗讲解自然科学历史等。

这些社会活动不仅推广了普及教育，而且加强了学生自身的学识素养和各种能力，真正实践了“社会即学校”的生活教育原则，更是培养了他们服务社会的精神；同时也为抗战宣传做出了贡献。

---

①陶行知：《陶行知全集》第4卷，四川教育出版社，2009，第409页。

②此时章泯、舒强等先生已经离开学校半年。

4.提倡并实践集体"新武训"精神

1940年春到1941年皖南事变后，学校的共产党员教师如艾青、贺绿汀、章泯等撤离重庆，生长发展于战火中的育才学校，不仅面临着师资缺乏的困境，还有来自当局政治上的限制，更为迫切和严重的就是经济问题。通货膨胀、物价飞涨致使经费本就捉襟见肘[①]的育才学校尽管实施各种节流办法却依然要面临"无法维持最基本的吃饭问题"的危机。

为了渡过难关，学校提倡并实践"新武训"精神，"配合新时代之需要，普及新义学，以增加抗战建国之力量"。为此必须发挥主动精神，"大家合起来做集体的武训，孳生千千万万的新武训来扶助贫苦的小朋友，取得求学机会"，同时"有财富的、有学问的、有青春的都做起新武训来督促自己慷慨出钱，督促自己认真教人，督促自己努力求学，勿须别人来苦劝"[②]。在这样的倡导下，育才学校于1942年起每年在12月都会举行隆重的武训诞辰纪念活动，又在每年4月增设育才兴学节，更是通过音乐会、画展和舞蹈等文艺形式，或印发武训画册和画像，设立纪念基金等方式，广泛宣传武训精神。在陶行知的倡导和带领下，育才学校师生争做集体的新武训，如果说这样的办学精神为育才赢得了社会的广泛支持，那么所得到的国际友人的同情、支持和捐助则在某种程度上为育才获得了"经济转机"，如美、英援华会给予经济补助和接济[③]，英国著名学者李约瑟博士和夫人也以个人的名义伸出援手。

5.实施创造教育

育才学校不仅通过"集体学习武训"迎难而上，更是通过召唤创造之神渡过难关。1941年6月20日到7月20日，学校开始实行"集体创造月""创造健康之堡垒、创造艺术之环境、创造生产之园地、创造学问之气候"[④]。全校师生即刻投入集体的创造生活，一月之后效果显著：师生共同建造了4个露天讲座，1个舞

---

①原由赈济委员会所承担的经费因通货膨胀而迅速降为只能供学校半数之用，而1941年初，当局有意切断育才财源而威胁、阻止华侨和进步人士捐款。

②陶行知：《陶行知全集》第4卷，四川教育出版社，2009，第400—401页。

③美国援华会每月补助5.8万元，这对当时的育才学校来说是一笔可观的经费。

④陶行知：《陶行知全集》第4卷，四川教育出版社，2009，第409页。

台和2个游泳池，改造图书馆，建立自然科学馆和历史地理陈列馆，艺术馆则举行了展览会。

集体创造月的成功激发了师生的创造热情和愿望，于是年8月起进入创造年活动。陶行知为此拟定了《育才学校创造年计划大纲》和《育才创造奖金办法》。创造年活动除了致力于一般学生的培养，还进行了幼年研究生和幼年干事的培养实验。学校选拔了27名幼年生，对其进行专业指导，开展专题研究。凭着“大无畏之斧”“智慧之剑”“金刚之信念和意志”三把利剑以及对“懒惰”“怯懦”和“鄙庸”三敌[①]的克服，创造之神在育才落地生根，育才的创造年开出了创造之花、结出了创造之果：幼年研究生创作出剧本4个、歌曲27支，撰写研究报告10余种，制作仪器30余件。各组一般的学生在浓厚的创造气氛中也硕果累累，各组组织不同的社团进行专题研究，他们的成果为社会所认可，并得到赞赏。其中尤以绘画、音乐、戏剧以“见习团”的名义在重庆所展示的风采最具代表性。1942年1月11日至15日，绘画组在重庆中苏文化协会举办“抗敌儿童画展”，分木刻、水彩和油画粉画等，展出作品1000余件，经由《新华日报》和《战时教育》的报道，引起社会注意，参观者络绎不绝；16日到20日，戏剧组在重庆中国电影制片厂康建堂进行儿童话剧《表》的公演，引起山城文艺界的轰动；2月14日到15日，音乐组在重庆广播大厦举行音乐演奏会，“听众不避风雪，不顾行路艰难，前来聆听演奏”[②]。

三、创办生活教育社暑期共学会，加强社员进修

生活教育社的社章中有社员进修的社务，为推进这一社务，陶行知于1939年6月17日致信卢子英区长，向区属备案在北碚举办暑期共学会，并拟邀请函。

共学会于1939年7月20日育才学校开学之日举行开学典礼，以北温泉小学为会址，持续至8月5日。共学会的学习参考书目为孙中山、蒋介石、毛泽东、杜威的著作及生活教育有关书刊，实际学习内容是战争和时局，目的是交流经

①陶行知：《陶行知全集》第4卷，四川教育出版社，2009，第4—5页。

②章开沅，唐文权：《平凡的神圣——陶行知》，湖北教育出版社，1992，第433页。

验和提高觉悟[①]；生活教育社邀请了吴玉章、邵力子、邹韬奋、沈志远、钱俊瑞、章乃器、冯玉祥、顾一樵等前来讲课。具体见下表：

表4-11　暑期讲学会日程安排

时间	人物	题目
7月22日	吴玉章	中国社会史
7月23日	顾一樵	—
7月25日	冯玉祥	抗战讲座
7月29日	邵力子	三民主义与教育
7月29日	邹韬奋	民主政治与教育
8月2日	沈志远	方法论：显微镜可以看出原子中之电子电核
8月3日	钱俊瑞	—
8月3日	章乃器	—
8月7日	白崇禧	—

注："—"表示没有数据。

资料来源：陶行知：《陶行知全集》第10卷下，四川教育出版社，2009，第962页。原载陶行知《备忘录》30-107。

从受邀嘉宾名单看，吴玉章和邵力子、钱俊瑞为中共党员，邹韬奋、顾一樵为社会名流，冯玉祥、白崇禧是政界人士，章乃器是有名的民主人士，救国会领导人之一。可见，符合陶行知一贯的主张，即抗战建国不分党派；而从讲座主题看，会员学习的内容主要是战争和时局，和时代主题紧扣。

会员共计40人，为"便于会员讲授或解决困难问题，拟住于澄江夏溪口小憩。此次研究之结果，于教界必有一番贡献"[②]。

①参考陶行知：《陶行知全集》第8卷，四川教育出版社，2009，第465页。

②《嘉陵江日报》1939-7-20。

第四节 生活教育社各地分社及其活动

一、成立分社

生活教育社成立后，为顺利推进社务进行，在条件成熟的地方设立分社。随后，陶行知在制订该社六个月[①]工作计划时，明确提出“联系并推动各地社员组织分社、共学服务团与通讯处……所在地有社员三十人以上者得组织分社，三十人以下、五人以上者，组织共学服务团；五人以下者成立通讯处”。组织分社之目的是各地社员“加强联系，增加力量以贡献国家”[②]。方法是“在集合就近可能聚在一道之社友切实从事生活教育之研究、设计与推行”[③]“应以县或互相邻近之数县为单位，一方面分别与总社直接发生关系，另一方面全省之分社可以互相发生联系，并可相约由省府所在地之分社主持之。”[④]

这项计划由陶行知“呈到教部，必须按时交卷，否则……社的本身会发生重大影响”[⑤]。因此，各地负责人纷纷积极筹设分社。

分社和通讯站设立计划如表4-12所示：

表4-12 生活教育社分社设立计划

分社所在地	负责人	分社所在地	负责人
四川	戴伯韬	鄂西	曾杞凡
浙江	潘一尘	襄樊	赵秋棻
安徽	张劲夫	山西	楼南高
上海	张宗麟(临时负责人)	贵州	戴自俺
香港	吴涵真	福州	刘琼瑶

①此处是指1940年7月1日到12月31日。

②陶行知:《陶行知全集》第9卷，四川教育出版社，2009，第82页。

③陶行知:《陶行知全集》第9卷，四川教育出版社，2009，第3页。

④陶行知:《陶行知全集》第9卷，四川教育出版社，2009，第3页。

⑤陶行知:《陶行知全集》第9卷，四川教育出版社，2009，第82页。

续表

分社所在地	负责人	分社所在地	负责人
西北	徐谷荪	甘肃	台和中
辰谿	张冀		

资料来源：陶行知：《陶行知全集》第11卷，四川教育出版社，2009，第577页。

表4-13　生活教育社通讯站设立计划

站别	负责人	站别	负责人
香港	方与严	贵州	戴自俺
西北	台和中	大别山	张劲夫
陕北	董纯才	皖南	程本海
重庆	戴伯韬	鄂西	—
鄂北	赵秋萘	浙江	潘一尘

注：“—”表示没有数据。
资料来源：陶行知：《陶行知全集》第11卷，四川教育出版社，2009，第577页。

如上表所示，各地负责人主要是原晓庄师生，他们在抗战爆发后，即在各地开展战时生活教育运动，经过筹备，各地分社一一成立。

而极有意思的是第一个公开成立的分社并不是上述表中的任何一个，而是延安分社。成立缘起为“在延安的生活教育社社员，为了研究教育理论，交换工作经验，并且帮助边区政府推行普及教育运动，特于日前发起成立生活教育社延安分社”[1]。

1940年9月15日上午9时，分社成立大会在文化俱乐部茶亭召开，到会社员22人，包括董纯才、徐一冰、林云峡、曹行、丰？谟[2]、阳玉容<桂>、韦志坚<桂>、黄新运<桂>、陈光宇、万季光、黄乃一、新安三人、王瑞符、黄曼尼、沈金泉、郭光庭、张健、张光瑜<桂>、阳素芬<桂>、杨文霞、黎明、陈佩明、蓝萍、侣朋。[3]来宾14人。首由主席董纯才报告开会意义及生活教育运动十三年来的历史，次由魏东明报告生活教育理论的要点及抗战以来生活教育社工作情形。来宾讲演有

①陶行知：《陶行知全集》第12卷，四川教育出版社，2009，第669页。原载1940年9月22日《新中华报》。

②原文不清楚。

③陶行知：《陶行知全集》第10卷，四川教育出版社，2009，第792页。

罗迈[①]、董必武、徐以新、周扬等。大会最终推选了分社理事9人、干事3人,并讨论创建了分社组织,决定分社主要工作是"发动社员研究教育理论,参加教育工作,帮助推行普及教育运动,以及与总社及各地分社交换工作经验意见"。[②]

从成立情况看,分社组织完整。在社员中,陶门弟子占了一半以上,他们大多在边区文教岗位上担任一定领导职务。

这一时期成立的分社主要社务是和总社一起推进各地的战时全面教育,并保持联系和交流。

二、分社的主要活动及其影响

各分社成立后,和总社社务推进一致,首先是开展了战时的全面教育运动。拟取两个个案[③]进行说明。

1.浙江分社活动

在诸多分社中,成立基础较好、战时教育实施充分的是浙江分社。潘一尘在历经闽南、粤东的生活教育运动之后,辗转来到浙江云和,于1938年1月任云和县长,他带领生活教育社的唐文粹、杭苇、丁赞熙等发起并推动了浙南的战时生活教育运动。具体措施有:(1)以生活教育理论为指导,围绕战时生活所需,大刀阔斧,改革县政,力图把县政府由传统的森严衙门办成一所抗战大学校;(2)举办各种训练班、推行"二五"减租、改善征兵制等,积极动员民众抗战。(3)发挥县政工队的组织力量,深入城乡,进行政治动员和民众动员;革新民众教育馆,建立抗战宣传新阵地。(4)开办小学、民众学校、云和简易师范普及战时教育。

以潘一尘为核心的浙江分社成绩显著。潘一尘曾向陶行知报告:"小学生已由百分之三十增至百分之七十;战时民校一百所,教育成人男女一万余人。工作同志捐薪创设幼稚园一所,以推进学龄前教育,创设县立简易师范一所,学

①即李维汉。

②陶行知:《陶行知全集》第12卷,四川教育出版社,2009,第669页。原载1940年9月22日《新中华报》。

③从当时的国统区和陕甘宁边区各取一个。

生一百二十名，为云和培养干部之中心机关，捐到基金学租一籍，建筑新校舍二幢，整个云和笼罩于教育空气下。”[①]通过这些举措的实施，生活教育派在云和传播了生活教育，推进了浙南的战时工作。潘一尘在给陶行知的信中总结自己在云和一年四个月的主要工作，认为在云和的工作是“生活教育之彻底实现，云和做法实甚接近”[②]。

2.延安分社活动

延安分社成立后，即组织社员研究和推广生活教育。

(1)联合延安中央研究院中国教育研究室[③]研究和推广陶行知生活教育理论

延安分社的董纯才、张健皆是教育研究室成员，经研究室决定，以董纯才为主负责研究陕甘宁边区的教育，以张健为主负责研究陶行知生活教育。张健根据自身理解和延安已有的报刊和有关书籍，初步整理出约5万字的材料，经李维汉审阅修改后打印数十份，发给该室成员再上报中央宣传部，供大家研究讨论。

1942年2月24日至26日，中央研究院中国教育研究室召开陶行知教育思想讨论会，通过讨论，大家形成了对陶行知教育思想的一致肯定。2月26日，李维汉做了总结发言——《陶行知教育思想讨论的结论稿》，对陶行知和生活教育理论如此定性：

(一)从教育看政治，陶行知在政治上经历过的路程五四前是资产阶级教育学者，五四以后有四个时期，从五四后到一九三〇年晓庄封闭年间，他幻想用乡村教育来改造中国社会。……第二时期，晓庄事件和九一八事变，刺激了他，使他开始接触政治，提出“教育是与国难赛跑”，……但他对当时的统治者，还希望以自己的温和的山海工学团式的普及教育运动去取得他们的同情。第三时期，“一二·九”尤其是第四时期“七七”以后，他有了明确的政治方向，他已经把生活

①《浙江“教育县”县长潘一尘同志来信》，《战时教育》1939年5卷03期，第22页。

②《浙江“教育县”县长潘一尘同志来信》，《战时教育》1939年5卷03期，第22页。

③此机构成立于1941年9月，是中共中央创办的第一个，也是当时延安最具权威性的教育理论研究机构。研究室主任由时任中央宣传部副部长李维汉兼任。

教育的目的，用明白而正确的词句写了出来："……一是反洋化教育，二是反传统教育，三是在半殖民地半封建的国家建立争取自由平等之教育理论与方法……"这是新民主主义的教育，也是新民主主义的政治。

（二）……陶行知教育思想的发展是循着这样的道路：杜威主义——生活教育——新民主主义政治——新民主主义教育，与其说他是从低级的生活教育到高级的生活教育，不如说他是从生活教育到新民主主义教育。没有新民主主义的政治观，不可能有新民主主义的教育观。①

而关于生活教育理论，李维汉指出其有三个基本思想：

（1）反对与生活脱离的洋化教育和传统教育，主张生活教育。

（2）反对教育和文化归小众独占，主张普及教育、大众教育和大众文化。

（3）反对为读书而读书，主张教学做合一。②

李维汉指出生活教育理论尽管还存在缺陷，其理论和方法中还有些问题需要商榷，但基本是唯物主义，因而是革命的。③若"给以必要的补充、改造和发展"，则可"当作新民主主义教育的理论和方法"。在对生活教育理论进行总结的基础上，李维汉公开号召延安开展研究和学习陶行知的活动，尤其是指出了"陶的作风是反主观主义、反宗派主义和反洋八股的，我们应该学习他"④。

（2）举行生活教育运动纪念会

分社成立后，每逢生活教育运动纪念日，即和延安文教界联合举行纪念大会。其中较为隆重的十五周年纪念。1942年3月17日，延安分社与新教育学会在延安大学礼堂联合举行纪念生活教育运动十五周年大会，出席者有中央宣传部、中央研究院中国教育研究室、边区教育厅、延安大学师范学院、边区师范、保育院等机关学校代表200余人。会议由董纯才简述生活教育运动的历史，张健介绍生活教育学说，最后分发了由新教育学会草拟的生活教育研究提纲。徐特

①陶行知：《陶行知全集》第12卷，四川教育出版社，2009，第676—678页。

②陶行知：《陶行知全集》第12卷，四川教育出版社，2009，第678页。

③陶行知：《陶行知全集》第12卷，四川教育出版社，2009，第678页。

④陶行知：《陶行知全集》第12卷，四川教育出版社，2009，第682页。

立和李维汉两人在大会的报告中,“一致号召全延教育工作同志,要虚心地热烈地来研究陶先生的学说”[①]。徐特立、范文澜还致电重庆陶行知表示祝贺。

(3)联合延安新教育学会编辑出版《行知教育论文选集》

在庆祝生活教育运动15周年之际,延安新教育学会[②]徐特立、范文澜代表该会专门致函陶行知,一则向陶行知和生活教育社表示热烈的祝贺,二则对陶行知的教育事业和教育理论表达真诚的赞赏和崇高的敬意,三则明确表示“目前本会同人正在研究生活教育的理论与实际,并决定编印先生的教育论文选集;以资宣扬生活教育的进步主张”[③]。由此可见,这是编辑《行知教育论文选集》的直接动因。

实际负责《行知教育论文选集》编辑工作的是张健。据他的回忆:

在延安,为了发展解放区的教育事业,主要是总结我们的经验,还参考国内各个教育学派的观点。我们觉得陶先生的教育思想最进步,搞农村教育,对我们帮助大。当时是中共中央宣传部管这个工作,副部长徐特立、李维汉认为陶先生的教育论文有参考价值。我当时是党中央机关的研究院教育研究室的研究员,又是陶先生的学生,所以让我编选《行知教育论文选集》。[④]

选集选取了陶行知的重要教育论文33篇,按照编年制的方式编辑成册,1943年4月在延安出版。董纯才在序言中再一次对陶行知及其生活教育理论给予肯定:

陶行知的这种教育学说,含有不少的唯物主义因素,在中国教育思想上起了很大的革命作用,对于破坏半殖民地半封建的中国旧教育与奴化教育,发生了很大的力量,同时也就是对中国新教育放下了一块奠基石。因此本会特将陶先生的重要教育论文选辑成册。以供教育界同仁研究教育之参考。[⑤]

---

①《延安庆祝生活教育社十五周年》,《解放日报》1942-3-18。

②1942年1月18日在延安成立的陕甘宁边区的教育团体,由徐特立任理事长,范文澜任副理事长。

③《延安新教育学会致函陶行知先生》,《解放日报》1942-10-9。

④朱泽甫:《陶行知年谱》,安徽教育出版社,1985,第442—443页。

⑤延安新教育学会选编:《行知教育论文选集》,大众书店,1947年,序。

选集是唯一在革命根据地编辑、出版和发行的一本陶行知教育文集；也是在战争年代革命根据地出版的唯一一本个人教育文集。出版后深受欢迎，广为传播。1947年2月曾再版，9月又由大连大众书店印行第3版。[①]

在各分社负责人的领导下，各地开展了旨趣相同、形式各异的战时生活教育运动。正如章开沅先生所说，在抗战教育进入低潮的时期，生活教育社却以不屈不挠的精神进行艰苦卓绝的战斗，巍然屹立在低沉的抗战教育空气中。分社响应总社的要求，形成一个“面”，加上总社的“一校一所”构成的“点”，点面结合，把几万、几十万人次组织到生活教育试验的网络中来，其信息之相通和声势之浩大，都是过去没有的。[②]

①金林祥：《一本在革命根据地出版的陶行知著作》，《生活教育》2007年07期，第27页。

②章开沅，唐文权：《平凡的神圣——陶行知》，湖北教育出版社，1992，第408页。

第五章

生活教育社第二届理事会及其活动

第二届理事会从1943年6月到1950年11月,持续七年。可分为两个阶段:第一阶段是第二届理事会产生到陶行知逝世。这一阶段,因深受1941年皖南事变的影响,桂林的生活教育总社遭到重创,牌子被摘,核心人员刘季平、王洞若等奔赴苏北解放区,其余社员撤到重庆,生活教育社事业缩小,社员减少,主要以育才学校、社会大学为实体,开展民主教育运动。生活教育社在艰难形势中续存。第二阶段是从陶行知逝世到中华人民共和国成立后第二年。这一阶段,因理事长陶行知的逝世严重影响了生活教育社的运行和各种事业的开展,生活教育社走向式微。

第一节　第二届理事会

1943年后抗战形势的变化以及国内民主运动的兴起和发展,促成了生活教育社第二届理事会的产生。第二届理事会修改了章程,理事、监事都有所变化,社务也转向了主要开展民主教育运动。

一、民主潮流中产生的第二届理事会

抗战全面爆发之后,曾一度被阻断的宪政之路重新被提上议事日程。为促

进全民的统一抗战,国民政府设立包括共产党、其他党派在内的参政会,并于1938年7月在武汉成立,随后召开第一届一次会议。这标志着国民党在民主政治上的一个重要进步。1939年9月,在一届四次参政会上,中共和其他党派发起"宪政运动"的提议,遭到国民党参政员的反对,引发了关于民治和党治的大辩论,陶行知在会上旗帜鲜明地赞同宪政运动。迫于压力,国民政府允诺1940年11月12日召开国民大会;另一方面却对宪政座谈会等民主运动进行蛮横的压制和取缔,次年9月又借口战时交通不便宣布国民大会延期召开。于是,这一波的民主运动维持了一年之久,因当局的镇压陷入低潮。然而,广大的民主人士并未气馁,1941年3月19日,中国民主政团同盟在重庆秘密成立,并于11月16日乘二届二次参政会开幕之际宣布公开成立,成为推动民主运动的"第三条道路"。

这一状况维持到1943年。世界反法西斯战争胜利在望,国民党的反共反民主的行为引起美国当权人物的极度关注。罗斯福总统对蒋介石提出三点"建议",在11月下旬的开罗会议上,更是要求蒋介石"在战争尚在继续进行的时期与延安方面握手,组织一个联合政府"[①]。迫于国内外的政治压力,国民党在1943年9月上旬召开的五届十一中全会上做出决议:"于战争结束一年后召集国民大会,制颁宪法。"1944年开始,民主宪政重新活跃起来。全国各地开始发起各种形式的宪政运动。

在这种形势下,陶行知开始将眼光聚焦于民主教育,并指导生活教育社及时转变工作任务,进行生活教育社第二届理事会的改选,以跟上时代潮流。只是第二届理事会的改选并未召开社员大会,而是通过通讯方式进行。生活教育社于1943年6月28日以理事长陶行知的名义发布了《关于征求修改生活教育社章程推进社务之意见函》,说明了具体情况。

敬启者 本社原拟召开社员大会,进行修正章程,改选理监事,讨论社务开展等项事宜。唯因交通阻滞,而社员又散处各地,召开社员大会实感困难。现已呈准社会部采用通讯方式,以利进行。兹将依照政府颁布非常时期人民团体

①转引自章开沅,唐文权:《平凡的神圣——陶行知》,湖北教育出版社,1992,第457页。原载伊里奥·罗斯福:《罗斯福总统见闻秘录》,春光新闻社,1947年,第154—155页。

组织法修正并呈经社会部准予备案之本社章程草案及社员名单、本届理事监事选举票、建议书各一份，随函奉上，务请于信到三日内将台端对于修改章程推进社务之意见及所投之选举票寄还重庆和平路管家巷二十八号本社驻城办事处，至为盼祷。

此致

×××先生

生活教育社理事会理事长陶行知

三十二年六月廿八日①

如此，第二届社员大会即通过通讯方式完成了社章的修改、理事会的改选以及新的社务之讨论，并"于民国三十二年十月领到社会部发给社字第一一三号人民团体立案设书"②。生活教育社进入了新的时代，开始履行新时代的使命和职责。

经第二届社员大会议决，陶行知连任理事长，选出理事陶行知、方与严、汪达之、王洞若、潘一尘、陈鹤琴、雷沛鸿、傅学文、程今吾、戴伯韬、吴涵真、操震球、戴自俺、张宗麟、邹绿芷、张西曼、安娥、马侣贤、陆静山、孙铭勋、张志让、曹孟君、田汉、许士骐、千家驹、崔载阳、陶宏共二十七人，监事冯玉祥、黄炎培、沈钧儒、邵力子、白鹏飞、李德全、徐特立、杨卫玉、李任仁共九人，候补理事五人，候补监事三人，常务理事陶行知、方与严、戴伯韬、马侣贤、许士骐共五人，常务监事冯玉祥、沈钧儒、邵力子计三人。

二、第二届理事会的变化

（一）社章修改

社章修改是此次社员大会的首要任务，对比第一届理事会所通过的章程，

①陶行知：《陶行知全集》第11卷，四川教育出版社2009，第648页。

②《生活教育社第二届理事会修改之章程》，南京晓庄学院陶行知纪念馆复印本。

可以发现最大的修改之处在于对社员的规定。

从对社员资格的表述来看：一是强调社员对社章的执行，加大对社员的规范。二是强调社员的权利和义务：

本社社员应享之权利：

(1)发言权及表决权；

(2)选举权及被选举权；

(3)在学术研究事业开展上要求本社协助权；

(4)本社所主办之社会文化服务事业之优先享受权；

(5)其他共享之权利。

本社社员应有下列之义务：

(1)遵守本社章程及决议；

(2)担任本社所指派之职务；

(3)缴纳社费(每人每年十元)；

(4)以学术或物质协助本社事业之开展；

(5)其他应尽之义务。

在社员应尽义务中，有一点引人注意，即社员应缴纳的年社费从1元增至10元，这是鉴于当时物价飞涨、为生活教育社适当增加经费之实情。然而按当时的购买力，100元法币只能买一只鸡。①可想而知，这10元社费真是杯水车薪。

三是从个人品行和职业道德、能力角度强调对理事、监事的规范。对社员加强规范，主要因为生活教育社一直以来存在的组织本身的松散以及个人主义的倾向。陶行知一再强调“我们的组织就必须民主化”“一个教育者的重要任务，是把自己和学生的成见、武断、私心、偶像心理、公式主义、教条主义从头脑里肃清出去”②以实现“觉悟之启发”，而刘季平则认为“我们社在组织方面的量

①马嘶：《20世纪中国知识分子生活状况》，北京图书馆出版社，2003，第205—206页。

②陶行知：《陶行知全集》第4卷，四川教育出版社，2009，第374页。

和质不平衡，社员数量很多，分布很广，但是社的组织仍是散漫不健全。”①这严重影响着社务的推进和生活教育社组织本身的民主化，尤其是随着民主教育运动的到来，为了发挥生活教育社更有效的作用，必须要进行个人的再教育，以此赶上民主的洪流。

（二）社员内部变化

第二届社员大会选举结果呈现了内部社员的变化。这种变化不仅表现在社员的数量上，更为重要的是理事、监事构成的变化。

表5-1　两届理事会之变化

	第一届	第二届
理事	陶行知、李任仁、邵力子、黄炎培、汪达之、刘季平、戴伯韬、吴新稼、沈钧儒、顾颉刚、雷宾南、杨东莼、张宗麟、田汉、胡兰畦、杨寅初、王洞若、尚仲衣、周月宾、陆璀、张劲夫、唐柯三、徐谷荪、方与严、林砺儒、崔载阳、徐特立、俞庆棠、潘一尘、张敬仁、孙铭勋、唐现之、蒙古族代表一人	陶行知、方与严、汪达之、王洞若、潘一尘、陈鹤琴、雷沛鸿、傅学文、程今吾、戴伯韬、吴涵真、操震球、戴自俺、张宗麟、邹绿芷、张西曼（民主人士）、安娥、马侣贤、陆静山、孙铭勋、张志让（民主进步人士）、曹孟君、田汉、许士骐、千家驹、崔载阳、陶宏
监事	邱昌渭、杜重远、吴涵真、钱新之、黄次咸、赵洪文国、任光、范长江、台和中、戴自俺、刘琼瑶、程今吾、喜饶嘉措、蔡楚生、楼南高	冯玉祥、黄炎培、沈钧儒、邵力子、白鹏飞、李德全、徐特立、杨卫玉、李任仁
常务理事	王洞若、操震球、刘季平、戴伯韬、方与严等13人为常务理事	陶行知、方与严、戴伯韬、马侣贤、许士骐
常务监事		冯玉祥、沈钧儒、邵力子

资料来源：陶行知：《陶行知全集》第11卷，成都：四川教育出版社，2009年，第579、648—649页。

上表5-1可见，理事、监事的人数都有所减少，其中原晓庄师生在理事、监事中占15人，常务理事5人皆为原晓庄师生，说明原晓庄师生仍然占据生活教

①刘季平：《我们今天的任务是奠基开路》，见《刘季平文集》，北京图书馆出版社，2002，第178页。

育社的主要职务,是核心成员和骨干;而从第二届理事构成看,较为单一,不再包含各族代表,军政界人员也不再出现;从监事成员看,广西政界要人不再担任,几乎皆为当时的民主人士。

很明显,导致这些变化的原因不外乎政治形势的变化和社务的转变。政治上,经历皖南事变,生活教育社大批进步人士或共产党员被迫撤往延安或苏北、苏中革命根据地,不宜再担任社中显眼的职务;另一方面,广西活跃的政治民主发生了转向,开始走向民主的对面,故无论从该社的发展还是对原担任该社监事的广西政界要人来说,双方都自然不会再有那样的联系。

除了政治形势的变化,随着民主运动的到来,生活教育社的社务也发生转变。理事中民主人士的大幅度增加,一则表明社务的转变,二是为即将开展的民主教育运动提供社会和人力支持,比如理事、监事中的大多数或在社会大学任教,或为社会大学开设讲座。

(三)具体社务之转变

第二届理事会的产生也标志着生活教育社社务的转变。生活教育社历经秘密成立到公开成立,社务紧随社会主题演变而变化。生活教育社的第二届理事会产生于民主的潮流中,其社务发生相应转变。这可从陶行知数次布置生活教育社的任务之阐述窥得。

1945年10月10日,陶行知在《备忘录》中记录:决定扩大征求新社员并加紧推行普及教育。①接着生活教育社发布“启事”:“……二、渝市社员曾于本年双十节开会,决定扩大征求新社员并加紧推行普及教育。望各旧社员多多介绍新社员入社,并在工作上精神上物质上响应普及教育运动。”②

1945年12月,陶行知在《生活教育社的当前任务》中提出:

> 二十世纪是人民的世纪,民主的世纪,民主的世界。民主的世界里必须有民主的中国。创造民主的中国,必须有民主教育为之前导。所以本社当前的任

①陶行知:《陶行知全集》第10卷(下),四川教育出版社,2009,第1382页。原载陶行知《备忘录》51-052。

②《生活教育社启事》:《民主教育》1945年02期,第7页。

务，是普及民主教育，教育人民在真正实行民主上学习民主。①

1946年1月20日生活教育社举行的新年午餐会结束时，陶行知指示抗战胜利后本社之工作：

过去大家是一切集中于抗战建国，消灭法西斯；现在是要一切集中于民主、团结、和平、建国，以及建立民主世界大家庭，所以必须有每人个别进行和集体进行再教育的必要！尤其是在过去每个人都或多或少沾染着法西斯细菌流毒，必须加以清洗。②

第二节　第二届理事会期间的主要活动

第二届理事会期间（陶行知逝世前），生活教育社的活动主要是发动民主教育以推进民主政治之实现。

一、续办育才学校，推动创造和民主运动

"自觉性之启发"和"创造力之提高"这一社的宗旨实践并未因育才的创造年硕果累累而停歇。进入1943年直到陶行知逝世，除了进行育才事业的扩增③

①原载1945年12月1日民主教育月刊副刊《普及教育》创刊号第3版。"普及教育计划"自1945年12月1日起至1946年11月30日止开展征求新社员十万人活动，这是作为此次活动总队长的陶行知对各分队介绍生活教育社的当前任务。

②方与严：《新年餐叙会上》，《民主教育》1946年04期，第21页。

③1944年陶行知以理事长兼育才学校校长的名义，发布《生活教育社附设渝市、渝东育才补习学校招生广告》："（一）渝市夜校设于中一路捍卫中学内及和平路管家巷二十八号，开设中、高级普通实习班次及大学国文、英语等实习班。（二）唐家沱日校设于唐家沱五里坪及唐家沱市场，开设中、高级普通实习班及初中、高中升学预备班。报名日期均自九月十五日起至九月二十九日止，报告地址同设校地址，另有招生简章，请向报名地址索取。"（见《新华日报》1944-9-20）

和计划“科学年”[①]外，育才学校主要进行了创造的民主活动。

（一）继续创造教育

“创造月”和“创造年”的成功极大地鼓舞了育才师生的创造热情和士气，继续进行创造。1943年7月21日，在育才建校四周年纪念会上，陶行知写了《创造年献诗》，10月16日又在晨会宣读《创造宣言》，提出“处处是创造之地，天天是创造之时，人人是创造之人”。既是对创造活动的总结，又是办好“科学年”活动的再动员。1942年10月16日晚音乐组举办迎接创造之神的音乐晚会；10月31日晚文学组主办了一场“诗歌朗诵晚会”；1943年4月起，音乐、绘画、戏剧再度赴渝，用他们的表演再次征服山城。

1944年育才各组继续组织各种演出活动，进行创造教育，并增加收入。9月戴爱莲到育才组织舞蹈组，创造出育才学校自己的新型舞蹈。到11月底，美国援华会拨给育才新招收100名难童的经费。经过陶行知和育才师生的艰苦奋斗，学生人数增加到了300人左右，创造教育的旗帜始终高扬。

（二）实施民主教育

在领导育才师生大力创造的同时，陶行知认识到培养儿童的创造力必须实现五大解放，即解放他们的头脑、双手、嘴巴、时间和空间。而这些又只能在民主的社会中才能得到真正的实现，“当然在不民主的环境下，创造力也有表现，那仅限于少数，而且不能充分发挥其天才”。“但如果要大量开发创造力，大量开发人矿中之创造力，只有民主才能办到……只有民主才能解放最大多数人的创造力，并且能使最大多数人之创造力发挥到最高峰。”[②]育才学校在坚持创造教育的同时，开始转向民主教育。

陶行知在《从五周年看五十周年》中明确提出“学习民主，帮助创造民主的新中国”[③]，为育才后期的发展定下基调——民主教育。抗战胜利后，沉寂的民

①在育才学校创造年取得硕果之际，陶行知又把1943年规定为育才科学年，并且勾画科学年的蓝图，包括增设新学科，扩充仪器设备，建立科学馆，添置图书资料以及编辑《育才文库》200册。

②陶行知：《陶行知全集》第4卷，四川教育出版社，2009，第451页。

③陶行知：《陶行知全集》第4卷，四川教育出版社，2009，第458页。

主运动又重新活跃起来。这阶段，育才恢复了建校初期的社会活动，创作并公演抗日方言剧《啷格办》，每周抽三天半举办群众“识字班”，后来又组织农村工学团。中共南方局还组织“青年农村工作培训班”与育才师生共同学习。1945年2月，育才学校则参与“胡世合事件”引起的游行抗议活动，直接喊出“要民主，要自由，反独裁，反专制”的口号。

1945年春，育才学校陆续搬迁到化龙桥红岩村。自此育才学校进入民主教育的高峰期，各专业组紧密联系当时的政治斗争和社会生活实际，把社会变成学校，把生活当成课堂，除基本课程外，采纳了大量形势需要的教材，采取灵活多样的形式，进行教学活动。如：社会组学习写时评；文学组请著名作家讲课；自然组开展丰富多彩的课外活动；绘画组学生努力创作；音乐组、戏剧组、舞蹈组经常进行创作，排演节目。

1946年元旦，陶行知发表《和平诗》《民主年》《联合政府年》三首诗，表达对和平民主的愿望。1月10日政治协商会议召开。育才师生先后积极参加“沧白堂集会”和在较场口举行的“陪都各界庆祝政协会议成功大会”，与国民党特务、暴徒展开面对面的斗争，坚定反内战、争民主的决心。4月8日，中共重庆谈判代表王若飞、博古、叶挺、育才学生黄晓庄等人乘飞机遇难，育才组成挽歌队，参加“追悼4·8烈士”大会。

随着政治形势的恶化，陶行知筹备将育才东迁至沪。其间，陶行知不幸逝世。育才学校于1947年5月迁往上海，留守红岩村的人员则组建了重庆分部。

（三）育才学校的影响

因着战时的特殊环境，陶行知及其生活教育社成员得以在育才学校实施长达七年的生活教育实验，充分地实践了生活教育的理论和方法，基本实现了抢救、培养难童天才幼苗和为抗战建国培养力量的教育目标，也促进了生活教育社宗旨的实现，尤其是“创造力之提高”。

1. 育才学校是当时难童公育运动的重要组成部分，陶行知称育才学校是“难童公育运动之进一步的、合乎客观需要的发展”。[①]尽管由于条件限制，无法

①陶行知：《陶行知全集》第4卷，四川教育出版社，2009，第406页。

尽善尽美，但无论对战时还是战后都做出了重要的贡献，同时也促进了中国儿童教育的发展。从短期效应看，育才学校收容特殊才能儿童并免费教养，不仅挽救了儿童生命，而且对其实施了有效教养；而对部分参战人员子女的妥善安置，使他们能无后顾之忧地上战场，间接支持了抗战；育才学校组织难童进行抗日宣传动员、慰问和帮助抗战家属，为抗战直接做出了贡献。

2. 从长远来看，育才学校则直接为社会培养了大批各领域的人才。从1939年创校到1946年陶行知逝世前，育才7年间共招收410人，据不完全统计，他们中去延安的有22人，去中原、华北、苏北、皖南、浙东、云贵等根据地的有76人，去川东华蓥山开辟革命根据地的有23人，参加《新华日报》社工作的工人，在成渝一带参加地下革命斗争的有13人，计约有1/3的学生直接参加了革命斗争[①]；其他学生在艺术、科学、文教部门大放异彩，如音乐组的陈贻鑫、杜鸣心等成为颇有造诣的音乐表演家，任教北京、上海音乐学院；此外，在农村识字小组、音乐俱乐部等处接受育才学校教育的人数达2000人。

(3)育才学校的实验促进了儿童教育的改善。它实施适应战时生活的教育，从内容上突破为教育而教育的狭隘，通过生产、科学、军事等方面的教育，培养了具备一定实用技能的人才；从方法上注重教育与生活的密切联系，注重手脑结合；同时注重发挥儿童自身的力量，改变了传统的儿童观；通过集体生活的自觉教育，培养了学生管理自己和参与公共事务治理的意识和能力，促进了教育的民主化进程。

二、创办社会大学，致力于民主教育运动

(一)社会大学创办的社会背景

生活教育社社务转向民主教育，是以陶行知个人的思想转向民主教育为指导的。陶行知从1944年也即育才办校五周年开始集中地关注民主教育。从1944年6月起连续发表关于民主与教育的若干看法：6月20日作文《让我们与

①吕长春：《育才学校的优良传统》，《陶行知研究》，湖南教育出版社，1987，第151页。

民主结婚》，10月8日作诗《民主到哪里去》（一、二、三），10月10日连续作诗《歌唱现代》《民主》《政治的盘尼西林》《言论自由》《民主第一》等，12月25日作诗《迎接民主年》；1945年4月4日发表《民主的儿童节》，5月协助中国民主同盟主编《民主》星期刊，为社会青年开设“民主星期六讲座”，发表《实施民主教育的提纲》；10月27日发表诗作《民之所好三首》；为配合民主教育，把《战时教育》更名为《民主教育》，在11月1日的《民主教育》创刊号上发表《民主》和《民主教育》；12月1日在《民主教育》第二期上发表《民主教育之普及》。1946年1月1日，提出生活教育运动的四大方针，即民主的、大众的、科学的、创造的。通过这些文章，陶行知阐述了自己的民主教育体系，尤其在《民主教育》创刊号上所发表的《民主教育》中系统阐述了其民主思想。他在其中阐述了民主教育的内涵，并提出了民主教育的内容和方法十条，这也被称为开展民主教育运动的“十大信条”[①]。陶行知提出民主教育即“教人做主人，做自己的主人，做国家的主人，做世界的主人”。和对生活教育的界定一样，他进一步借鉴美国总统林肯对民主的定义，把它引用到教育上，提出“民主教育是民有民治民享的教育”。而通俗地说，“民主教育是人民的教育，人民办的教育，为人民自己的幸福而办的教育”[②]。

在阐述了何为民主教育后，陶行知提出了十条内容和方法，摘抄如下：

（一）教育为公，以达到天下为公；全民教育，以实现全民政治。积极方面，我们要求教育机会均等……消极方面，我们反对党化教育。

（二）教人民肃清法西斯细菌，以实现真正的民主。

（三）启发觉悟性。

（四）培养创造力，以实现创造的民主和民主的创造。

（五）各尽所能，各学所需，各教所知，使大家各得其所。

（六）在民主的生活中学习民主、在争取民主的生活中学习争取民主，在创造民主的新中国的生活中学习创造民主的新中国。

（七）尽量采用简笔汉字、拉丁字母，双管齐下，以减少识字困难，使人民特

---

①倡导乡村教育运动时，曾提出《我们的信条》十八条。

②陶行知：《陶行知全信》第4卷，四川教育出版社，2009，第490页。

别是边民易于接受教育。

(八)充分运用无线电及其他近代交通工具,以缩短距离,使边远地方之人民、小孩可以加速的享受教育。

(九)民主教育应该是整个生活的教育。他应该要工以养生,学以明生,团以保生。他应该是健康、科学、艺术、劳动与民主织成之和谐的生活,即和谐的教育。

(十)承认中国是从农业文明开始过渡到工业文明,经济是极端贫穷。我们必须发现穷办法,看重穷办法,运用穷办法,以办成丰富的教育……[①]

为生活教育社确立了民主教育的指导思想后,为了推进民主教育实践,陶行知又为生活教育社提出了三个具体计划:

一是1945年9月18日发表的《全民教育——为四万万中国人民提倡民主教育的初步计划》。在这个计划中,陶行知乐观地估计了实现的可能性,即在民主的鼓舞和政府的支持下,有现成的读本和材料,有自愿提倡教育、竞相办教育等活动在全国范围内的蓬勃开展,动员全国小先生、传递先生和所有文化人的力量,则四年即可完成全部任务,即使将意外的障碍估计在内,至多也只要十年可以完全成功。整个中华民族四万万人“一旦养成学习的习惯及与他人分享知识的习惯,他们就会依靠自身的力量向前进,因而不断朝着民主方向的进步就会得到极为可靠的保证”[②]。

二是拟定了《生活教育社征求新社员办法》,以扩大生活教育运动。他指出:“本社当前的任务是普及民主教育……故拟在一年之内征集新社员10万人,计划缴集社费1000万元,事业费10000万元,设立分队1000队,每队100人,助成民主教育的迅速普及。”[③]这个方案基本是为配合第一个计划实施的。这个方案明确指出生活教育社在抗战胜利后的新使命,即投身普及民主教育的时代潮流。陶行知提出“征集10万新社员”的计划无疑是建立在生活教育社较好的民众基础和社会影响力之上的,而仅用一年的时间,则说明了陶行知意识到民主教育普及的迫切性。

①陶行知:《民主教育》,《民主教育》1945年创刊号,第1页。

②陶行知:《陶行知全集》第6卷,四川教育出版社,2009,第319页。

③陶行知:《陶行知全集》第4卷,四川教育出版社,2009,第645页。

三是社会大学运动。前两个计划“毫无掩饰地表露了一位当代中国民主教育发展规划的设计师的那种急不可待的雄心壮志”[①]，但因抗战胜利后时事局势的不乐观，使这两个计划，缺乏必要的社会现实基础，故生活教育社的重点是执行第三个可行性强的计划即创办社会大学。由此生活教育社借助社会大学这个实体开始了生活教育运动的最后一个阶段即民主教育运动。

（二）社会大学的发起和成立

陶行知曾做过一个统计：据国民政府1943年的统计，“有六万大学生，八十四万中学生”，这样只有十分之一的毕业生才能升入大学，剩下的基本被摒弃在正规大学之外。“再以年龄计算，应受高等教育失学之人，由十六岁至四十岁这二十几年当中，失学青年以每年十万计，就该有二百万人……他们有需要也有能力接受大学教育的。”此外，社会上其他青年，也有需要和接受能力，约有四百万。还不算收复区青年。而正规大学的数量远远不能满足如此规模的需求，“且大多数都无力进正规大学。”“因此，解决他们的教育问题，的确是件大事。国家应对他们负责，社会也应对他们负责。”[②]李公朴则在《怎样办社会大学》中提出，世界反法西斯的全面胜利，是世界民主势力的胜利；国内抗战的胜利和政协会议的成功，带来了和平的可能实现，人民的力量一天天强大起来，为社会大学的发展奠定了客观条件。“一个空前的需要——民主建设和普及教育的使命摆在我们的眼前。我们为了要训练一班参加创造新中国的份子，所以办社会大学。”[③]

阐释了社会大学运动的必要性同时，陶行知在理论上对社会大学做了阐述。何为社会大学？陶行知描绘了其内涵和实质：

青天是我们的圆顶，大地是我们的地板。太阳月亮是我们的读书灯，二十八宿是我们的围墙。人民创造大社会，社会变成大学堂。大学之道，在明民德，在亲民，在止于人民之幸福，是我们创学之主张。什么是民德，要目有四项：觉

①章开沅，唐文权：《平凡的神圣——陶行知》，湖北教育出版社，1992，第498页。

②陶行知：《陶行知全集》第4卷，四川教育出版社，2009，第517页。

③李公朴：《怎样办社会大学》，《民主教育》1945年04期，第5页。

悟、联合、解放，还有创造——要捣碎痛苦的地狱，创造人间的天堂。教人民做主人，不让公仆造反。为老百姓服务，不靠高调唱得响。农场、工场、会场、商场、广场、战场、娱乐场，都是我们数不尽的课堂。我们要各尽所能、各学所需、各教所知、各得其所。我们要自由、自动、自强。我们要民有、民治、民享。自己来发起，自己来筹款，自己来选校董，自己选校长。请真理做老师，学生有三百六十行。……[①]

社会大学运动有四项计划：一是为职业青年有需要却不能入学的办社会大学；二是为受地点、时空阻碍的青年办函授学校；三是为不能接受科学仪器进行科学教育的青年办电波学校；四是弥补函授和电波学校“不能直接回答与解决问题的缺陷”，办流动学校。四个计划因种种原因，只是实现了社会大学的创办。

除了客观的形势需要，抗战期间大批学者和知名人士迁居西南地区，特别是战时陪都重庆更是人文荟萃，他们构成了社大雄厚的师资和教育管理人才的基础。

在做了理论上的准备和具备人才的基础上，生活教育社等团体同时积极开展民主运动。每周六在管家巷28号育才学校驻渝办事处举办民主讲座，由当时的社会名流担当主讲，如秦邦宪讲“辩证唯物论的几个法则”，邓发讲“解放区民主政府的工业和劳工政策和欧洲职工运动”，田汉讲“西南地区的文化活动”，乔冠华讲“国内局势问题和国际局势的关系和影响”，柳湜讲“边区民主教育的新气象”，郭沫若讲“我怎么研究古代史”等。听讲座的进步青年要求能进一步组织起来系统地学习民主，遂1945年12月下旬，由生活教育社等团体发出创立社会大学的提议。这个提议很快得到中共南方局的支持，并请托陶行知和李公朴出面主办。

根据陶行知提出的“四自”精神，即“自己来发起，自己来筹款，自己来选校董，自己选校长”，经过积极紧张的筹备，并邀请冯玉祥、张澜、沈钧儒、史良、陶行知、李公朴、饶国模、任宗德、周宗琼等一众民主人士为校董，公推冯玉祥为董事长，陶行知为校长，李公朴为副校长兼教务长[②]。仅经过20多天，社大即于

①陶行知：《社会大学》，《民主教育》，1945年第4期，第1页。

②李公朴离开重庆后，由方与严继任教务长。

1946年1月15日行开学典礼，学生197名，到会嘉宾冯玉祥、张澜、沈钧儒、史良、饶国模、任宗德、周宗琼等都发表了讲话，周恩来也到会出席。学校校址设在管家巷28号，由育才匀出几间教室让社会大学分系上课使用，另外用毛竹篾席围建了一个可容纳四五百人上全校通课的“礼堂”，曰“奎堂”，同时作为育才的食堂。由此，社会大学“理所当然地被人们视为育才学校的姐妹学校”。[①]

(三)社会大学的概况

1.社会大学的办学宗旨与培养目标

陶行知提出办真正的社会大学，其条件必须“简单”，包含三个因素：热心的教授；好学而又有大学学历的失学青年；大学之道——简单易行才能普及。其中“大学之道”是社会大学的办学宗旨，是办社会大学的关键因素。具体来说，陶行知在《四书》“大学之道，在明明德，在新民，在止于至善”的基础上稍作修改，提出“大学之道，在明民德，在亲民，在止于人民之幸福”。“所谓人民的幸福，用老百姓自己的话说，便是福禄寿喜。照着人民所愿望的福禄寿喜四大幸福进行，我们的学习才于人民有益，才配称为社会大学。”[②]在社大开学典礼上，他进一步做出了解释：“要使人民头脑觉悟，自己起来做主人，自己团结起来，联合起来，要不让公仆造反，要公仆为老百姓服务，去谋求自己的解放，达到捣毁旧的、痛苦的地狱生活，创造新的世界，新的生活。这就是我们新的人民的大学之道，就是社会大学的宗旨。”从办学宗旨看，社会大学是属于人民大众的，社会大学是民主的学校。这是契合民主教育运动的宗旨的。

社会大学的培养目标是要培养既愿意接受大众领导，又能领导大众的人才。换言之，就是培养能为大众服务的人，使社会上各种人都成为对社会有用的人才。[③]

①章开沅，唐文权：《平凡的神圣——陶行知》，湖北教育出版社，1992，第498页。

②陶行知：《陶行知全集》第4卷，四川教育出版社，2009，第562页。

③参看熊明安，周洪宇：《中国近现代教育实验史》，山东教育出版社，2001，第612页。

2.教育内容与方法

围绕办学宗旨和培养目标,社大确定其教育内容为四项:智识教育、技术教育、组织教育、人格教育。智识教育注重社会科学的研究以及与社会的联系;技术教育注重学以致用;组织教育是一种新的教育内容,通过组织教育使人民有自卫能力、行政有工作效率、各种团体提高为社会服务的能力;人格教育注重革命的民主的人生观培养。四种教育中,尤以人格教育为核心。

为实现教育目的,采用的教育方法是“提倡真正的自觉纪律。要使每个同学能做到自动、自学、自问的境界。……要自动,学习兴趣才能持久而坚强,要自学才可以学到踏实而需要的学问,要自问,才能真正知道学习的进展”[①]。实行的训育方针是发扬民主精神。训育方式是“自训、自治、自审、自我批评、互相检讨,我们的态度是从一个人到一群人”[②]。

3.社大的入学招生

社大的入学资格为“只要有志于为革命学习就行”,陶行知主张来多少收多少;同时,因当时的客观环境,学生入学需要有一个政治上倾向进步的人士介绍或担保,除此要通过入学考试。考试内容包括:论文《民主世界与新中国之创造》一篇、中英文自传各一篇、口试。经过考试,第一批录取了130多名学生,后又吸收几批青年,最终入学的达到197名。其中,中小学教师58名,公务员44名,文化工作者38名,工商业人员27名,失业青年26名,在校生4名。[③]

(四)社会大学的办学活动

这所以“民主”为宗旨的社会大学在学校管理、课程设置、学校活动等诸方面都为民主运动的推进而定,无一不体现民主的特色。

---

①李公朴:《怎样办社会大学》,《民主教育》1945年04期,第7页。

②李公朴:《怎样办社会大学》,《民主教育》1945年04期,第7页。

③社大校史研究会:《重庆社会大学简史》(连载一),《重庆陶研文史》2005年01期,第12页。

1. 民主的自治管理

社大内部管理采取民主自治制度。最高决策机构是校董、校长和师生代表共同参加的联席会议。在校长领导下，从日常的教务活动安排到各项行政事务工作，都由学生自己动手，分工包干，充分当家做主，甚至教职员也由学生自治会提出。

2. 全新的学制

社大学制有三个特点：一是按学生的特长和爱好分系。第一期分政治经济、文学、教育、新闻四个系。第二期因战后单位复员和裁撤，学生流动很大，取消了教育系。二是上夜课。社大是夜大学，每天晚上四节课，时间从下午六点半到九点五十。三是修业期限。社大以四个月为一个学期，每天四节课，每课四十五分钟，一年三个学期，二年零八个月就可以结业，毕业后再实习一学期。后实际办了两期[①]。

3. 多样的课程设置

社大课程分为三类：公共必修课、各系专修课和专题讲座。公共课各系都要学习，采取上大课的方式；专修课讲授各系专业知识，分系授课；专题讲座由众多学识渊博的教授、社会名流开设，他们讲课风趣、各有特色，很受欢迎，听者有时能达到四五百人。

4. 民主人士作为师资

社会大学是民主运动的产物，由民主人士所办，在陶行知和李公朴的奔走和中共的支持下，当时重庆的许多民主人士都愿意到这所民主学校来任教。在第一期社大任教的30余名教师，不但以其阵容之强大为国内文科大学所少见，而且以其民主分量之重而为国内之冠。具体见表5-2：

①第一期因抗战胜利大量失业青年复员，故三个月就结业。

表5-2 社会大学各系专业课教师

系科	专业	教师	系科	专业	教师
政经系	经济学	许涤新	教育系	教学法	孙起孟
	现代政治问题讲话	王昆仑		普通心理	潘菽
	中国学术思想史	侯外庐		十字教育	李公朴
	哲学	罗克汀		民主教育	陶行知
	现代经济问题讲话	章乃器		生活教育	方与严
	宪法	何思敬		幼稚教育	孙铭勋
文学系	语文学	徐荇	新闻系	新闻学概论	陈翰伯
	中国文学史	宋云彬		时事分析	张友渔
	文艺思潮	杨晦		社论研究	宣谛之
	创作方法	胡风、何其芳		报馆管理	于刚
	作品选读	骆宾基、艾芜		美国新闻事业	章汉夫
	民间戏剧	黄芝冈		苏联新闻事业	潘天觉
	诗与习作	力扬			
	苏联文学	曹靖华			

资料来源:参考整理章开沅,唐文权:《平凡的神圣——陶行知》,湖北教育出版社,1992,第499—500页。

此外,担任各系公共必修课的任教者有翦伯赞讲中国通史,华岗讲中国近百年史,邓初民讲政治问题。担任专题讲座的老师有秦邦宪、邓发、田汉、乔冠华、柳湜、郭沫若、冯玉祥、沈钧儒、章伯钧等。

5.灵活的教学形式

一是举办专题讲座。即把原来生活教育社举办的周末民主讲座改为社大专题讲座,据记载,可查的有24次,内容结合当时政局和国内外时事,用学生所学基本理论分析讲解,深受学生欢迎,听众有时可达四五百人。二是实行“自学为主、教授为辅”的原则,提倡教学做合一,强调“主动、实践、集体”学习。在具体做法上,“各系均编成学习小组,实行学习互助,开展课堂讨论,进行专题研究”①。

①社大校史研究会:《重庆社会大学简史》,《重庆陶研文史》2005年04期,第37页。

6.社会大学直接参与民主运动

在陶行知和李公朴的领导下，社会大学学生成为民主运动中的一支有生力量，他们除了在学校接受普及的民主教育，还直接参加社会民主运动。比如，参与1946年2月10日较场口庆祝政协会议成功的大会的保卫工作；自治会派代表前往医院慰问在较场口大会上被殴伤的郭沫若、李公朴等民主人士，并会同其他青年团体和工人组织成立后援会，发出紧急呼吁，提出强烈抗议。

（五）社会大学的终结和影响

正如陶行知对社会大学前途的估量："假如政治民主了，政府就一定会顾虑到这一些青年，给他们以受大学教育的机会，办大学来普及这一类的高等教育的。"[①]陶行知等知名人士在当时是满怀信心的，这来自于抗战胜利后政协会的成功。而政协会的成功则被视为有一个适合于社会大学创办并大规模推广的政治环境。但这样的民主环境显然是一种假象，随后国共内战的爆发宣告了之前良好政治环境的破产，也无情地打破了民主人士的信心。因社会大学直接投入民主运动，招致当局的打击报复：教育部于2月16日训令重庆市教育局来校"视察"，3月19日视察后，即要求社大筹集基金、履行所谓立案手续，并指出社大"设备简陋"，欲以此借口阻挠社大的办学和民主运动的步伐。这显示了社大所赖以生存的开明的政治环境是虚幻的；加之李公朴、陶行知的相继离世，社会大学逐渐衰落，于1947年3月1日被查封，结束了一年又一个月短暂而又光荣的历史，印证了陶行知的论断："如果是法西斯政治，这一个学校是不可能存在。所以社会大学之前途，将来是决定于政治能否走上民主之路；或停留在法西斯主义，或真假不明的阶段。"[②]

社会大学是陶行知主导的生活教育理论的最后一个实验基地。它被誉为"具有创造性的运动……它的本身更是一种具有意义的新教育的试验"[③]。这个实验推动了当时的民主运动，并培养和造就了一批社会建设人才。

---

①陶行知：《陶行知全集》第4卷，四川教育出版社，2009，第519页。

②郭方瑜：《陶行知先生谈社会大学》，《周报》1946年36期，第18页。

③彬然：《社会大学》，《中学生》1946年128期，第2页。

三、继续成立分社，推进民主教育

1944年开始，生活教育社为响应民主运动的兴起，在民主运动的中心阵地又相继成立重庆分社和上海分社。

重庆分社成立的条件较为成熟，生活教育社自公开成立后不久，就成立了重庆办事处，创办晓庄研究所和育才学校，推动战时教育，其事业的进行尤其是育才学校的创造性教育成果极大地扩展了生活教育运动在战时陪都的影响力。在此基础上，1946年3月31日成立重庆分社，由黄次咸任理事长。

上海分社则成立于1946年5月12日，是由陶行知领导，陈鹤琴、张文郁、李楚才和上海中教联的领导层成员段力佩等积极筹建。彼时，陶行知正为和平民主在上海进行演讲宣传，而生活教育社作为鼓吹民主的进步组织已经引起当局极大的关注。这在上海分社的成立立案上可见一斑。

首由陶行知为筹备事宜而向上海社会局呈文：

为成立生活教育社上海分社的呈文[1]

窃属社同仁，本协助政府推行普及教育、服务社会之旨，于民国二十七年十二月十五日在桂林创立生活教育社总社，并蒙社会部以社字(113)号证书准予立案在案。同仁等顷复鉴于上海为中国第一都市，普及教育之研究及推行更属殷切，于上月在本市虬江路瑞和里二弄十七号进行筹备。兹者筹备工作业已就绪，定于本月十二日下午二时假本市新闸路新闸小学礼堂召开本社上海分社成立会，理合备文呈请备案，并请届时派员莅临指导。

谨呈

上海特别市社会局局长吴

生活教育社理事长陶行知呈

中华民国三十五年五月四日

①陶行知：《陶行知全集》第4卷，四川教育出版社，2009，第533页。

但此呈文并未得到社会局认可：

社会局金专员关于生活教育社上海分社成立大会情况的报告

（1946年8月12日）

奉派出席生活教育社上海分社社员大会，当曾携带应填表格面交该社负责人补办发起手续。查是日到会演讲者有黄任之、陶行知、田汉、郭沫若等，宣传“民主”言论，语多讽刺政府，讲毕即行散会，并未举行选举。时隔二月，一切手续均未遵办，特此报告，签请鉴核。

专员　金×日呈[1]

两周后，上海社会局又给出批复（1946年8月24日）：

全街批市社（35）组一字第17767号

批生活教育社

卅五年五月七日呈一件为成立上海分社请派员出席由。

呈悉。查该社所请成立上海分社，事前未经依法申请组织，而召开大会时亦未依法选举，该分社未便认为成立，仰即知照。

此批

局长　吴××

副局长　李××[2]

尽管并未获准成立，但为推行民主，分社成立势在必行。1946年5月12日召开成立大会，陈鹤琴当选为理事长，张文郁和余之介为副理事长。在成立大会上陶行知发表《生活教育创造史》的演讲，并积极发展社员。

上海分社成立后，主要开展民主教育运动，原定以筹办社会大学为主要社务。由于政治形势的恶化，未能正规开办，遂迂回采取举办不定期的专题讲座

①陶行知：《陶行知全集》第4卷，四川教育出版社，2009，第533—534页。

②陶行知：《陶行知全集》第4卷，四川教育出版社，2009，第534页。

的方式，先后邀请郭沫若、吴晗、黄炎培等知名学者进行专题演讲，吸收社员。据张文郁回忆："一九四六年五、六月间，曾借上海私立储能中学，私立大任小学等校的校舍，组织了几次讲演，郭沫若、吴晗、黄炎培、沈体兰等曾来做过几次专题讲演。陶行知自己也做过一次题为《民主教育》的专题讲演。"[①]后随着社员的增多[②]，应其要求，决定开办"生活教育社社员暑期进修班"，作为社会大学的一个环节。陶行知亲自草拟了30个讲课老师的名单交给段力佩，并对张文郁说："今天，教育者的第一任务在促进民主，扩大教育影响就是扩大民主运动的影响！生活教育的发展应该归结为民主教育。"[③]暑期进修班于1946年7月25日开学，本期待着陶行知来做演讲的学员们却等来了陶行知逝世的噩耗。此后，虽然暑期进修班按时进行，但因陶行知的逝世以及生活教育社工作整体的停滞而逐渐停滞。

此外，陶行知曾于1946年3月27日致信陶宏，嘱其"即日邀社友(以留蓉半年以上者为基本)筹备、成立"[④]，以筹建成都分社。

此后，到1949年7月，经统计生活教育社各地分社概况见表5-3：

表5-3 生活教育社分社及小组概况

分社/小组	社员人数	负责人
上海分社	四百人以上	戴伯韬、马侣贤、余之介、陆静山、李楚材、段力佩、张文郁、杨大戈、方明、李解、杨乃挺、闵克勤、沈增善、俞文华、陶晓光诸位理事
南京分社	一百余人	吴树琴、陈鹤琴、姚文采、汪达之、王琳、蒋靖宇、胡同炳诸位理事
重庆分社	近二百人	黄次咸、孙铭勋、张再为、郭以实、赵义熙诸位理事
厦门分社	三百余人	刘心村、蓝九盛、林光辉诸位理事
歙县分社	约五十人	方怀毅、汪已文等分社理事
北京分社	约二百人	袁翰青、陈兆衡、陶宏诸位理事
香港分社	约五六十人	麦前、李秋生、李超伦、刘士伟诸位分社理事

①张文郁：《临危不惧生命不息——怀念陶行知先生在上海的最后几个月》，《重庆陶研文史》2016年02期，第45页。

②1946年6月达到200余人。

③张文郁：《临危不惧生命不息——怀念陶行知先生在上海的最后几个月》，《重庆陶研文史》2016年02期，第45页。

④陶行知：《陶行知全集》第9卷，四川教育出版社，2009，第459页。

续表

分社/小组	社员人数	负责人
武进小组	约五十人	臧其吉、曹吉人等社员
无锡小组	约四五十人	潘一尘、庞仲英、陈绍成、糜仲照等社员
杭州小组	约二三十人	罗韬等社员
成都小组	约五十人	易铁夫等社员
广州小组	约五十人	杨乔、李秋生、梁实之等社员
南宁小组	约三十人	刘文景等社员
东北小组	约二三十人	董纯才、杜济川
兰州小组	约二三十人	李友梅、台和中等社员
安庆小组	约二十人	操震球理事
广德小组	约二三十人	周瑞铨、黄绍璋等社员

资料来源:方与严:《陶行知先生四周年祭》,见《方与严教育文集:陶行知及其生活教育》,成都:四川教育出版社,1995年,第1578—1579页。

上表中所示,到1949年7月生活教育社社员人数在1700人左右,各地分社和小组主要由原晓庄学生负责。在陶行知逝世前后,较为活跃的是上海。陶行知逝世前一个月在上海进行民主活动,进行了100场演讲,加之育才学校主体迁沪,上海成为生活教育社活动的中心。后因陶行知的逝世和时事的变化,上海分社以及其他分社到1950年基本停止了活动。

四、编辑发行《民主教育》和副刊《普及教育》

为推行民主教育,生活教育社把《战时教育》改名为《民主教育》,刊登陶行知、邓初民、翦伯赞、李公朴等民主人士关于民主教育和民主的言论、各地民主教育的实践等;并于1945年11月增发副刊《普及教育》。

(一)《民主教育》的创办和宗旨

《民主教育》创刊于1945年11月1日,编辑兼出版社为生活教育社晓庄研究所,总经售为生活书店。刊物前身为《战时教育》,但因“现在战争结束,原名已不通用,而目前民主政治的运动,又达到一个空前的高潮,故改名为《民主教育》,以为促进民主政治之实现而服务”[1]。故生活教育社于1945年11月1日将《战时教育》改成《民主教育》。共出刊六期。陶行知在创刊号上著文《民主教育》,指明了创刊的指导思想,也阐发了生活教育社关于这一问题的理论纲领。故此刊宗旨即通过发起民主教育以促进民主政治之实现。

(二)《民主教育》的编辑组织

《民主教育》由生活教育社晓庄研究所编辑发行,陶行知自然任主编,第6期主编是李公朴。根据第6期版权页的介绍,该刊的编委会由下列成员组成:

表5-4 《民主教育》的编委会

编委会成员	简介
方与严	生活教育社常务理事,社会大学副校长兼生活教育系教授
孙铭勋	生活教育社第一届理事,育才学校、社会大学教师,曾任《战时教育》编辑
力扬	浙江青田人,艺术工作者,1942年,由周恩来介绍到育才学校任文学组主任,后任社会大学兼职教师,主讲《诗与写作》课程
涵淳	—
杨大戈	又名杨明远,1944年入育才任小学部教师,生活教育社干事
操震球	生活教育社理事,中国民主同盟会会员
陆静山	生活教育社社员,育才学校教师,新知书店编辑

注:“—”表示无数据。
资料来源:《民主教育》1946年06期,版权页。

在编委会7人中,有4人即方与严、孙铭勋、操震球、陆静山是由始至终参加生活教育运动的原晓庄师生,且都有编辑刊物的经验,尤其陆静山还是桂林新知书店编辑,这为《民主教育》提供了一支较为成熟的编辑团队。本刊的作者群数量上不是很多,主要由生活教育社核心成员和部分社会民主人士如邓初民、翦伯赞、李公朴等组成。

①《本刊启事》:《民主教育》,1945年11月创刊号。

（三）主要栏目及特色

《民主教育》在创刊启事中指明，“凡有关教育而又有助于民主政治之理论、方法、方案、材料、评介、报道、翻译等等，均所欢迎”。按照征稿启事，每一期栏目并不固定，在六期中，唯有第2、第3期有较为丰富的栏目，包括“行知衔谈”“短评”“论著”“方法”“时评”“翻译”“报道”“书评”“诗歌”等，其中“行知衔谈”“短评”为固定栏目。第5期、第6期（特大号）是为纪念生活教育运动十九周年所发的专刊，第5期主要刊发“教师和学校”的文字，第6期同时为纪念儿童节所刊发。除各栏目外，《民主教育》每期封面刊登一副“木刻”画，或描写民众生活，如第1期的“播种”、第4期的“讲租”，或记录生活教学做，如第2期的“修理纺车教学做”、第4期的“冬学”，或描述对民主前途的向往，如第3期的“旭光”。《民主教育》从实际刊登的内容上说，第1期注重民主理论的阐发，后几期关注民主教育的实验和具体实施方案、材料等。

1.传播民主教育理念

主要由“行知衔谈”“论著”等栏目刊发相应文章。相应篇目有陶行知的《民主教育》《民主教育之普及》《大众的艺术》《社会大学》《值得我们学习的一件事》。其中刊发在创刊号上的《民主教育》，是该刊的指导思想。陶行知在其中阐述了民主教育的内涵，并提出了民主教育的内容和方法十条，也被称为开展民主教育运动的“十大信条”。

陶行知以外，还刊载了知名民主人士关于民主的理论。如翦伯赞在第1期的《人类的尊严与教育的自由》中，从人类文化历史的角度即教育的自由事关人类的尊严，阐述了政治民主和教育民主的重要性。邓初民[①]在第1期的《民主政治与民主教育》中分析了有什么样的政治，就有什么样的教育，因而重要的是何为民主政治问题而非何为民主教育问题，只有搞清楚目前中国需要什么样的民主政治，才能出现什么样的民主教育。后又在第2期的《论读书宗旨》中指出，在民主社会，读书的宗旨应该是做人：从生存来说，做人要“做生产的人”，即读自然科学

①邓初民，民盟中央委员，著名社会科学家，马克思主义政治学说的积极宣传者，1949年9月任山西省政府主席兼山西大学校长。

的书而了解自然、征服自然，维持生命的存续；从社会界而言，做人要“做社会的人”，即人应有社会性，故要读社会科学的书，做到“有己有人，推己及人”。

《民主教育》除了刊登国内知名民主人士关于民主的言论和观点，第3期的“翻译”栏目还向国人介绍并传播了世界民主国家的思想家、教育家的论著，包括罗素的《建立世界大学的提议》、麦定斯基的《卢梭——民主教育的前辈》和美·M·C伊利奥特的《民主社会里的教育功能》。

2.提供民主教育的方法和材料

这是《民主教育》的重要任务，也是普及民主教育运动中民众所急需的。

孙铭勋在第2期的《解放武训先生》中提出，推进民主运动、实施民主教育要“解放武训先生”。孙铭勋主张在争取民主的新时代里，不仅应该学武训行乞办学的个人行为，更应该把认清阻碍普通民众接受教育、建设团结和平民主的联合政府的根源所在，从而把武训“从个人的、异行的、单纯识字的、讽刺呼号的圈子里解放出来”，扩大到广大的民众中去，“成为每一个人都应做能做而且应该享受的普及教育的工作”。

张元在第2期的《集体自觉的考试方法》中介绍了一种新的考试方法。文章指出，要实行民主教育，考试方法急需改革。改革首先应确认考试的目的和原则：考试的目的在于“考试与复习一致、教师与学生一致、每个人对于这门功课更深一层的了解”，在此目的的基础上，考试应以“集体自我的教育”为原则，故具体的方针即“以小组为单位来讨论、来钻研，要每人完成自己的学习，完成自己的考试”。

农民教育是普及民主教育的重要一环，如何普及？办好识字班是其中一种方法，而使用的读物是办好识字班的关键。铁马在第2期的《为老百姓写课本》中提出“唯一的一条路子是自己动手编写”，进而又提出了编写读物首先需要对农民的实际生活、需求和农民的意识形态表现（苦恼、欢喜、希望等）等做实际调查研究，在此基础上选取与他们有关的事物和采撷农民的生活经验为内容、用农民熟悉的语言和口吻编成课文。

贝聿在第4期论述了《中学国文的教学》。他提出国文课程的教材不仅限于有形的教科书和进步的书刊，而且要注重“无形的教材——宇宙人生、社会现实”等。在使用的工具上，提倡使用口语文体，用现代的语言来写作。在具体的教学中,强调教师只是充当引导和启发的角色,以此解放学生的思想,使他们能够自由地表达自己的思想和情感,养成正确的人生观和价值观。

除了提供有关方法外,《民主教育》还在第3期刊登童话《老公鸡》,在第6期儿童节专号上刊登"儿童文学",如幼童故事《猴子变成人》、儿童生活研究《办家家酒》、儿童歌舞剧《莫把小孩看不起》,这些材料深得教师和儿童喜爱。

3.讨论民主教育中的各类教育问题

(1)民主的教师和学生。方与严在第5期分析了《民主的教师》的特征。他提出民主的教师是"跟着民主政治、民主教育而产生的,是为儿童和青年服务、为人民大众服务的勤务员"。徐平在《关于小学教育》中阐述了在民主政治尚未实现的前提下,"小学教员应该适应当前的情况从五方面来改善我们的努力":一是教好书、和同事相处融洽、"和校长搞得好",二是要"儿童化",三在教学方法上要奉行教人者教己、"立己而达人"、教学做合一,四是依据学生的身心发展阶段特点而坚持因材施教,五是要注意在儿童精神状态最好的时候"乘火打铁",这是"在一切教学方法中,最重要的事情"。

(2)民主的大学教育。作为研究专门学术和培养专门人才的大学教育,关系整个社会文化的向上发展和社会的价值导向,它是民主教育运动的重要部分,自然也引起极大的关注。海风在第6期《略论中国当前的大学教育》中全方位地披露了专制制度下大学教育的状况和显露的流弊。他认为政治上的不民主和专制主义决定了教育上的不民主,整个大学为行政官僚作风所掌控,学术独立和自由成为空谈,教授没有发表言论的自由,学生沦为麻木不仁、不学无术、没有批判精神的奴才。在分析的基础上,海风提出了改善大学教育的建议,认为最关键的是培养民主精神、民主作风,去行政化,"由教授和学生共同治校"。

(3)民主的国民教育。霞杲在第4期针对国民教育的现状,发出《救救国民教育》的呼声。他揭露了战后国民教育的弊端:国民学校的数目名不符实,政治上的腐败风气渗透到了学校,教师无论是学术还是道德皆不合格,学生"学非所用、用未能学",教师待遇差、工资少还拖欠,学生被迫上课,因而心不在焉。为此,他除了呼吁为"救救国民教育"而群策群力外,还从教育的作风、形式、目标、内容、方法等方面提出了一些民主的"急救的原则"。

(4)民主的艺术教育。钱风在第1期的《"艺术教育"需要武装》中提出真正的艺术教育栽培的艺术工作者应该"都能成为一面反映现实最真实的放大镜",如此艺术工作者不仅需要才能的锻炼,更需要思想的武装。这样,才能使艺术"面向大众、引导着大众,走向急了的民主世界去"。陶行知在第3期的《大众的艺术》中则以生活教育运动"民主的、大众的、科学的、创造的"四大方针为基础,认为艺术教育应用"大众的尺度来衡量",为此他作了一首诗《为百姓而画》:"为老百姓而画。到老百姓的队伍里去画,跟老百姓学画。教老百姓学画。画老百姓。……将老百姓的智慧启蒙,刺激每一个老百姓的创造力,创造出老百姓所愿意有的新天下。"

(5)民主的儿童教育。抗战胜利后,随着民主协商会议的召开,正值战后第一个儿童节,《民主教育》于第6期刊发了儿童节特刊。陶行知、孙铭勋等都发表了主张,阐述儿童民主教育。陶行知在《值得我们学习的一件事》中引用张雪岩先生所讲述的一件事,即美国小孩向罗斯福总统请愿并获得了答复和问题的解决,意欲说明美国儿童所具备的民主意识:"她知道政府之存在,是为了她的幸福,并且是为了执行人民的民意。"他由此来呼吁要解放儿童,社会各界要至少保障儿童的四大自由,同时号召政府认清其职责,即为儿童谋幸福。

孙铭勋在《用什么来纪念儿童节?》中提出儿童节的意义即在于使人重视儿童,重视儿童就需要解放儿童。

4.介绍民主教育实践

民主教育不是空谈,更需要实践,来向民众论证民主教育的可能性和希望。若斯在第1期介绍了《实践民主教学的成果》;瑞中在第6期《我们的儿童教育》中介绍了"中小"的儿童教育实践;章北荒在第5期介绍了《怎样改造一个学校》;阿亚在第5期介绍了一所极具民主作风的学校《一所试验小学》;著名民主人士、时任社大副校长的李公朴则在第6期总结了社大两月来的经验,他称为《民主教育的初步实践》。来自小学校的两位教师分别以自身的经历从正、反两个方面阐述了民主教育及其教师,戈大杨在第5期发表了《俯首甘为孺子牛——一位小学教师的自白》,而绿嘉则在第5期讲述了《我初次做教师的感觉和遭遇》。

和传播民主教育理论一样,《民主教育》不仅关注国内民主教育实践,同时把目光转向世界,尤其是向国人介绍其他国家的理念和经验做法,以资借鉴。岳峻在第1期记录了列奥诺伐介绍的《苏联中学校的任务》,陶宏则在第3期介绍了《苏联的科学》。

(四)《民主教育》的特点及效果

随着国内政治形势的恶化和李公朴先生的去世,陶行知为民主运动奔波于南京、上海,《民主教育》只出刊六期,到1946年4月1日即终止了。作为生活教育社的社刊,《民主教育》配合该社的民主教育运动,无论从封面的木刻、还是从刊登的文字和撰稿的作者看,期刊整体上民主氛围浓厚。较之前的《生活教育》和《战时教育》,形式上更为严肃,内容上更为沉重,不再明显地表现大众性,读者偏向于教育工作者。

虽然只出版了六期,但它对民主教育的理论传播和实践介绍,为民主教育运动的开展做好了舆论准备,提供了一些方法和材料,它也是生活教育社事业——社会大学的宣传媒介,在一定程度上促进了民主教育的发展、推进了民主的进程。同时因刊期短、政治形势的恶化等原因,《民主教育》也存在问题。根据陶行知所提出的在民主教育运动时期应更注重向大众的普及,但《民主教育》却缺乏大众化取向;柳湜则曾对《民主教育》提出如下意见:"这刊物最大的缺点是触及当前全国教育的中心问题太少,对反动教育少批评,对大、中、小学教育当前存在的黑暗少暴露,因此,没有吸引更广大的教育工作者参加讨论,只限于我们社友这小圈子内。"[①]这个意见道出了部分实情,但这却关系到《民主教育》的生存,如果真按柳湜所提议的那样去做,也许它的生命会更短暂。

除了《民主教育》外,生活教育社还创办了一个副刊《普及教育》,是为推行普及教育,纪念武训先生诞辰107周年而创办。据相关统计,到1946年1月就印了10000份。[②]但因资料失佚难寻,就不能详述了。

---

①陶行知:《陶行知全集》第4卷,四川教育出版社,2009,第684页。原载1946年《解放日报》。

②陶行知:《陶行知全集》第9卷,四川教育出版社,2009,第443页。

第三节 陶行知逝世对生活教育社的影响

一、陶行知逝世及其影响

第二届理事会期间最大的变故是理事长陶行知的骤然离世。1946年7月25日,正全力为中国的民主运动而奔走呼号的陶行知,突发脑溢血,溘然长逝。他的突然离世,对于其妻其子而言是痛失亲人;对于中国的民主运动而言是少了一位重要的民主斗士;对于前途未卜的中国教育而言是失去了一位殚精竭虑的启蒙者;而对于生活教育社及其成员而言,则是失去了精神领袖和事业导师,意味着他所领导的自觉的生活教育运动即将落下帷幕。这对生活教育社的存在和发展而言无疑是个沉痛而致命的打击。

1.生活教育社的成员失去了精神导师

对生活教育社社员,尤其是以晓庄师生为核心的成员来说,陶行知之于他们几乎有着超乎常人的吸引力。从陶行知创办晓庄、发动生活教育运动开始,他们中的很多人就是受到陶行知的感召而追随他,如操震球、程本海、方与严等,他们为之或放弃大有前途的学业、或放弃良好的职业,或举家投入晓庄。其后在生活教育运动的不断深入中,他们亲眼目睹陶行知为教育和社会改造鞠躬尽瘁、死而后已,从而更为这种博爱、奉献的精神所折服;而和陶行知一起并肩战斗,则使得这种精神感召力愈加强烈,陶行知逐渐成为他们精神上当之无愧的领袖。他们都服膺于他的领导,并且在生活教育运动中愈益感受到自身之于大众解放、民族发展的价值,从此更为坚定地追随陶行知、不惧艰难地从事生活教育运动。即使后期有诸多学生加入中国共产党,但并无碍于陶行知对他们精神上的影响。因此,陶行知的逝世对他们而言几乎是精神寄托的崩溃。

在陶行知逝世后盛大的纪念活动、铺天盖地的纪念文章[①]中,生活教育社的

①据统计,1946年7月25日陶行知逝世到1951年5月,有关陶行知生平、事迹的文章有26篇,缅怀陶行知的文章207篇,其他学习、研究陶行知的文章120余篇,相关著作20种。(见金林祥主编:《20世纪陶行知研究》,上海教育出版社,2005,第82页。)

核心成员们籍此表达了纯粹的、诚挚的纪念之情。他们怀着崇敬而沉痛的心情发表唁电，如生活教育社唁电："三十年来，陶师为劳苦大众教育及中国之民主和平而奋斗，富贵不能淫，贫贱不能移，威武不能屈，其伟大精神已深永镌刻于千万人民大众之心头。"[①]

除了情感上的悲痛、精神上的打击外，陶行知的逝世对生活教育社的整体和未来发展，也造成了无法弥补的损失。

2.生活教育社的整体发展失去了方向上的指引

正如生活教育社在悼文中所言"我们的社、我们的学校，我们的事业正在展开，正在都需要你的有智慧和有毅力的舵手，来支持和指导，你万不可死！而今你竟死了！我们是悲痛万分！"[②]在《生活教育通讯》复刊词中言"我们从事生活教育同仁，失去了这一位渊博而伟大的导师，犹如行舟而失去了有经验有远见的舵手，而感到茫茫失据"[③]。纵观生活教育社所倡导的生活教育运动，虽然历史很明确地表明，生活教育运动绝对不是陶行知的个人秀，而是生活教育者共同奋斗的成果。但不可否认的是陶行知作为生活教育运动的总设计师、总导师在其中的至关重要、不可取代的作用。

在生活教育运动的发展过程中，陶行知根据时代变化不断提出新命题，从而赋予生活教育运动新的时代使命和内涵，为生活教育运动指导方向、设计方案。从乡村教育、普及教育、国难教育、战时教育、全面教育到民主教育，都是以陶行知的设计作为行动实施的指导；并且在此过程中，陶行知展现了其作为一个一流教育家的创造性品格和能力，发明了艺友制、小先生制、少年研究生制等一系列天才式的具体方法。无怪乎陈鹤琴说："只要我们看看他办晓庄学校的精神，就可以知道他的个性喜实干，是任何其他教育家所不及的。……陶先生具有特异的思想，'小先生''教学做合一''学校与社会打成一片'……所有这一切，没有一样不表现出他的伟大创造力与特异的思想……"[④]纵观陶的一生，陈

①陶行知纪念委员会编辑：《陶行知纪念文集》，四川人民出版社，1982，第650页。

②金林祥主编：《20世纪陶行知研究》，上海教育出版社，2005，第578页。

③生活教育社编：《生活教育通讯》新第一期，第1版。

④陶行知：《陶行知全集》第12卷，四川教育出版社，2009年，第748；原载1947年9月江西《生活教育》四卷七、八期。该刊1941年1月创刊，陈鹤琴任主编。

鹤琴的评论显然是中肯的。陶行知的逝世无疑使他们失去了事业发展的方向。生活教育社该何去何从，充满了不确定性。

而和生活教育运动相伴相生的，则是重要的生活教育理论。生活教育理论的创始人是陶行知，他把杜威的“教育即生活、学校即社会、从做中学”引入对中国教育事业的改造中，经过晓庄的乡村教育实践，逐步发现杜威学说的不适合性，遂把其理论“翻了半个筋斗”，在晓庄的寅会上发表系列演讲，逐步形成了生活教育理论雏形；孕育并发展于生活教育实践中的生活教育理论一旦形成，又成为生活教育运动的重要指导。此后，在此理论指导下，生活教育社相继发动了普及教育、国难教育、战时教育、全面教育和民主教育等运动。在此过程中，生活教育理论又进一步得到发展，他大部分的学生对它进行了解释、贯彻、试验，如方与严、王洞若等，也有部分学生如刘季平等则对这一理论进行了一定程度的批判和反思，而陶行知则展现了他作为一名真正的自由主义者的宽大胸怀，欢迎各方对生活教育的批评和探讨，并吸取有益意见对理论进行修正，使之始终成为生活教育社的主导学说，成为实现生活教育社宗旨“自觉性之启发，创造力之培养，教育之普及，及生活之提高”的“最合理最有效之新教育原理与方法”。随着陶行知的逝世，这一主导学说的发展不再有一个引领者，尤其是1949年以后，新民主主义成为统一教育界的主导思想，而生活教育社的诸多骨干从思想上开始转向，生活教育理论逐渐黯淡，到批判《武训传》则归于终止。

3.生活教育社的发展失去了有力的经费支撑

对生活教育社的运作和事业的发展而言，陶行知逝世之后，最大的现实问题是经费的筹募变得更为艰难。如李刚所说：“陶行知之所以能以清白一书生在没有强大经济的支持下办起学校、运转一个全国性的生活教育社，是和他的社会关系网络分不开的。”[①]陶行知从留学开始，到回国参加教育事业的改进，尤其是在中华教育改进社任干事并主持四届年会，这一系列的经历和教育实践为他积累了巨大的社会声望，并成为一种重要的社会资本。而在晓庄创办以后，陶行知已经在构建以自己为中心的社会关系网络来服务于自己的事业。这些人要么是陶行知的至交好友，要么是同情生活教育社事业者，要么是仰慕钦佩陶

①李刚：《历史与范型：陶行知研究的知识社会学考察》，东北师范大学出版社，2006，第172页。

行知的个人风格者。他们为其事业的开展提供了重要的经济和人脉上的助力。

以育才学校为例,在政治的压迫、经济的困窘下,学校难以为继,正是依靠陶行知强大的社会关系网络,才从社会上筹募到相当的经费。通过对陶行知的《备忘录》和《陶行知全集》8、9卷中陶行知的书信考察发现,他为了给育才办学筹款,利用自己的社会关系网络,包括在战后所拥有的国民参政员身份,先后写50余封信,以争取人、财、物的支持。在陶行知的努力下,育才获得了战时儿童保育会、育才之友、美国援华会、社会名流等的捐助,度过了育才办学最艰难的时期。

这些重要的经济和人脉助力随着陶行知的逝世而大大削弱,尽管陶行知的影响尚在,但已不可同日而语,生活教育事业的发展在经济上受到重创。

二、生活教育社活动的余声

陶行知逝世后,社内由方与严代理事长,社务推进由潘一尘负责,程本海为总干事。主要开展系列纪念活动:

1. 复刊《生活教育通讯》。从1947年1月15日始至1948年3月15日止,共出版8期,其中因印刷费大涨,第二三、四五六七采用了合辑的形式。复刊后的《生活教育通讯》主要刊登各种纪念陶行知的活动、陶行知关于民主教育的遗著、社员动态、该社发展计划等。

2. 分别于晓庄、上海开展生活教育运动二十、二十一周年纪念活动,以社刊为载体,发表二十、二十一周年纪念特刊。

3. 由陆静山等在重庆创办行知小学、许士祺在安徽筹创歙县义务行知小学,一为纪念陶行知,二为继续推行生活教育;由晓庄校友在晓庄筹设陶行知纪念馆。而在上海纪念生活教育运动二十一周年召开的座谈会上,虽然议决了几件要务:续编社报、征收社员费、设立服务部以加强各地社员联系,[①]但终因各种原因未能得以实施。到1950年,生活教育社的活动基本停滞。

①《生活教育社举行座谈会》,《生活教育通讯》1948年新第八期,第二版。

第六章

生活教育社的终结及其历史贡献

生活教育社是中国20世纪独树一帜的民间教育社团。以1927年3月15日晓庄学校的成立为实际社史的开端，1938年12月15日在桂林公开成立，到1950年11月结束，历时20余年。它以生活教育理论为指导所发动的生活教育运动推进了中国教育现代化的进程。

第一节　生活教育社的尾声和终结

陶行知逝世后，生活教育社的发展导向、运作都受到了不可估量的影响。尽管其学生仍然坚守岗位，推行生活教育运动，但陶行知的离世和政治形势的恶化，都导致生活教育社不复往日之貌。

1947年5月，生活教育社随育才学校本部迁往上海。育才学校顾问委员会主席陈鹤琴、校务主任方与严主持生活教育社社务。尽管在纪念生活教育运动二十一周年的《展望生活教育前途》中，社员们都表示要继承陶行知的遗志，把各项事业继续开展下去。如潘一尘说："我们不能以为环境不良，人的力量不足，甚至于推诿到陶行知先生故世，失去领导，因之徘徊不前，彷徨无主！事实上在陶行知先生故世以后，生活教育的事业，由于集体领导，分工合作，反而较以前进展更迅速，阵容更充实。……"[①]很显然，这前一句表达了骨干社员们主

①潘一尘：《展望生活教育前途》，《生活教育通讯》1948年新八期，第一版。

观的愿望,而后一句则显然有主观夸大之嫌。此时,总社的骨干、各地社员基本都在忙于纪念活动,或忙于发表纪念性的文章,或整理陶行知遗著;而对其他社员以及分社来说,陶行知的逝世对于本就松散的组织无疑是雪上加霜,社员间少有的共同联系被割断,社员间的联系更加稀少。该社的各项事业处于迟滞状态:社刊《民主教育》在出版六期后于1946年4月停刊;社会大学随着李公朴、陶行知的先后辞世,仅存在了一年一个月即停办;而育才学校本部迁址上海,留守红岩村的人员组建了分部,百废待兴。

骨干社员们虽也提出各种活动规划,如潘一尘提出八点建议:

一、为着继续不断地研究生活教育之理论的体系以及其他促使人类进步的科学,我们需要把晓庄研究所,改为晓庄文教研究所,推举所长,聘请国内外专家,共同分任专题研究。二、充实育才学校内容,厘定试验课程,普遍地供给各地学校新教材。三、在上海市区办一中小学,运用生活教育原理,试验教育部所订课程与育才学校,做一比较研究。四、恢复南京晓庄学校。五、在沪京锡苏杭粤桂津渝汉已有生活教育基础之地,特约学校做试验据点。六、陶氏全集应以最迅速最实在的办法编印。七、拟定生活教育推行五年计划大纲。八、为了联系各地生活教育同志,并加强组织起见,应即恢复"生活教育"刊物。[①]

这些建议,在1949年前基本没有得到落实。这事实上意味着生活教育社之活动已经终结。

随着中华人民共和国的成立,指导生活教育运动的生活教育理论之命运也发生了变化。生活教育社的骨干如刘季平、戴伯韬、方与严等开始转向主要研究马列主义和毛泽东思想。

本社自去年十月间,由旅京理事提议,征得了上海、南京等处理事同意,决定迁于人民的首都——北京,以便就近接受中国共产党及中华人民共和国中央人民政府的领导,并号召本社社员,加强马列主义、毛泽东思想的理论学习:马

①潘一尘:《展望生活教育前途》,《生活教育通讯》1948年新八期,第一版。

列主义是放之四海而皆准的普遍真理，毛泽东思想是马列主义的普遍真理与中国革命实践结合，指导中国人民解放斗争取得伟大胜利的最高原则。所以本社社员必须加强马列主义和毛泽东思想的学习，以提高社员的理论水平和政治水平，使我们的行动不致迷失方向，永远为人民服务，永远走向胜利，加强新民主主义教育政策的学习和教育业务的学习，学习明了教育政策，就可以把握着为谁而教育——为工、农大众开门的教育方针，学习精通业务，就可能站在每一个教育工作岗位上，把每一个人的教育工作做得好，做得更好，在每一件教育工作中起积极作用，起典型作用。要求每一个分社的任务：在领导当地的社员的研究和学习，并协助本社或分社主办的，以及社员个人在当地之教育事业。①

于是，生活教育社的活动之终结和主导学说源自内部的"叛离"，生活教育社已名存实亡。

而到1950年，吕长春提供的一份材料则显示了生活教育社及其事业的最终归途。兹录原信内容如下：

震叔、杭苇、其吉同志：昨接中央人民政府政务院文化教育委员会秘书长胡乔木同志为处理本社及陶故理事长行知先生所遗留的教育事业问题，上周总理信的复写稿一件，原文如次：

周总理：

关于晓庄师范、育才学校及生活教育社问题的处理意见如下：

一、南京晓庄师范：应予恢复，同意教育部所拟由华东教育部举办，并委托南京市教育局领导，其具体办法由中央教育部与华东教育部洽商决定。

二、上海、重庆育才学校，为陶行知先生手创事业，应妥予照顾。二校均可改为市立，由上海、重庆市教育局分别领导。上海育才学校房屋困难，请上海市教育局予以解决。教育部拟改该校为市立行知幼年艺术专科学校，与现行专科学校规程不合，应由教育部与上海市教育局共洽商用适当名称或仍用原名。重庆育才学校发生倒屋死伤学生情事，应由教育部调查并防止再有类似事件发生。

①生活教育社编：《陶行知先生四周年祭》下集，新北京出版社，1950，第415页。

三、陶行知先生之教育主张，应由教育工作者自由研究，无须中央发布指示；陶先生如在世，他一定会同意中央目前之教育方针。生活教育社同仁只要努力执行目前中央教育方针，也即是继承陶先生的遗志。至于陶先生创办之教育事业，应由国家来维持。因此，生活教育社在北京设立实际的办事处，可无必要。至于需否设一名义于某一适当机关，则可由生活教育社同仁自行决定。

上述意见已由邵荃麟同志和方与严同志谈过，邵、方均已同意，当否，请即核示，以便送办，并请方转告田汉、汪达之等同志。

敬礼

胡乔木 十一月十二日

总理批示：同意所提一切意见，即交文委办理。十一、一六

专此奉达，即希鉴照。

方与严 谨启

一九五〇年十一月十八日[①]

注：震叔即盛震叔，1950年任上海市教育局中层领导干部；杭苇任上海市教育局中教处长；臧其吉时任上海育才学校总务主任。三人都是生活教育社社员。

从上述信中可见，一是生活教育理论为新民主主义教育所取代，无须独立研究；二是生活教育社之事业得以恢复，但纳入中华人民共和国的正规教育体制之内，生活教育社作为一个社团已无存在必要。自此，当时已名存实亡的生活教育社终结了。20年来为中国教育殚精竭虑的生活教育社由此消失。

第二节 生活教育社的基本特征

在对生活教育社20余年来历史的梳理基础上，基本可以总结和概括出生活教育社的性质和基本特征。

①吕长春：《方与严致信盛震叔三同志转告周恩来总理批示》，《重庆陶研文史》2004年04期，第108页。

一、生活教育社的性质

关于生活教育社的性质，陶行知及刘季平、张宗麟都曾做过描述，可以视为代表性的观点。刘季平认为：

生活教育社是一个教育界的大家庭。它是教育思想者的团体，又是教育运动者之团体，又是教育工作者之团体，又是培养教师的团体，又是一般人学习生活和知能的团体，又是一个共同生活体。它应该是大众化的，大家共同生活；它应该是工厂化的，大家分工合作；它应该是学校化的，大家互教共学。①

对于刘季平的观点，陶行知认为“季平同志说得好”，并做了补充：

我对这些话都同意，只是培养教师的团体要改为教师进修的团体，并且互教共学之下要加即知即传。传统学校化是不够的，我们必须即知即传才能跳出自己的小篱笆。其实，整个生活教育社应该是一个大的工学团。办教育是我们的工；研究问题是我们的学；共同过有组织的生活是我们的团。为此，我们自己的组织就必须民主化。不但总社要民主化的组织，而且分社、共学服务团的组织都得民主化。②

张宗麟也做过类似描述：

生活教育社不是一个政治的团体，也绝对尊重每一个社员的不同信仰(国贼与保皇党除外)。生活教育社只是一群争取实现生活教育的朋友的家庭和母校，共同为着争取新中国的自由幸福独立的教育政治(也就是生活教育的)教育方法而结合起来的。……③

---

①陶行知：《陶行知全集》第4卷，四川教育出版社，2009，第304页。

②陶行知：《陶行知全集》第4卷，四川教育出版社，2009，第304页。

③《张宗麟先生访问记》，《学习杂志》1941年5卷01期，第27页。

由此可见，生活教育社的性质可解读为：

1. 它是生活教育者志同道合的集合体

无论是公开成立前的组织还是公开成立时的组织，对会员或社员的资格规定，共同的、也是最基本的即“赞同生活教育理论”，在此前提下，“同志者入会，无地方关系，即不以地为限制，千里之外，声应气求”[①]。这种自由的集合有利有弊，最大的利在于可以广泛地征求社员，扩大社的规模和力量；弊却在于因社员天南海北，加上战时的特殊环境，社员缺乏约束和指导，导致社的组织呈现松散性。刘季平指出：“我们最薄弱的地方在哪儿呢？在社内发展的不平衡：第一，我们在组织方面的量和质不平衡。社员数量很多，分布很广，但是社的组织仍是散漫不健全。……”[②]无独有偶，生活教育社另一位社员田汉在上海生活教育社分社成立大会上，“坦直地指出了‘生活教育社’过去的散漫和某些个人主义的缺憾”[③]。

2. 它是研究、贯彻、试验生活教育思想的无形学院，是一个学术共同体

它所倡导的生活教育运动孕育了生活教育理论，同时又是对生活教育理论的实践和研究。在这个共同体中，有亲缘性的研究成员，即以原晓庄师生为核心的研究群体；有规范的共同体组织；以及在“探讨最合理最有效之新教育原理与方法，促进自觉性之启发，创造力之培养，教育之普及，及生活之提高”这一共同目标下进行的生活教育运动及其研究。

3. 它是一个政治和文化学术组织的混合体

从文化学术性讲，生活教育社作为一个教育社团，它有明确的目的指向性，即以试验、推广生活教育为事业中心。另一方面，从教育和政治的关系看，生活教育社又受到政治影响。表现为：

①陆尔奎：《论教育会之性质》，《教育杂志》1909年09期，第113页。

②刘季平：《我们今天的任务是奠基开路》，见《刘季平文集》，北京图书馆出版社，2002，第178页。

③胡晓风，金成林：《二人集》，四川教育出版社，2013，第729页。

(1)生活教育社成立后,即成为国共双方监察、拉拢的对象

生活教育社公开成立后,一方面,国民党社会部于1939年2月22日向广西省党部发出渝字第2359号密函"……对于该社活动,应请随时予以密切之指导,并应极力策动党员参加该社工作,以增强党的领导力量"。当年8月,"中统"从上海获取情报,香港救国会派人联络,召开上海救国会干部会议,谈及陶行知和生活教育社在群众中颇有影响,"众对胡愈之、陶行知还有极大希望,今后须亟力拥护胡、陶二人",并"要推广生活教育社"。社会部立即做出批注,"查该社分子复杂,组织发展极速,出版之《战时教育》亦颇为左倾",遂密函广西省党部:"至组织党团一项,原为利用核心组织,以争取其领导权,可由贵会就近酌情处理。"[①]又于次年以"最速件""密电"分致福建和浙江省党部,要其"设法限制"生活教育社设立分社之事。[②]

另一方面,中国共产党方面却对其青睐有加。1940年10月30日中共中央宣传部发布《中共中央宣传部关于向全国教育界各小派别小团体推广统一战线工作的批示》,《批示》肯定了生活教育社的地位和广泛的影响,认为"生活教育社是小资产阶级的革命民主派,有许多前进的青年和革命知识分子参加在里面,他们今天的教育活动可以说是为民族民主革命为大众服务的"。因此,它"是新民主主义教育的亲近朋友。""对生活教育派,要亲密的同他们合作……对于实际能够参加教育界活动的党员和干部,必须注意使他们能够长期的保持自己的活动地位。"[③]其后育才学校和重庆社会大学的创办充分地说明了这点。

(2)从生活教育社实际从事的生活教育运动看,其核心成员中中共党员的人数委实不少,包括刘季平、张宗麟、戴伯韬、陆维特、董纯才、张健、徐明清、程今吾等,他们一方面作为陶行知的学生开展生活教育运动;另一重身份却是中共党员在生活教育社各组织和实体如晓庄学校、山海工学团、国难教育社、抗战教育研究会、育才学校、社会大学包括生活教育社中都有中共组织,他们在组织中或多或少担任一定职务,能够适当地利用生活教育社组织进行地下活动,难免使生活教育社又具有政治性色彩。

---

①摘自1939年10月23日国民党中央执行委员会社会部文稿(原件存南京第二历史档案馆)。

②比如,1939年到1941年间,刘琼瑶和张文郁在筹建福建分社时,遭到取缔和镇压,同时被捕,关押在福建省青年训导营达十个月之久。

③陶行知:《陶行知全集》第12卷,成都:四川教育出版社,2009年,第670—672页。

二、基本特征

以上对生活教育社性质的分析也可概括出它的特征。

1.教育组织的民主性

作为民国时期的教育社团,生活教育社在组织上具有民主主义的现代特征。根据历史学者王尔敏的判断,中国近现代之“学会”符合六大现代属性:(1)具有整体结构之活动有机体;(2)有专门旨趣之表征;(3)循一定规章明定权利义务与活动范围;(4)以选举组成领导之首脑中枢;(5)有会费年费特捐之负担;(6)作机关发行报章书刊。[①]从这六点来判断,生活教育社完全符合,这是1915年新文化运动尤其是五四运动后民主主义在教育中的体现。生活教育社组织上的理事制、职员产生方式、社员大会的合议制以及社员在所发起的生活教育运动中的行动都洋溢着鲜明的时代精神,展现了陶行知等人的民主诉求。

2.具有强烈的目的指向性

按照教育社团的划分,生活教育社是“目的之会”[②],即志在解决教育中某一种急需解决的问题,其目的是“探讨最合理最有效之新教育原理与方法,促进自觉性之启发,创造力之培养,教育之普及,及生活之提高”。

3.集研究和实践于一体,以实践为主

生活教育社指向教育问题之解决,谋求生活教育事业的推行。要推广,就要有研究。生活教育事业在推行的过程中,不断地研究、发展生活教育理论,同时其理论又反过来指导生活教育运动的开展,完整地再现了“行—知—行”的轨迹。

以上三点是生活教育社作为民国教育社团之一的共同特征,除此之外,它还具有自身独特之处,使之在民国教育社团中独树一帜。

---

①王尔敏:《清季学会》,见方豪主编:《云五社会科学大辞典·历史学》,台湾商务印书馆,1973,第179页。

②参看张礼永:《教育建设的第三条道路——民国时期教育研究组织之探析》,华东师范大学博士论文,2011,第214—216页。

1.兼具学术性与大众性

如上所述，生活教育社业有专攻，它所独具的生活教育理论，以及此理论之分支如幼稚教育、乡村教育、普及教育、难童教育等都体现了其学术性的一面。同时，从其社章看，它又是以实际生活为切入点，表明了它必须和大众相近。从生活教育运动来看，晓庄学校的各项乡村改造事业、科学普及教育、小先生运动、大众教育、民主普及教育都着眼于大众的生活需要。

2.通过教育改进实现社会改进

生活教育社尽管以生活教育事业为目的，这仅仅是教育上的目的，它要突破为教育而教育的狭小圈子。陶行知早在1916年就提出“余今生之唯一目的在于经由教育而非经由军事革命创造一民主国家”[1]，所以教育是手段，真正的目的是通过教育改进实现社会改进。正如刘季平对生活教育社使命的概括：对人类的使命、对中国的使命、对教育的使命、对本身岗位的使命。[2]可见，这四重使命的排列是一个比一个小，但从具体实践上来说却是一个比一个重要，反向层层递进。

第三节 生活教育社的历史影响

中国教育的现代化进程是追求并实现教育的科学化、民主化和普及化的过程。在此过程中，教育社团以其理论研究和实践成为重要的推手。在民国时期众多的民间教育社团中，生活教育社不能算是影响最大的，但却是独树一帜的。陶行知于1939年总结了生活教育社所进行的十二年生活教育运动历史，他认为生活教育社正在做三件事：一是反洋化教育；二是反传统教育；三是在半殖民地半封建的国家建立争取自由平等之教育理论与方法。[3]我们解读一下，即生

①陶行知：《陶行知全集》第6卷，四川教育出版社，2009，第456页。

②刘季平：《论生活教育同志的使命》，见《刘季平文集》，北京图书馆出版社，2002，第180页。

③陶行知：《陶行知全集》第4卷，四川教育出版社，2009，第301页。

活教育社在批判洋化、传统教育的基础上创立了生活教育学说，基本上遵循并部分地实现了生活教育社社章对其宗旨的阐述“探讨最合理最有效之新教育原理与方法，促进自觉性之启发，创造力之培养，教育之普及，及生活之提高”。立足于生活教育社的主事者陶行知的个人活动及精神、生活教育学说和所进行的生活教育运动，可以说生活教育社在20世纪20年代后中国社会的变迁和教育的现代化转型中产生了深刻而广泛的影响，这种影响不仅表现在国内，甚至也辐射到了国外。

（一）生活教育社推进了中国教育现代化的进程

1.生活教育社所主导的历时20余年的生活教育运动首先在实践上推动了教育的发展

生活教育社以其实际行动促进了乡村教育、普及教育、民众教育、社会教育、科学教育、幼稚教育和女子教育、师范教育、职业教育等教育事业的发展。以中国教育现代化进程的特征为参照，生活教育社所进行的生活教育运动实质上起到了推动作用。

（1）生活教育社从晓庄学校的实验开始，就重视科学教育的重要性。比如1928年确立晓庄的三大方针之一即实现生活的科学化，还在中国科学社的协助下成立晓庄科学社进行科学教育，并且陶行知本人因对科学教育事业所做的贡献，被上海圣约翰大学授予“荣誉科学博士”学位。30年代初，生活教育社发起“科学下嫁运动”，创立儿童科学通讯学校，出版“科学活页指导丛书”，在《生活教育》杂志上介绍“科学新知”。这些实践尽管在近代科学事业上不是主流，但却极大地推动了科学知识的普及。

（2）从社团本身而言，所采用的理事制组织结构体现出的责权明确、社团工作人员的选举原则、社员大会为最高权力机关的运作机制，无不体现民主化的原则。就生活教育运动而言，陶行知曾对日本记者小野三郎言：我自己潜心于中国的民主教育，从实践第一天开始，已经经过了三十个春秋。[①]由此可见，总

①陶行知：《陶行知全集》第4卷，四川教育出版社，2009，第687页。

体而言生活教育运动，在某种角度上即是民主教育运动；从其不同的阶段而言，生活教育社所倡导的最后一个阶段的运动即民主教育运动，创办育才学校与社会大学，推行民主运动；从生活教育运动各个阶段的具体实验而言，无论是学校的组织、运作都体现民主的作风，比如各学校所倡导的学生自治等民主原则。故从这些方面看，生活教育社促进了教育的民主化。

(3)从生活教育社推行的生活教育运动而言，20世纪30年代开始倡导普及教育运动，包括科学下嫁运动、小先生制的施行，都是为推进教育的普及，实现教育为公，把知识变成像空气一样，人人都能呼吸到。从整个生活教育运动而言，正如陶行知在《普及教育运动小史》中总结的：无论是提倡平民教育、乡村教育还是劳苦大众的教育，都只有一个中心问题，即“如何使教育普及，如何使没有机会受教育的人可以得到他们所需要的教育”。包括之后进入国难、抗战时期，生活教育社的任务就是要用教育来唤醒大众，即把战时所需知识普及给大众，使他们能共赴国难；民主教育运动时期，实行新的大学之道：明民德，亲民，止于大众之幸福，唤醒大众在争取民主的生活中去获得民主。故又可以说，生活教育社推进了教育的普及。

2. 在理论上，生活教育社的主导学说生活教育理论为反传统、反洋化的教育提供了“药方”

在对当时教育危机的批判和现代教育的重建中做出了重要的贡献。生活教育是对教育和生活、社会和学校关系的重新厘定，主张生活即教育、社会即学校、教学做合一，此为其对教育改革最重要的理论价值，是其产生深远影响的条件之一。

第一，它促进了教育观念的变革。传统教育的“人上人”“劳心者治人，劳力者治于人”“为读书而读书”的教育目的观受到冲击，“在劳力上劳心”“教育为公”“全民教育”“普及教育”等逐渐为世人所知，尤其启蒙了大众。

第二，变革教育内容。生活教育主张生活即教育，所以教育的内容不再仅仅是脱离实际社会生活的书本所呈现出来的，而是更注重实用化和生活化。尤其在抗战时表现更加鲜明，在全面抗战时期，需要发动全面教育，过抗战的生活才是受抗战的教育。这是生活教育在抗战时期现实有效性的表现。

第三，更新教育方法。实施教学做合一，战时实施集体主义的自我教育，突破了灌输、讲授、填鸭式的方法，创造性地为实践的教育方法开辟了一条新路。

第四，改变教学形式。因主张社会即学校，故突破了制度化的学校教育以课堂为中心的局限，社会的一切场所皆可以成为教育的场所，比如马路、弄堂、田间、工厂、店铺、监狱、战场等，只要存在大众需要教育的地方，就是教育需要开赴的前线。

在此，需要一提的是生活教育社对中国现代教育变革的影响不仅局限在国民党领导的地区，它的理论和实践做法也受到中共领导的抗日根据地的青睐。表现在：

第一，中共上层对陶行知及其生活教育的肯定和赞赏。首先是受到中共最高领导人毛泽东的重视。1939年8月29日，毛泽东在延安地区小学教师暑期训练班结业典礼上发表讲话，在《抗战教育与小学教育》演讲中指出：

在抗战教育中，“知行合一”是一件大事。教育家陶行知先生就是搞这一套的，他提倡生活教育，把教的学的做的都统一起来。这在马克思主义说来，就是理论与实践的统一。理论就是“知”，实践就是“行”。……现在我们教科书中还缺乏一部分，就是生活教育，就是讲怎样吃饭，怎样生活，讲大米、小米、养牛喂猪等等。我们的教科书就要讲这些东西，这一套就是马克思主义。……真正做到理论与实际联合起来，这就是抗战教育的知行合一。[①]

毛泽东对陶行知及其生活教育理论的肯定奠定了边区讨论陶行知及其教育事业、教育思想的基调。毛泽东明确指示南方局，“对生活教育社人员加以联络”，鼓励他们赴苏北新四军抗日根据地办教育文化事业，或参加苏北的政权工作和民意机关工作。[②]1940年10月20日中共中央宣传部发布《中央宣传部关于向全国教育界各小派别小团体推广统一战线工作的指示》[③]，把生活教育社作为

①毛泽东：《抗战教育与小学教员》，《重庆陶研文史》，2003年第一期，第6页。

②《毛泽东关于争取民族资产阶级问题致周恩来、叶剑英电》（1940年10月14日），《中共中央抗日民族统一战线文件选编》（下册），档案出版社，1986，第475页。

③陶行知：《陶行知全集》第12卷，成都：四川教育出版社，2009年，第670—672页。原引自《中共中央抗日民族统一战线文件选编》（下册），档案出版社，1986，第479页。

中共在教育界各社团推广统一战线的第一号争取对象。

此外，中共早期的其他领导人也表达了对陶行知及其生活教育的重视，如李维汉、徐特立、董必武、吴玉章、谢觉哉等。陶行知早年和他们都有往来。其中，最早的是李维汉。陶行知创办晓庄学校时，李维汉任中共江苏省委常委兼组织部长、代理书记、省委书记等职，直接领导过以刘焕宗[①]为书记的中共晓庄支部，参与领导晓庄被查封后共产党员的紧急疏散、撤离和救援工作。1942年2月24日到2月26日，中央研究院中国教育研究室专门召开讨论陶行知教育思想的研究会，李维汉做了总结发言，高度评价陶行知及其生活教育，认为只要稍加补充、修改，即可以作为新民主主义教育；而后公开号召延安学习和研究陶行知。

论及对陶行知的推重则首推徐特立。徐特立曾在多种场合、多次撰文推重、介绍陶行知及其生活教育学说。他曾说："我不是他的学生，但我常尊敬他为师，我与故旧通信，署名常署'师陶'。"[②]1939年夏，时任中共中央宣传部副部长的徐特立到桂林做报告，第一天谈马克思主义哲学，第二天谈陶行知生活教育。他介绍延安搞扫盲教育，小先生制是一个有效办法；还说，将来革命胜利后，陶行知能当教育部部长。[③]1942年3月15日，在延安《解放日报》上撰写社论，提出生活教育是从中国实际情况出发的，针对中国的病症下药，因而是实际的，又是革命的。这种精神值得我们学习。他希望"生活教育社诸君在我们边区发挥晓庄师范的精神，上海工作团的精神，而不是只念陶行知的著作"。并要求边区的教育工作者不要脱离生活，而应该结合边区实际和生活环境，"实现生活中教育"[④]。

1939年3月15日，董必武出席在重庆举行的生活教育社十二周年纪念大会，他作为来宾发言，指出陕甘宁边区教育"基本上是和陶先生的办法相同"[⑤]。生活教育运动十六周年纪念会上，吴玉章强调边区教育存在缺陷，"原因是教育与生活、与社会脱离了关系"[⑥]。谢觉哉认为"生活教育运动，是摧毁旧社会堡垒

①即刘季平。

②徐特立：《再论我们怎样学习》，延安《解放日报》1942-4-1。

③胡愈之：《关于教育问题的一封信》，《群言》1985年创刊号，第16页。

④徐特立：《生活教育社十五周年》，《解放日报》1942-3-15。

⑤胡愈之：《关于教育问题的一封信》，《群言》1985年创刊号。

⑥《解放日报》1943-3-19。

一支有力军队。……应该研究陶先生的教育学说在各抗日根据地实验，为'百年树人'之计，同时也希望在大后方的进步教育不畏艰难地做，总也可造成一部分力量"[①]。1944年，为纪念生活教育十七周年，徐特立、柳湜特联名召集了边区国民教育座谈会。徐特立在致辞中指出"陶先生的精神是'面向群众，实事求是'"，柳湜说"陶先生的作风是浓厚的实际精神""边区发扬他的精神，就要从边区实际出发，来办边区人民的教育"。生活教育十八周年纪念之际，边区主席林伯渠到会讲话，肯定生活教育运动18年来的功绩，大会并通过决定写信慰问陶行知。

在这些基础上，生活教育理论在陕甘宁边区被研究和推广。一是由生活教育社在延安的社员成立延安分社研究和宣传生活教育；二是中央研究院中国教育研究室专门召开讨论陶行知教育思想的研讨会；三是延安新教育学会和延安分社联合编辑出版了《行知教育论文选集》；四是《新华日报》和《解放日报》对生活教育社进行了持续性报道。

在实践上，边区教育部门积极借鉴生活教育理论进行教育改革。主要是推行小先生制和教学做合一等方法改变文盲多、底子薄的状况。1938年陕甘宁边区制定《国防教育的方针与实施办法》中，明确规定"采用小先生制"；而在1942年边区政府所颁布的《关于整理边区各直属学校的决定》中，则规定："要教学做合一，所教所学都应是要用要做的。"[②]除了陕甘宁边区，在中共领导的华中、苏中等根据地，运用生活教育理论普及教育，大致也采用此方法。

中华人民共和国成立后，1950年7月为纪念陶行知逝世四周年，《人民教育》杂志发表社论赞扬生活教育社：

> 生活教育社能够不是一个空头的学术团体，能够吸住那样多的青年教育工作者，能够成为一个革命团体，除开陶先生的教育思想的革命性质以及中国共产党的支持援助以外，那就是陶先生的那种实际精神。他是一时一刻也不放松"行"的。因此他能创造出丰富的经验。[③]

①陶行知：《陶行知全集》第12卷，四川教育出版社，2009，第655—656页；原载《谢觉哉日记》。

②转引自章开沅，唐文权：《平凡的神圣——陶行知》，湖北教育出版社，1992，第410页。

③陶行知：《陶行知全集》12卷，四川教育出版社，2009，第754页；原载《人民教育》1卷4期，1950年7月出版。

（二）生活教育社对周边国家教育的影响

生活教育社不仅推进了中国教育现代化的进程，随着生活教育学说的发展和各种媒介作用的发挥，从20世纪30年代起，生活教育的影响还辐射到了国外，尤其在东南亚国家产生了一定的影响。

从生活教育学说及其实践而言，日本教育最早受到影响。比如1935年，日本教育改革家户冢廉、牧泽伊平等人创办《生活学校》杂志，牧泽伊平在创刊号上介绍陶行知的"小先生运动"，同年6月，他又在《教育》杂志上发表译文《中华民国的"小先生"普及教育运动》，数年后，在《训导生活》上发表《中国的生活教育运动》。除了教育界人士，日本新闻界也对陶行知作了不少报道。在印度，甘地介绍生活教育社所进行的大众教育运动。在印度尼西亚，晓庄学校的学生徐松石以生活教育思想创办苏东中学。在缅甸，缅华教师联合会通过举办教师假期学习会，一方面号召教师学习陶行知"捧着一颗心来，不带半根草去"的奉献精神，另一方面在方法上则要求学校贯彻"即知即传"的"小先生制"。在菲律宾，爱国华侨暨洪光学校校长杨静桐积极推行生活教育，发展"育才之友"，"并给育才学校以经济资助"[①]。在此需要特别说明的是生活教育社在国外的影响主要是仰仗陶行知的个人贡献和生活教育的若干有效做法、经验，尽管这是生活教育社发生影响的途径，但同时也说明了作为一个社团其组织力量的薄弱。

（三）生活教育社直接为大众和社会发展服务

生活教育社倡导生活教育运动，通过乡村教育、普及教育，区域性地改造了乡村社会和乡村生活，提高了农民的基本素质和能力，在一定程度上解决了农民的生活和生产需要。尤其是在战时，国难教育运动和战时教育运动直接为抗战做出了贡献：在沦陷区组建战时服务团参与战后援救；生活教育社的许多社员直接走上战场，参加抗战，陶行知在《生活教育运动十三周年纪念报告同志书》里总结"本社社友五百余人在江南一带工作，据最近报告，在过去一年中已经殉国者有四十余人"[②]；育才学校收容难童，为解决前线战士的后顾之忧做出

①董宝良，周洪宇：《中国近代教育思潮和教育流派》，人民教育出版社，1997，第567—568页。

②陶行知：《陶行知全集》第4卷，四川教育出版社，2009，第372页。

了贡献;抗战后,促进民主宪政运动,加强了民众对民主的认识、发展了其民主能力。

作为民国时期的民间教育社团,生活教育社是中国教育由传统向现代转型过程中的产物。它兴起于20世纪20年代中后期,盛于20世纪30、40年代,随着陶行知的逝世而由盛转衰,到1950年11月终结。在20余年中,生活教育社创设并不断发展生活教育理论,以之为指导对乡村教育、幼稚教育、普及教育、战时教育和民主教育等进行了有益的探索和实践,发明了艺友制、小先生制等极具实效性的教育方法,始终以"探讨最合理最有效之新教育原理与方法,促进自觉性之启发,创造力之培养,教育之普及,及生活之提高"为宗旨,为建设中国教育,促进中国教育的现代化而不断努力。从客观来看,民国时期政局动荡、战火纷飞,生活教育社的发展及其对社会的贡献始终受到经费、社会环境等重要因素的制约。但得益于生活教育社自身组织机构的民主化、主事者的才干智慧、核心层的高度凝聚力和生活教育者的执着奉献等,生活教育社在促进教育的科学化、普及化、民主化方面做出了积极的贡献。时至今日,教育的现代化还正在实现中,生活教育社发展变迁中的一些经验得失值得关注和借鉴。

附录

1.《中华教育改进社乡村教育同志会简章》[1]

第一条 本会依据中华教育改进社乡村教育政策组织而成,以群策群力共谋中国乡村教育之改造为宗旨。

第二条 凡接受本会所定信条而具有下列资格之一者,皆得为本会会员:

(甲)实际在乡村学校服务者;

(乙)学术实力足以研究或提倡乡村教育者;

(丙)初中以上各级学校末二年学生预备毕业后从事乡村教育者。

第三条 本会设执行委员九人处理一切会务。

第四条 执行委员概由会员通信选举,任期三年,每年改选三人,连选连任。但第一次执行委员任期一年二年三年者各三人,于第一次开会时签定之;选举执行委员时应推举司选员三人,管理下届选举事宜,被改选之三人,应由司选员加倍提名寄与全体会员选举,但会员欲于提名外另选他人者听。

第五条 执行委员举定后应互选委员长一人,文牍一人,会计一人,庶务一人,编辑四人,分理会务。

第六条 委员任务如下:

(甲)联合全国同志力谋乡村教育之改造;

(乙)编辑《乡村教育丛讯》,以沟通各地乡村教育同志之声气;

(丙)调制全会同志一览以资本会存查;

---

①《乡教丛讯》1927年1月1日创刊号,第3页。

(丁)征集同志,俾本会分工合作之分子得以继续增加;

(戊)每月报告中华教育改进社一次,并将该报告送交《新教育评论》披露;

(己)答复会员质疑问难;

(庚)发给入会证;

(辛)保管入会志愿书;

(壬)核准分会支会成立;

(癸)其他重要事项。

第七条 会员任务如下:

(甲)甲种会员应依据信条切实进行本职本校本村之改造;

(乙)乙种会员应依据信条切实提倡研究乡村教育;

(丙)丙种会员应依据信条切实作服务乡村之准备;

(丁)各会员应随时向总会报告进行状况,以便编入《乡村教育丛讯》;

(戊)各会员应用感化精神进行改造。

第八条 本会以《乡村教育丛讯》为沟通声气,交换经验之主要工具,每会员邮寄一份。出版期限拟不确定,但每年至少应寄十次。

第九条 同地会员上五人时,得组织分会,并将简章、会员名单、职员名单函请核准成立,定名为中华教育改进社某某地方乡村教育同志分会。

第十条 同县分会上五处时,得组织支会,其成立手续如上。

第十一条 本会会员于入会前应照下列格式填写志愿书及履历表各一纸。

志愿书

今愿为本会会员并以至诚依据信条为中国乡村教育努力 此致 中华教育改进社乡村教育同志会

×××填 年 月 日

履历表

姓名 号 年岁 籍贯 男或女 学业 经验 现任职务 通讯处

第十二条 本会会员每年纳会费大洋四角,可用邮票代替。

第十三条 委员会常会每月举行一次,遇有重要问题,得由委员长召集临时会议;全国支部代表大会则每两年举行一次。

第十四条 本简章如有不适之处,须经会员十人以上之提议,全国支部代表大会出席会员三分之二以上之通过,及中华教育改进社董事会之同意,始得修改。

2. 乡村教育先锋团组织大纲[1]

(一)定名　乡村教育先锋团。

(二)宗旨　采取军队组织精神以整肃共同生活之纪律,增进团体行动之效率。

(三)团员　凡试验乡村师范学校人员皆为本团当然团员。

(四)组织。

(A)团长1人——校长为当然团长。

(B)副团长2人——两院院长为当然副团长。

(C)指导部——由本校指导员组织之。

(D)纪律部4人——由团务会议公选之。

(E)总队长1人——由团务会议公选之。

(F)队长每队1人——由各队队员公选之。

(G)队员每队6人——凡于特别情形时每队队员得临时增减。

组织系统如下:

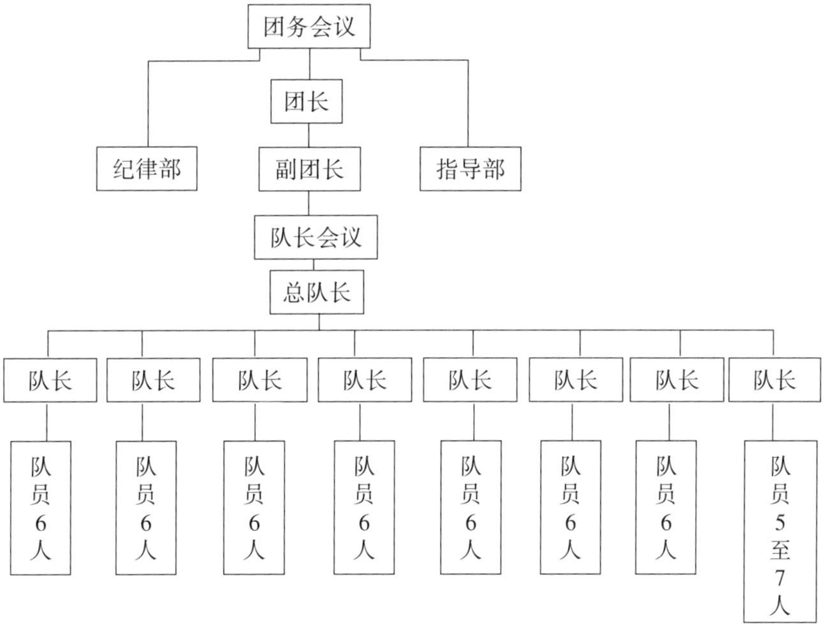

[1] 陶行知等著,李定开编:《为中国教育寻觅曙光》(上册),四川教育出版社,1989,第16—18页。

(五)职权

(A)团长之职权。

甲,统辖全团事务。

乙,对外代表本团。

(B)副团长之职权。

甲,辅助团长。

乙,团长缺席时代行其职权。

(C)指导部之职权。

甲,训练队长队员。

乙,指导各项共同生活。

丙,团长副团长缺席时由指导部代行其职权。

(D)纪律部之职权。

甲,维持本团纪律。

乙,纠正团员轨外行动。

(E)总队长之职权。

甲,执行上级命令。

乙,指导各队行动。

丙,总队长缺席由队长依次代理其职权(队长缺席时由队员依次代理其职权)。

(六)会议。

(A)团务会议,由全团人员组织而成,每周常会一次,解决团内重大事务。

(B)指导部会议,由本校指导员组织而成,每周常会一次,解决本团一切教学做事务。

(C)队长会议,由总队长及各队队长组织而成。讨论各队共同事务。

(七)附则

(A)各项细则另订之。

(B)本大纲经全团人员2/3以上同意通过实行。

(C)本大纲有未尽善处须由团员5人以上之提议,全体2/3以上之同意方得修订之。

3.普及教育助成会简章[①]

第一章 宗旨

第一条 本会宗旨在采取最经济、最迅速、最能持久、最能令人进步之方法,力谋普及大众与儿童向上生活所需要之教育,以助成中华民国与大同世界之创造。

第二章 会务

第二条 本会会务分列六项:

(甲)调查生活需要;

(乙)拟制教育方案;

(丙)补助中心试验;

(丁)编辑新创材料;

(戊)培养专门人材;

(己)辅导普及工作。

第三章 会员

第三条 本会会员分下列三种:

(甲)永久会员 赞成本会宗旨,提倡普及生活教育,一次缴纳会费一千元以上者;

(乙)提倡会员 赞成本会宗旨,提倡普及生活教育,年纳会费一百元以上者;

(丙)工作会员 赞成本会宗旨,实际参加普及生活教育之工作,年纳会费一元以上者。

上述三种会员均须填具入会志愿书,经会员二人之介绍并经执行董事之核准,方得发给入会证。

第四章 董事会

第四条 本会设董事会为全会之总枢。

①陶行知:《陶行知全集》第3卷,四川教育出版社,2009,第146—149页。

第五条 本会董事有下列三种：

(甲)执行董事 五人至九人,由会员互选任之,会员增多时可由通信选举任之;

(乙)省区董事 每省区一人,以该省区内助成会成立五处以上时选举;

(丙)当然董事 捐助纪念金或特别捐在万元以上者为当然董事。

第六条 董事会之职权如下:

(甲)规定本会方针;

(乙)任免干事长;

(丙)核定进行计划;

(丁)核定预算决算;

(戊)核准职员之任免;

(己)筹划经费;

(庚)向会员提名新董事候选人;

(辛)核准新会员入会。

第七条 执行董事任期三年。惟第一任董事任期一年二年三年者各三人,于第一次开董事会时签订之。连选者得连任。

第八条 董事会设董事长、书记、司库各一人,监视员二人,由董事会于执行董事中推选任之。

第五章 干事长

第九条 本会设干事长一人,总理本会一切事宜,由董事会聘任之。

第十条 干事长之职权如下:

(甲)提议本会进行计划;

(乙)提议本会预算;

(丙)推荐各部主任于董事会核准后聘请之,辞退手续同;

(丁)任免干事;

(戊)支配并监督一切工作;

(己)向董事会报告会务及决算;

(庚)核准各项细则。

第六章 分部组织

第十一条 本会为处理会务便利起见,得设下列五部:

(甲)总务部 司理文书会计庶务之职;

(乙)调查部 司理调查统计之职;

(丙)试验部 司理特约试验之职;

(丁)辅导部 司理制定方案培养人才及辅导各地普及教育之职;

(戊)编辑部 司理编辑研究报告定期刊物及辅导资料之职。

第七章 职员

第十二条 本会职员如下:

(甲)各部主任 每人主持一部之行政;

(乙)干事 每部得设若干人,分任各该部工作。

第八章 会议

第十三条 会员大会每年举行一次。

第十四条 董事会每年举行一次,由董事长召集;执行董事会每月一次,由董事长召集之。

第十五条 干部会议议员为各部主任,及每部干事代表一人。

第十六条 干部会议以干事长为主席,并由干事长召集。干事长缺席时,由各部主任担任。记录由主席指定。

第九章 经费

第十七条 本会经费来源如下:

(甲)会费;

(乙)纪念金;

(丙)特别捐;

(丁)补助费;

(戊)投资利息。

第十章 友会

第十八条 凡依据本会宗旨所组织之普及教育助成会皆为本会之友，宜本互助精神，共谋生活教育之普及。本会得承认之友会，有下列数种：

（甲）乡普及教育助成会；

（乙）县普及教育助成会；

（丙）市普及教育助成会。

（丁）省普及教育助成会；

（戊）边疆普及教育助成会

（己）各地旅外同乡普及教育助成会；

（庚）各国华侨普及教育助成会；

（辛）各大学中学普及教育助成会；

（壬）教育未普及国之普及教育助成会。

第十一章 附则

第十九条 本简章如有应行修改之处，须经董事会全体三分之二以上提议，大会出席会员过半数通过方为有效。

4.国难教育社简章[1]

第一章 总纲

第一条 本社定名为国难教育社。

第二条 本社谋推进大众文化，实施国难教育，以启发中国大众争取中华民族之自由平等，保卫中华民国领土与主权之完整为宗旨。

第三条 本社设总社于上海，于全国各地设立分社。

第二章 社员

第四条 凡同意本社宗旨，并愿努力国难教育工作之个人或团体，经本社社员二人以上之介绍，复经常务委员会之通过，得为本社社员。

第五条 本社社员有遵守本社一切议决案之义务。

第六条 凡本社社员之言行，有违本社宗旨，经执行委员会之议决，得取消其社籍。

第三章 组织

第七条 本社以全体社员代表大会为最高机关。全体社员大会每年开常会一次。

第八条 由全体社员代表大会选举委员十一人，候补委员三人，组织执行委员会。于全体社员大会或代表大会闭幕后，执行本社一切事宜。执行委员任期一年，连选得连任。执行委员会每月开常会一次。

第九条 由执行委员会互选五人，组织常务委员会，处理本社日常事务。委员会每二星期开常会一次。

第十条 各种会议于必要时均得召开临时会。

第十一条 常务委员会设总务、组织、指导、编辑、宣传五部，每部设主任一人，由常务委员会分任之。总务部主任，负召集执行委员会、常务委员会，并组任主席之责。

---

① 《生活教育》，1936年3月16日第3卷第2期。

第十二条　各部组织及职权：

总务部　负总揽本社社务之责。下设干事若干人，分掌文书、会计、庶务、交际等事宜。

组织部　负本社组织工作之责。下设干事若干人，分掌调查、统计、登记、征求、联络等事宜。

指导部　负本社教育工作之指导责。下设干事若干人，分掌乡村、职工、学校、妇女、儿童等教育事宜。

编辑部　负本社编辑工作之责。下设干事若干人，分掌编辑、出版、发行等事宜。

宣传部　负本社宣传工作之责。下设干事若干人，分掌演讲、戏剧、电影、歌唱、播音等事宜。

第十三条　本社于必要时，由常务委员会议决，得设特种委员会，负担特种工作。

第十四条　本社地方分社之组织，得按地方实际情形拟定之。

第四章　经费

第十五条　本社社员，于入社时需缴纳社费大洋一角。

第十六条　凡本社社员，每年需自认年捐若干。

第十七条　本社于必要时，得向社员征收特别捐，并得向社外募捐。

第五章　附则

第十八条　本简章于社员大会或代表大会通过之日起施行。

第十九条　本简章有未尽善处，经社员五人以上之提议，得由代表大会决议修正之。

（中华民国二十五年二月二十三日国难教育社成立大会通过）

5.生活教育社社章①

第一章 总则

第一条 名称:本社定名为生活教育社。

第二条 宗旨:本社宗旨在探讨最合理最有效之新教育原理与方法,促进自觉性之启发,创造力之培养,教育之普及,及生活之提高。

第二章 社务

第三条 社务:本社社务如下:

甲、调查生活需要;

乙、设计教育方案;

丙、编辑教育材料;

丁、研究专门问题;

戊、试验教育方法;

己、推广探讨所得;

庚、介绍社员服务;

辛、促进社员互助;

壬、指导社员进修。

第三章 社员

第四条 社员:本社社员分赞助社员及工作社员二种——

甲、凡同情本社宗旨并予以物质或学术上之助力者,得由理事会推举为赞助社员;

乙、凡赞成本社宗旨及生活教育理论技术,实地为人民儿童服务者,经社员二人以上之介绍,理事会之通过,得为本社工作社员。

① 陶行知:《陶行知全集》第4卷,四川教育出版社,2009,第259—262页。

第四章 组织

第五条 组织系统:本社组织系统如下:

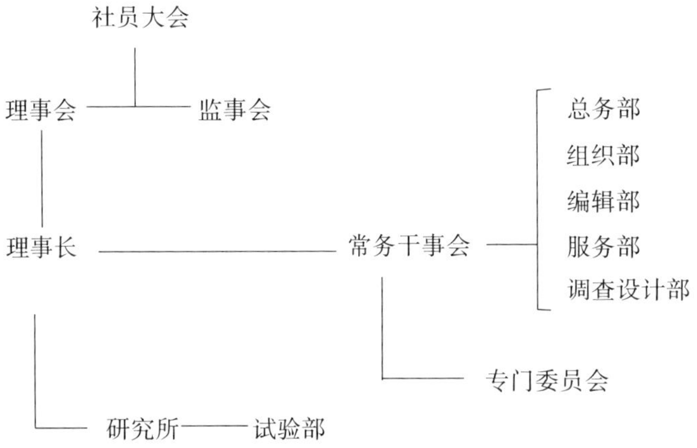

第六条 组织方法:

甲、理事会设理事三十三人,监事会设监事十五人,由社员大会推举,任期三年,每年改选三分之一,连选得连任,第一届理监事之任期,于推举后抽签定之。理事长由社员大会于理事三十三人中推举之。监事会主任监事,由监事互推之。

乙、研究所由理事长组织理事会产生所长主持之。

丙、常务干事会,由理事长推荐各部常务干事合组而成。

丁、专门委员会委员,由理事长聘请社员担任之。

戊、试验部直属于研究所,由所长聘任常务干事主持之。

第七条 分社:本社为充分服务起见,各地社员在三十人以上者,得设立分社,在三十人以下五人以上者,得组织共学服务团,不满五人者,得组织通讯处,分社社章及细则另定之。

第五章 职权

第八条 本社大会及各机构之职权如下:

甲、社员大会

(1)确定本社工作方针及计划。

(2)产生及改选理事长,理监事会之理事及监事。

乙、理事会

(1)执行社员大会之工作计划。

(2)指导并督促常务干事会及各种委员会之经常工作及特殊事项。

丙、监事会

(1)考核理事会、常务干事会工作。

(2)检举社员言论与不端正行动。

(3)审查本社经济出纳事项。

丁、理事长

(1)对外代表本社。

(2)主持指导本社一切进行事宜。

戊、常务干事会

(1)总务部负责办理文书、会计、庶务等事宜。

(2)组织部负责办理社员入社,分社组织及实际工作分配事宜。

(3)编辑部负责编辑刊物、丛书及战时教材等事宜。

(4)服务部负责推广探讨所得,进行社会服务,指导社员进修,介绍社员工作及其他各种互助事宜。

(5)调查设计部负责办理生活调查及方案设计等事宜。

第六章 会议

第九条 会议:本社会议分下列四种:

甲、本社社员大会,每年举行一次,由理事会召集之。

乙、本社理事会会议,每三月举行一次,由理事长召集之。

丙、本社监事会会议,每半年举行一次,由监事会主任监事召集之。

丁、常务干事会会议,每月举行一次,由总务部干事召集之。

以上四种会议,遇有紧急事宜,得召集临时会议处理之。

第七章 经费

第十条 社费:本社社员社费,每年缴纳国币一元。

第十一条 事业费:本社事业费分下列二种征集之。

甲、赞助社员特别捐

乙、工作社员月捐

附则:本社章有未尽事宜,得由社员五人以上提议,经大会出席社员三分之二以上之公决,得修改之。

生活教育社理事长陶行知

1939年1月15日

6. 生活教育社社员表[①]

生活教育社第一届理事、监事名单及简历

职别	姓名	性别	年龄	籍贯	履历	通讯处
理事长	陶行知	男	四十五	安徽	国民参政会参政员晓庄研究所所长	桂林广西中山纪念学校内晓庄研究所
理事兼调查设计部常务干事	李仁任	男	五十一	广西	广西省政府委员	广西省政府
	雷宾南	男	五十	广西	广西省政府委员	广西省政府图书馆
	黄炎培	男		江苏	国民参政会参政员	桂林中华职业教育社
	邵力子	男		浙江	中国国民党中央委员	重庆中央党部
	沈钧儒	男		浙江	国民参政会参政员	重庆武库街二十二号
	杨东莼	男	四十	湖南	国立中山大学教授	桂林东江镇施家园三十九号
	唐现之	男	四十二	广西	桂林师范学校校长	桂林两江
	张宗麟	男		浙江	上海译报馆秘书长	上海译报馆
	顾颉刚	男		江苏	中央研究院研究员	兰州甘肃省政府
	尚仲衣	男		河南	第四路军政治部宣传组长	第四路军政治部
	周月宾	女				香港九龙太子道二〇八号吴涵真转
	陆璀	女		浙江	世界学联会中国代表	
	林砺儒	男		广东	广州中山大学教育院长	广西滕县
	崔载扬	男		湖南	中山大学教育研究所所长	广东省政府教育厅转
	徐特立	男	六十四	湖南	湖南民众抗敌统一委员会党务委员	湖南省政府转

① 陶行知等著:《生活教育文选》,四川教育出版社,1988,第587-608页。

续表

职别	姓名	性别	年龄	籍贯	履历	通讯处
	俞庆棠	女		江苏	江苏教育学院试验部主任	
	汪达之	男	三十五	安徽	新安旅行团顾问	新安旅行团
理事兼组织部常务干事	季平	男	三十一	江苏	军委会政治部上校主任科员	军委会政治部第三厅
理事兼编辑部常务干事	白桃（戴伯韬）	男	三十二	江苏	战时教育编辑	重庆青年会
	吴新稼	男	二十	湖北	政治部孩子剧团团长	政治部孩子剧团
	田汉	男		湖南	政治部第三厅副厅长	政治部第三厅
	胡兰畦	女		四川	第十九军劳动妇女服务团团长	南昌劳动妇女服务团
理事兼服务部常务干事	杨寅初	男	三十四	安徽	广西中山纪念学校代理校长	桂林广西中山纪念学校
	王洞若	男	二十九	江苏	晓庄研究所驻桂林办事处主任	桂林中山纪念学校
	张劲夫	男	二十六	安徽	安徽省总动员委员会组织科科长	安徽省总动员委员会
	唐柯三	男			成达师范校长	桂林西门外
	徐谷荪	女	二十七	浙江		
	方与严	男	四十七	安徽	香港业余学校教导主任	香港九龙太子道二〇八号
	潘一尘	男	三十六	江苏	浙江云和县县长	浙江云和县
	孙铭勋	男	三十	贵州	战时教育编辑	重庆生活书店
	张敬仁	男	三十	四川	第四战区服务队总务科科长	第三十四军部转战地服务队

续表

职别	姓名	性别	年龄	籍贯	履历	通讯处
监事	邱昌渭	男	四十	湖南	广西教育厅厅长	广西省政府
	杜重远	男		辽宁	国民参政会参政员	新疆省政府
	吴涵真	男	四十四	浙江	香港业余学校校长	香港九龙太子道二〇八号
	喜饶嘉措	男		西藏	国民参政会参政员	国民参政会
	钱新之	男				
	黄次咸	男			重庆青年会总干事	重庆青年会
	赵洪文国	女		吉林		
	蔡楚生	男				
	任光	男		浙江	政治部第三厅科员	军委会政治部第三厅
	范长江	男	二十九	四川	国际新闻社总干事	桂林环湖北路十九号
	台和中	男	三十四	甘肃	甘肃省立女子职业中学校长	兰州
	楼南高	男	二十六	浙江	山西牺盟救国会干事	
	戴自俺	男		贵州	贵州青岩社会教育实验员指导员	贵州青岩
	刘琼瑶	男		福建	福建永安县府第三科科长	福建永安县
	程今吾	男		安徽	江苏失学青年战时工读服务团指导员	湖南辰谿

生活教育社社员表

姓名	性别	年龄	籍贯	履历	住址
陶行知	男	四十五	安徽	晓庄研究所所长	桂林广西中山纪念学校
白鹏飞	男	五十一	桂林	广西大学校长	桂林良丰广西大学
罗公陶	男	四十五	湖南	安徽省教育厅第三科科长	安徽皖南行署
丁桂中	男	三十七	安徽	安徽第一中学教导主任	

续表

姓名	性别	年龄	籍贯	履历	住址
叶 方	男	三十	安徽	清华大学理学士	桂林太史巷二十一号
周瑞铨	男	三十五	安徽	晓庄学校毕业	
成庆生	男	三十三	安徽	华中大学文学士	桂林乐群路太平街三十二号
董纯才	男	三十六	湖北	晓庄学校毕业	延安教育厅
朱儒珍	女	二十九	安徽	晓庄学校毕业	
臧其吉	男		江苏	晓庄学校毕业	
陶绍光	男	二十四	安徽	晓庄劳山学团毕业	安徽立煌保安处
邵仲香	男	四十六	江苏	金陵大学教授	成都金陵大学农学院转
徐洪仪	男	二十五	浙江	晓庄学校毕业	
路永源	男	三十七	浙江	南浔小学校长	
黄齐生	男	五十五	贵州		贵州省政府转
唐基诚	男	三十	江苏	晓庄学校毕业	
姚文采	男	四十五	安徽	南京安徽公学校长	
牛 敦	男	三十二	甘肃		甘肃省政府转
宋恩鸿	男	三十五	浙江	海盐县政府第三科科长	
李任仁	男	五十一	桂林	历任校长、教员、党政委员	广西省政府
邱昌渭	男	四十	湖南	广西教育厅长	广西省政府
雷宾南	男	五十	广西	广西省政府委员	广西省政府
万民一	男		广东	第五路军政治部主任	桂林五路军总司令部
千家驹	男		浙江	广西大学教授	桂林良丰广西大学
黄炎培	男		江苏	国民参政会参政员	
邵力子	男		浙江	中国国民党中央委员	重庆中央党部
沈钧儒	男		浙江	国民参政会参政员	重庆武库街二十二号
杨东莼	男	四十	湖南	国立中山大学教授	桂林施家园三十九号
顾颉刚	男		江苏	中央研究院研究员	甘肃省政府
周月宾	女				香港九龙太子道二〇八号
陆璀	女		浙江	世界学联会中国代表	

续表

姓名	性别	年龄	籍贯	履历	住址
林砺儒	男		广东	广州中山大学教育学院院长	广西滕县
崔载扬	男		湖南	广州中山大学教育研究所所长	广东省教育厅转
徐特立	男	六十四	湖南	湖南民众抗敌统一委员会委员	湖南省政府
俞庆棠	女		江苏	江苏教育学院试验部主任	
田　汉	男		湖南	政治部第三厅副厅长	重庆政治部第三厅
唐现之	男	四十	广西	桂林师范学校校长	桂林师范
程本海	男	三十八	安徽	安徽教育厅地方教育视导员	安徽皖南行署
操震球	男	三十七	安徽	贵州汉县县立师范校长	贵州汉县
胡兰畦	女		四川	第十九集团军劳动服务团团长	南昌劳动妇女服务团
唐柯三	男			成达师范校长	桂林西门外
徐谷荪	女	二十七	浙江	晓庄学校毕业	
尚仲衣	男		河南	第四路军政治部宣传组长	
范长江	男	二十九	四川	国际新闻社总干事	桂林环湖北路一九号
季　平	男	三十一	江苏	军委会政治部上校主任科员	政治部第三厅
王洞若	男	二十九	江苏	晓庄研究所驻桂林办事处主任	桂林中山纪念学校
杨寅初	男	三十四	安徽	广西中山纪念学校代理校长	桂林广西中山纪念学校
白　桃	男	三十二	江苏	战时教育编辑	重庆青年会
裴友萍	男	三十五	江西	广西民团干部学校中校教员	南宁西乡塘

续表

姓名	性别	年龄	籍贯	履历	住址
汪达之	男	三十五	安徽	新安旅行团顾问	新安旅行团
王省三	男	三十	浙江	晓庄研究所干事	桂林中山纪念学校
陶　宏	男	二十三	安徽	中国科学社客籍研究员	重庆北碚
陆静山	男	三十六	江苏	新知书店编辑	桂林新知书店
潘一尘	男	三十六	江苏	浙江云和县县长	浙江云和县政府
张宗麟	男	四十	浙江	译报馆秘书长	上海译报馆
陆维特	男	二十八		战时儿童编辑	重庆生活书店
王慕祥	男	三十二	江苏	中山纪念学校教员	桂林中山纪念学校
吴涵真	男	四十四	浙江	香港业余学校校长	香港九龙太子道二〇八号
孙铭勋	男	三十三	贵州	战时教育编辑	重庆生活书店
杨卫玉	男	四十		中华职业教育社副主任	桂林中华职业教育社
张劲夫	男	二十六	安徽	安徽省总动员委员会组织科科长	安徽皖南行署
马侣贤	男	三十三	安徽	湖南省政府咨议	湖南省政府
陈化奇	男	三十五		安徽省政府秘书	安徽省政府
程今吾	男	三十	安徽	江苏失学青年战时工读团指导员	湖南辰谿浦市
陈农非	男	三十		中国青年记者协会干事	桂林环湖北路十九号
戴自俺	男	三十一	贵州	贵州省立青岩社会教育试验区指导员	贵州青岩
台和中	男	三十四	甘肃	甘肃省立女子职业中学校长	兰州
方与严	男	四十七	安徽	香港业余学校教导主任	香港九龙太子道二〇八号
杜重远	男		辽宁	国民参政会参政员	新疆省政府
喜饶嘉措	男		西藏	国民参政会参政员	重庆国民参政会
钱新之	男				

续表

姓名	性别	年龄	籍贯	履历	住址
黄次咸	男			重庆青年会总干事	重庆青年会
张敬仁	男	三十	四川	第四战区服务队队长	
赵洪文国	女		吉林		
蔡楚生	男				
任　光	男		浙江	政治部第三厅科员	政治部第三厅
楼南高	男	二十六	浙江	山西牺盟救国会干事	
刘琼瑶	男		福建	福建永安县府第三科科长	福建永安县
张　平	男	十九	江苏	新安旅行团团员	新安旅行团
邱荫孝	男	三十八	广西	江苏省立教育学院文书	广西隆山县城厢镇公所
崔仲琼	女	二十四	广西	南宁女中毕业	桂林伏波门外东环路一六二号
区洁珍	女	十八	桂林	南宁女中肄业	桂林府前街七五号
胡泽民	男	十二	桂林	桂林儿童战时服务团	桂林府后街二六号
宾玉通	男	十三	桂林	桂林儿童战时服务团	桂林北上街二四六号
黄　拾	男	二十五	江苏	上海救亡演剧第二队	上海救亡演剧第二队
黄　玖	男	二十	江苏	上海救亡演剧第二队	
金　山	男	二十六	湖南	上海救亡演剧第二队	
于兆华	女	二十	桂林	桂林女中毕业	桂林凤凰街一二五号
冷率性	女	二十五	桂林	桂林女中毕业	桂林东江镇东灵街七九号
魏淑英	女	二十一	山东	济南齐鲁大学医学院	
张丽真	女	二十	桂林	南宁师范毕业	桂林东江镇马坪街二〇号
张华贞	女	十五	桂林	桂林女中肄业	
张光琪	女	十五	桂林	桂林女中肄业	
郭　平	男	三十	河南	晓庄学员	桂林晓庄研究所
王云峰	男	三十三	河北	邢台小学校长	桂林广西中山纪念学校
方令完	女	三十	安徽		桂林广西中山纪念学校
闵廉吕	男	三十二	江苏	南宁中学毕业	桂林广西中山纪念学校
徐德俊	男	三十二	安徽		桂林广西中山纪念学校

续表

姓名	性别	年龄	籍贯	履历	住址
陈锦枚	男	二十六	浙江	江苏省立教育学院肄业	桂林七星岩
王传鼎	男	二十六	山东	以下同上	以下同上
肖纪正	男	二十三	江苏		
方山农	男	二十二	浙江		
程寿芝	男	十九	河南		
沈定慈	女	二十二	江苏		
杨文藻	女	二十三	江苏		
张维贤	女	二十	江苏		
宋廷亮	女	二十二	江苏		
黄静兰	女	二十三	江苏		
朱为焱	男	二十	广西		
毛孟英	女	二十二	湖南		
罗绍干	男	二十六	广西		
林宗礼	男	三十	江苏	曾任丹阳蒙教馆长	桂林七星岩
刘同炘	男	四十	浙江	加州大学硕士	以下同上
秦柳方	男	三十四	江苏		
闵文介	男	三十八	湖南	中华大学毕业	
童润之	男	四十	南京	江苏教育学院院长	
沈坠	男	二十四	江苏	江苏教育学院肄业	
储济群	女	十五	江苏	新安旅行团团员	
孙自敏	女	二十五	山东	北平师范毕业	新安旅行团
郝品荪	男	二十五		北平师范大学毕业	以下同上
杨永鑫	男	三十一	江苏	新安旅行团团员	
曾北寿	男	十六	江苏	以下同上	
许醒亚	女	十八	江苏		
郑康源	男	十五	江苏		
金毓坤	男	十四	安徽		
奚淑静	女	十七	湖北		
张俊鑫	男	十七	江苏		

续表

姓名	性别	年龄	籍贯	履历	住址
左义华	男	十六	湖南		
张　杰	男	十六	上海		
嵇　钰	男	二十一	江苏		
唐友华	女	十五	湖南		
张均六	男	十五	湖南		
徐　伟	女	十五	湖南		
徐志贯	男	二十	安徽		
曹维东	男	十六	江苏		
陆　倩	女	十八	浙江		
黄叔宽	男	十三	湖南		
黄志义	男	十七	江苏		
靖秉铨	男	十九	江苏		
任光哲	女	十五	湖南		
童　常	男	二十	江苏		
范　政	男	十二	吉林		
徐沙白	女	十四	湖北		
黄斌侠	女	三十二	灵川	桂林女中毕业	桂林男道道生医院
曹大庆	男	十五		政治部孩子剧团团员	政治部孩子剧团
蒋光基	男	十五	安徽	新安旅行团团员	新安旅行团
周钢鸣	男		广西	救亡日报编辑委员	桂林乐群路太平街救亡日报社
盛　成	男			国际宣传会干事	桂林国际宣传委员会
徐雪真	男	三十		新知书店经理	桂林新知书店
谭佩芬	女	二十五	桂林	白龙镇中心小学教员	桂林东江镇东灵街七九号
韩一来	男	四十二	朝鲜	从事革命运动	桂林东江镇福坪街二八号
帅远学	女	十九	桂林	桂林女中毕业	桂林伏和街一三号
马凤鸣	女	二十四	桂林	桂林义南镇幼稚教师	桂林东江镇东吴街七九号
黎明珍	女	二十四	桂林		同上
吴　瀚	女	二十六		汉口女青年会战时服务团团长	湖南衡阳东大女校转

续表

姓名	性别	年龄	籍贯	履历	住址
陈恬若	女	二十八	江苏	桂林八桂镇小学教师	桂林八桂镇中心小学
陈　伟	女	二十五	广东	同上	同上
唐文粹	男	三十二	江苏	浙江云和简易师范校长	浙江云和
丰道清	女	十三	湖北	政治部孩子剧团团员	政治部孩子剧团
何忆娴	女	十六	湖南	以下同上	以下同上
周令年	男	十二	湖南		
奚立德	男	十七	安徽		
徐治平	男	十六	江苏		
傅承谟	男	十六	江苏		
许玉珍	女	十四	江苏		
强云秋	男	十七	江苏		
产玉珍	女	十五	河南		
郭贤昆	男	十二	安徽		
徐祥仙	男	十七	江苏		
张浣青	女	十八	江苏		
李少清	男	十八	江苏		
温玉海	男	十四	河北		
程昌林	男	十八	江苏	抗日大学学员	延安抗日大学
张俊卿	男	十九	江苏	鲁迅艺专学员	延安鲁迅艺专
朱金山	男	二十三	江苏	抗日大学学员	延安抗日大学
曾继承	男	十四	桂林	桂林战时儿童服务团团员	桂林老鸦洲华光印务局
申秀英	女	十四	桂林	同上	桂林东环路七一号
陶　城	男	十四	安徽	初中肄业	桂林中山纪念学校转
陶晓光	男	二十	安徽		桂林中山纪念学校转
徐纯祥	男	十九	浙江		
谭兴坦	男	十九	湖南	政治部抗宣一队队员	桂林政治部抗宣一队
金　海	男	二十	上海	以下同上	以下同上
施璧人	男	二十	湖南		

续表

姓名	性别	年龄	籍贯	履历	住址
蒋宗策	男	二十二	湖南		
徐方略	男	二十四	安徽		
建　菴	男	二十二	山东		
吴狄周	男	二十九	福建		
邵　仲	女	十八	陕西		
奚干城	男	二十	江苏	江苏教育学院学员	桂林七星岩

7. 生活教育社第二届理事会修改之章程[1]

第一章 总则

(一)本社定名为生活教育社

(二)本社以探讨并推行最合理有效之新教育原理与方法,以促进自觉性之启发,创造力之培养,教育之普及,生活之提高为宗旨。

(三)本社社址设于国民政府所在地。

(四)本社得在全国各地设立分社。

第二章 任务

(五)本社任务如下:

(1)关于调查生活需要方面;

(2)关于设计教育方案方面;

(3)关于研究专门问题方面;

(4)关于试验教育方法方面;

(5)关于推广探讨所得方面;

(6)关于介绍社员服务方面;

(7)关于促进社员互助方面;

(8)关于指导社员进修方面;

(9)关于有关生活教育事项方面。

第三章 社员

(六)凡赞同本社社章,经社员二人之介绍,经理事会之通过,得为本社社员。

(七)凡违背本社章程,得由理事会提请社员大会除名或惩戒。

(八)本社社员应享之权利如下:

(1)发言权及表决权;

(2)选举权及被选举权;

(3)在学术研究事业开展上要求本社协助权;

---

① 南京晓庄学院陶行知纪念馆复印本。

(4)本社所主办之社会文化服务事业之优先享受权;

(5)其他共享之权利。

(九)本社社员应有下列之义务:

(1)遵守本社章程及决议;

(2)担任本社所指派之义务;

(3)缴纳社费(每人每年十元);

(4)以学术或物质协助本社事业之开展;

(5)其他应尽之义务。

第四章 组织

(十)本社社员大会为最高机关,大会闭会期间以临时会代行其职务;

(十一)本社设理事二十七人,监事九人,候补理事五人,候补监事三人,由社员大会选举,或用通讯选举,理事监事各得互推常务理事五人,常务监事三人,组织常务理事会常务监事会。

(十二)本社设理事长一人,由常务理事就理事会中推选之。

(十三)理事会得设下列之各组:

(1)总务组;

(2)组织组;

(3)编辑组;

(4)服务组;

(5)调查设计组;

(十四)各组负责人由理事会聘请之;

(十五)本社理监事均为义务职;

(十六)本社理监事任期均为一年,但得连选连任;

(十七)本社理监事有下列各款之一者,应予解任;

(1)不遵守社章及本社议决者;

(2)不能执行职务者;

(3)品行不端者;

(4)职务有违反法令及其他不正当之行为。经主管机关指令其退职者。

(十八)本会得设各种委员会。

第五章 职权

(十九)本社社员大会职权如下:

(1)确定本社工作方针;

(2)决定本社工作计划;

(3)产生及改选理事监事;

(4)决定经费及预算;

(5)修改本社章程。

(二十)本社理事会职权如下:

(1)对外代表本社;

(2)对内执行社员大会决定之工作计划;

(3)指导并督促常务理事会与各组之经常工作及特殊事项;

(4)核准社员入社;

(5)办理理监事会一切执行案件。

(二十一)本社常务理事会职权如下:

(1)理事会闭会期间处理理事会一切经常业务;

(2)推选理事长;

(3)领导各组工作之运行。

(二十二)本社监事会职权如下:

(1)考核理事会及各组工作进行之成效;

(2)检举社员不端之言论与行动;

(3)审查本社经济收入及出纳事项。

(二十三)本社常务监事会职权如下:

(1)监事会闭幕期间处理监事会一切经常业务;

(2)考核常务干事会及各项工作;

(3)审查账目。

第六章 会议

(二十四)社员大会每年举行一次,于必要时,得召开临时大会及采用通讯讨论及选举。

（二十五）理事会监事会每半年举行一次，常务理监事会每月举行一次，于必要时均得召开临时会议。

第七章 经费

（二十六）本社经费以下列各款充之：

（1）社员社费；

（2）社员事业捐；

（3）本社投资各生产事业之利息；

（4）政府资助费。

第八章 附则

（二十七）本社各项办事细则另订之。

（二十八）本社章程如有未尽事宜，得提请社员大会议决修正，呈社会部备案。

（二十九）本社章程经社员大会通过，社会部备案之日施行。

*本社于民国三十二年十月领到社会部发给社字第一一三号人民团体立案证书。

8.生活教育社第二届社员名单①

生活教育社第二届理事名单(27人)

陶行知 方与严 汪达之 王洞若 潘一尘 陈鹤琴 雷沛鸿 傅学文 程今吾 戴伯韬 吴涵真 操震球 戴自俺 张宗麟 邹绿芷 张西曼 安娥 马侣贤 陆静山 孙铭勋 张志让 曹孟君 田汉 许士骐 千家驹 崔载阳 陶宏

第二届常务理事名单(5人)

陶行知 方与严 戴伯韬 马侣贤 许士骐

第二届监事名单(9人)

冯玉祥 黄炎培 沈钧儒 邵力子 白鹏飞 李德全 徐特立 杨卫玉 李任仁

第二届常务监事名单(3人)

冯玉祥 沈钧儒 邵力子

第二届社员名单

冯玉祥 黄炎培 邵力子 沈钧儒 雷沛鸿 李德全 崔载阳 白鹏飞 万民一 傅学文 林砺儒 潘一尘 李任仁 田 汉 张西曼 陈鹤琴 童润之 陶行知 程海峰 唐柯三 黄次咸 张志让 戴伯韬 杨卫玉 徐特立 李楚材 唐现之 李 华 姚文采 千家驹 吴树琴 傅彬然 马松亭 张宗麟 邹绿芷 杜君慧 方与严 曹孟君 安 娥 程今吾 万重英 廖冰兄 马侣贤 赵 康 张劲夫 黄齐生 陆维特 曲仲香 董纯才 戴自俺 熊观民 操震球 许士骐 李剑华 王瑞符 吴涵真 曾俊侯 陶 宏 殷金陵 沈天灵 汪达之 陆静山 王洞若 秦柳方 邓颉刚 陈双玉 张若嘉 何思贤 魏东明 郭 平 胡振文 孙铭勋 李任子 杨寅初 台和中 丰道清 白动生 臧其吉 赵子范 胡绣枫 胡文金 陆静霞 沈金泉 奚立德 陶晓光 彭 凤 陈葆贞 谭得光 蔡楚生 林 欣 屠公博 朱立淳 阮冀明 邵 仲 程昌林 林犁田 易铁夫 胡晓风 张凤芝 徐树人 刘铁华 闵克勤 潘德枫 孙绳武 张景选 胡定尊 黄乾健 宋承勋 胡必英 沈沛之 徐 晴 陈鸿涛 张海明 聂静涵 刘琼瑶 廖意林 唐 愉 张亚生 孙敦乐 陶 城 朱岫玉 朱凝冰 郭弼昌 查淑宜 萧 明 刘福宁

①生活教育社编:《生活教育通讯》新第一期,1947年,第3版。

季　信　杨野明　陈恬若　孙士仪　黎明珍　曹子云　陆韵琴　龚葆琦　张丽贞
杨　萍　汪凤翔　郑黎亚　孟　辛　魏淑英　赫曼苏　邢舜田　金步墀　邹惠珍
康若愚　许启华　张国权　汤松平　麦　沣　冷性率　华昌洙　程本海　陈　轮
张宜天　朱秉瑜　赵建勋　李鄂军　赵抱器　龚尔群　唐瑞凤　冷率真　杨恒则
裴友萍　王省三　王　琳　吴政贵　夏之仁　唐冰白　徐　香　曹大庆　林敏苏
王大勣　杜子明　王庆权　阎紫明　丁先藩　程化奇　童　常　滕久炎　赵　茜
张　莺　许立明　周令年　甯振镛　庄　严　龚沈思　高昌瑞　陈志中　吴梅仙
吴淑梅　谭坤珩　张光瑞　周令谟　秦培吾　潘双华　章　克　林士章　庞曾漱
王慕祥　于盛昭　蒋清华　汪亦伦　朱安恕　帅洞凡　周蔚华　汪品山　方土人
吴旭辉　吴日辉　王显华　黄同音　王万生　郑　英　贾祖珊　宋恩鸿　倪式曾
刘素贞　温致义　林宗礼　王傅鼎　周仰歧　李韵竹　张士贵　李仁杰　俞文华
王　融　章跃华　杨秉训　张渊泉　李蟾桂　池宝华　李玉云　周延信　张再为
王　略　伊孔敏　王醉霞　陆钦元　吕惟馨　陈一华　路　敏　萧仁俊　魏永贞
罗阁英　吴克强　许玉珍　李友梅　陈云樵

主要参考文献

《晓庄丛书》(16本),上海儿童书局,1935年。

《新教育》,1919—1925年。

《新教育评论》,1925—1928年。

《教育与职业》,1917年。

生活教育社编《生活教育论集》,上海生活书店,1937年。

生活教育社编《国难教育实施法与指导》,上海生活书店,1937年。

抗战教育研究会主编《战时工人教育经验谈》,生活书店,1938年。

延安新教育学会选编《行知教育论文选集》,大连大众书店,1947年。

方春生编著《程本海研究》,中国文史出版社,2009年。

胡立民、邢舜田编《国难教育面面观》,亚东图书馆,1937年。

杨效春编《晓庄学校与中国乡村教育》,上海爱文书局,1928年。

胡晓风,金成林编著《二人集——在生活教育路上前行》,四川教育出版社,2013年。

陈启天:《近代中国教育史》,(台湾)中华书局,1979年。

方晓东、袁清林、宋荐戈、李玉非、姚宏杰:《董纯才传》,教育科学出版社,2012年。

田正平:《留学生与中国教育近代化》,广东教育出版社,1996年。

黄炎培:《黄炎培日记(第1卷)》,华文出版社,2008年。

陶行知与中国现课题组:《陶行知与中国现代化》,四川教育出版社,2008年。

储朝晖:《多维视野中的生活教育》,安徽教育出版社,2011年。

刘文俊:《桂林抗战文化城的社团》,黄山书社,2008年。

王巨光:《民国教育社团与民主教育》,博士学位论文,华中科技大学,2007年。

丛书跋

2012年完成自己主编的2012年度国家出版基金资助项目“20世纪中国教育家画传”后，就策划启动新的研究项目，于是决定为曾在中国教育现代化过程中发挥巨大作用而又少有人知的教育社团写史，并在2013年3月拿出第一个包含8本书的编撰方案。当初怎么也没想到这一工作一再积累后延，几乎占用了我8年的主要时间，列入写作的社团一个个增加，参加写作的专家团队、支持者和志愿者不断扩大，最终汇成30本书和由50多位专家组成的团队，并在西南大学出版社鼎力支持下如愿以偿地获得2019年度国家出版基金资助。

1895年中日甲午海战中国战败后，中国社会受到强烈震动，有识之士勇敢地站出来组建各种教育社团，发展现代教育。1895年到1949年，在中国传统教育向现代教育转化、嬗变的过程中，产生了数以百计的教育社团。中华教育改进社等众多的民间教育社团在中国教育现代化进程中都曾发挥过重要的、甚至是无可替代的作用，到处留下了这些社团组织的深深印记，它们有的至今还在发挥着潜移默化的作用，它们是中国教育智库的先声。

但随着时间的推移，知道这段历史的人越来越少。教育社团组织与中国教育早期现代化既是一个有丰富内涵的历史课题，更是一个极具现实意义的实践课题。挑选“中国现代教育社团史”这一极为重大的选题，联合国内这一领域有专深研究的专家进行研究，系统编撰教育社团史，既是为了更好地存史，也是为了有效地资政，为当今及此后教育专业社团的建立、发展和教育改进与发展提供借鉴，为教育智库发展提供独具价值的参考，为解决当下中国教育管理问题提供借鉴，从而间接促进当下教育质量的提升和《中国教育现代化2035》目标的实现。简言之，为中国现代教育社团修史是一项十分有意义的工作。

在存史方面，抢救并如实地为这些社团写史显得十分必要、紧迫。依据修史的惯例，经过70多年的沉淀，人们已能依据事实较为客观地看待一些观点，为这些教育社团修史，恰逢其时；依据信息随时间衰减的规律，当下还有极少数人对70多年前的那段历史有较充分的知晓，错过这个时期，则知道的人越来越少，能准确保留的信息也会越来越少，为这些社团治史时不我待。因此，本套丛书担当着关键时段、恰当时机、以专业方式进行存史的重要责任。

在资政方面，为中国现代教育社团修史是一项十分有现实意义的工作。中国教育改革除了依靠政府，更需要更多的专业教育社团发展起来，建立良性的教育评价和管理体系，并在社会中发挥更大的作用。社团是一个社会中多种活力的凝结和显示，一个保存了多样性社团的社会才是组织性良好的社会，才是活力充足的社会。当时的各个教育社团定位于各自不同的职能，如专业咨询、管理、评价等，在社会和教育变革中以协同、博弈等方式发挥出巨大的作用。它们的建立和发展，既受到中国现代新式教育发展的制约，又影响了中国现代新式教育发展的进程。研究它们无疑会加深我们对那个时期中国新式教育发展过程中各种得失的宏观认识，有助于从宏观层面认识整个新式教育的得失，进而促进教育质量和品质的提升。现今的教育社团发展不是在一张白纸上画画，1900年后在中国产生的各种教育社团是它们的先声。为中国现代教育社团修史将会为当下及未来各个社团的建立发展和教育智库建设提供真实可信而又准确细致的历史镜鉴。

做好这项研究需要有独特的史识和对教育发展与改革实践的深刻洞察，本丛书充分运用主编及团队三十余年来从事历史、实地调查与教育改革实践研究的专业积累。在启动本研究之前，丛书主编就从事与教育社团相关的研究，又曾做过一定范围的资料查找，征集国内各地教育史专业工作者意见，依据当时各社团的重要性和历史影响，以及历史资料的可获取性，采用既选好合适的主题，又选好有较长时期专业研究的作者的“双选”程序，以保障研究的总体质量，使这套丛书不仅分量厚重，质量优秀，还有自己的特色。

本丛书的“现代”主要指社团具有的现代性，这样的界定与中国教育现代化进程相吻合。以历史和教育双重视角，对中华教育改进社等具有现代性的30余个教育社团的历史资料进行系统的查找、梳理和分析。对各社团发展的整体形态做全面的描述，在细节基础上构建完整面貌，对其中有歧义的观点依据史实客观论述，尽可能显示当时全国教育社团发展的原貌和全貌，也尽可能为当下教育社团与教育智库的建立和发展提供有益的历史镜鉴。

为此，我们明确了这套丛书的以下撰写要求：

全套丛书明确史是公器，是资料性著述的定位，严格遵循史的写作规范，以史料为依据，遵守求真、客观、公正、无偏见的原则，处理编撰中的各类问题。

力求实现四种境界：信，所写的内容是真实可靠的，保证资料来源的多样性；简，表述的方式是简明的，抓住关键和本质特征经过由博返约的多次反复，宁可少一字，不要多一字；实，记述的内容是有实际意义和价值的，主要体现为内容和文风两个方面，要求多写事实，少发议论，少写口号，少做判断，少用不恰当的形容词，让事实本身表达观点；雅，尽可能体现出艺术品位和教育特性，表现为所体现的精神、风骨之雅，也表现为结构的独具匠心，表达手法的多样和谐、图文并茂。

对内容选取的基本标准和具体要求如下：

(1)对社团的理念做准确、完整的表述，社团理念在其存续期有变化的要准确写出变化的节点，要通过史料说明该社团的活动是如何在其理念引导下开展的。

(2)完整地写出社团的产生、存续、发展过程，完整地陈述社团的组织结构、活动规模、活动方式、社会影响，准确完整地体现社团成员在社团中的作用、教育思想、教育实践，尽可能做到“横不缺项，纵不断线”。

(3)以史料为依据，实事求是，还原历史，避免主观。客观评价所写社团对社会和教育的贡献，不有意拔高，也不压低同时期其他教育社团。关键性的评价及所有叙述要有多方面的史料支撑，用词尽可能准确无歧义。

(4)凸显各单册所写社团的独特性，注意铺垫该社团所在时代的社会与教育背景，避免出现违背历史事实的表述。

（5）根据隔代修史的原则，只记述中华人民共和国成立之前的历史。对后期延续，以大事记、附录的方式处理，不急于做结论式的历史判定。

（6）各书之间不越界，例如江苏教育会与全国教育会联合会之间，江苏教育会与中华教育改进社之间，详略避让，避免重复。

写法要求为：立意写史，但又不写成干巴、抽象、概念化的历史，而是在掌握大量资料的基础上，全面、深刻理解所写社团的历史细节和深度，写出人物的个性和业绩，写出事件的情节和奥秘，尽可能写出有血有肉、有精气神的历史，增强可读性。写法上具体要求如下：

（1）在全面了解所写社团基础上，按照史的体例，设计好篇目、取舍资料、安排内容、确定写法。在整体准确把握的基础上，直叙历史，不写成专题或论文，语言平和，逻辑清晰。

（2）把社团史写得有教育性。主要通过记叙社团发展过程中的人和事展示其具有的教育功能；通过社团具有的专业性对现实的教育实践发生正向影响，力求在不影响科学性、准确性的前提下尽量写得通俗。

（3）能够收集到的各社团的活动图片尽可能都收集起来，用好可用的图，以文带图，图文互补，疏密均匀。图片尽可能用原始的、清晰的，图片说明文字（图题）应尽量简短；如遇特殊情况，例如在正文中未能充分展开的重要事件，可在图题下加叙述性文字做进一步介绍，作为一个独立的知识点。

（4）关键的史实、引文必须加注出处。

据统计，清末至民国时期教育社团或具有教育属性的社团有一百多个，但很多社团因活动时间不长、影响不大，或因资料不足等，难以写成一本史书。本丛书对曾建立的教育社团进行比较全面的梳理，从中精心选择一批存续时间长、影响显著、组织相对健全、在某一专业领域或某一地区具有代表性、典型性的教育社团进行深入研究，在此基础上做出尽可能符合当时历史原貌和全貌的整体设计，整体上能够充分完整地呈现所在时代教育社团的整体性和多样性特征，依据在中国教育现代化进程中所发挥的作用大小选择确定总体和各部分的研究内容，依据史实客观论述，准确保留历史信息。本丛书的基本框架为一项总体研究和若干项社团历史个案研究。以总体研究统领各个案研究，为个案研究确定原则、方法、背景和思路；个案研究为总体研究提供史实和论证依据，各个案研究要有全面性、系统性、真实性、准确性、权威性、实用性，尽量写出历史的原貌和全貌，以及其背后盘根错节的关系。

入选丛书的选题几经增减，最终完稿的共30册：

《中国现代教育社团发展史论》《中华教育改进社史》《中华平民教育促进会史》《生活教育社史》《中华职业教育社史》《江苏教育会史》《全国教育会联合会史》《中国教育学会史》《无锡教育会史》《中国社会教育社史》《中国民生教育学会史》《中国教育电影协会史》《中国科学社史》《通俗教育研究会史》《国家教育协会史》《中华图书馆协会史》《少年中国学会史》《中华儿童教育社史》《新安旅行团史》《留美中国学生联合会史》《中华学艺社史》《道德学社史》《中华教育文化基金会史》《中华基督教教育会史》《华法教育会史》《中华自然科学社史》《寰球中国学生会史》《华美协进社史》《中国数学会史》《澳门中华教育会史》。

本丛书力求还原并留存中国各现代教育社团的历史原貌和全貌，对当时各教育社团的发展历程、重要事件、关键人物进行系统考察，厘清各社团真实的运作情况，从而解决各社团历史上一些有争议的问题，为教育学和历史学相关领域的发展提供一定的帮助，拓展出新的领域，从而传承、传播教育先驱的精神，为当今教育改革和发展提供历史借鉴和智慧资源，为今后教育智库的发展提供有中国实践基础的历史参考，在拓展教育发展的历史文化空间上发挥其他著述不可替代的作用。在写作过程中严格遵守史的写作规范，以史料为依据，遵守求真、客观、公正、无偏见的原则，处理编撰中的各类问题。

这是一项填补学术空白的研究。这个研究领域在过去70多年仅有零星个别社团的研究，在史学研究领域对社团的研究较多，但对教育社团的研究严重不足；长期以来，在教育史研究领域没有对教育社团系统的研究；对民国教育的研究多集中于一些教育人物、制度，对曾发挥不可替代作用的教育社团的研究长期处于不被重视状态。因此，中国没有教育社团史的系列图书出版，只有与新安旅行团、中华职业教育社相关的专著，其他教育社团则无专门图书出版，只是在个别教育人物的传记等文献中出现某个教育社团的部分史实，浮光掠影，难以窥其全貌。但是教育社团对当时教育的发展发挥了倡导、引领、组织、管理、评价等多重功能，确实影响深远，系统研究中国现代教育社团是此前学术界所未有过的。该研究可以为洞察民国教育提供新的视角，在今后一段时期内具有标志性意义，发挥其他著述不可替代的作用。

这是一项高难度的创新研究。它需要从70多年历史沉淀中钩沉，需要在教育学和史学领域跨越，在教育历史与现实中穿梭，难度系数很高、角度比较独特，20多年前就有人因其难度高攻而未克。研究过程中我们将比较厚实的历史积累和对当下教育问题比较深入的洞见相结合，以史为据，以长期未能引起足够重视的教育社团为研究对象，梳理出每个社团的产生、发展、作用、地位。

这是一项促进教育品质提升的研究。中国当下众多教育问题都与管理和评价体制相关。因此，我们决定研究中国现代教育社团史，对中国教育现代化进程中发挥过重要作用的诸多教育社团的历史进行抢救性记述、研究，对中国教育体系形成的脉络进行详尽的梳理，记录百年中国教育现代化进程中教育社团所起的重大作用，体现教育现代化过程中的“中国智慧”，为构建中国教育科学话语体系铺垫史料、理论基础，探明1898到1949年间教育社团在中国教育现代化发展中的作用，为改善中国教育提供组织性资源。

这是一项未能引起足够重视的公益性研究。本研究旨在还原并留存各教育社团的历史原貌和全貌，传承、传播教育先驱的精神，为当今教育改革和发展提供历史借鉴和智慧资源，拓展教育发展的历史文化空间，需要比较厚实的历史积累和对当下教育问题比较深入的洞见。本研究长期处于不被重视状态，但是其对教育的发展确实影响深远，需要研究的参与者具有对历史和现实的使命感。

这个研究项目在设计、论证和实施过程中得到业内专家的大力支持、高度关注和评价。中国教育学会教育史分会原会长田正平先生热心为丛书写了推荐信，又拨冗写了总序，认为：“说到底，这是当代中国教育改革的需要和呼唤。教育是中华民族振兴的根基和依托，改革和发展中国教育，让中国教育努力赶上世界先进水平，既是中央政府和各级政府义不容辞的职责，也必须依靠广大教育工作者的自觉参与和担当。从这个意义上讲，中国近代教育会社团体与中国教育早期现代化研究，既是一个有丰富内涵的历史课题，更是一个极具现实意义的重大问题。”中国现代教育社团史的课题，“从近代以来数十上百个教育社团中精心选择一批有代表性、典型性、产生过重大影响的教育社团，列为专题，分头进行了深入的研究。我相信，读者诸君在阅读这些成果后所收获的不仅仅是对教育社团的深入理解和崇高敬意，也可能从中引发出一些关于当代中国教育改革的更深层次的思考”。

北京师范大学教育学部原部长、清华大学教育学院院长石中英教授在推荐中道：“对那些历史上有重要影响的教育社团进行研究，既具有非常重要的学术价值，也具有非常强烈的现实意义。”“当前，我国改革开放正在逐步地深入和扩大，激发社会组织活力，在整个社会治理体系建设中具有重要作用。现代教育治理体系的建设，也迫切需要发挥专业的教育社团的积极作用。在这个大背景下，依据可靠的历史资料，回溯和评价历史上著名教育社团的产生、发展、组织方式和活动方式等，具有现实意义和社会价值。”“总的来说，这个项目设计视角独特，基础良好，具有较高的学术价值、实践价值和出版价值。”

1990年代，中央教育科学研究所张兰馨等多位前辈学者就意识到这一选题的重要性，曾试图做这一研究并组织编撰工作，终因撰写团队难以组建、资料难以查找搜集等各种条件限制而未完成。当我们拜访80多岁的张兰馨先生时，他很高兴地拿出了当年复印收藏的一些资料，还答应将当年他请周谷城先生题写的书名给我们使用，既显示这一研究实现了学者们近30年未竟的愿望，也使这套书更具历史文化内涵。

西南大学出版社是全国百佳图书出版单位、国家一级出版社、全国先进出版单位，承担了多项国家重大文化出版工程项目、国家出版基金资助项目、重庆市出版专项资金资助项目，具有丰富的国家、省市重点项目出版与管理经验。该社出版的多项国家级项目受到各级主管部门、学界、业内的一致好评。西南大学的学术优势为本书的出版提供了学术支撑。

本项目30余位作者奉献太多。他们分别来自中国人民大学、北京师范大学、华东师范大学、中山大学、首都师范大学、浙江师范大学等多所高校和研究机构，他们长期从事相关领域的研究，具有极强的学术责任感，具备了较好的专业基础，研究成果丰硕，有丰富的写作经验。在没有启动经费的情况下，他们以社会效益为主，把这项研究既当成一项工作任务，又当成一项对精湛技术、高雅艺术和完美人生的追求，以高度的历史使命感和现实的使命感投入研究，确保研究过程和成果具有较高的严谨性。他们旨在记录中国教育现代化过程中教育社团所起的重大作用，体现教育现代化过程中的"中国智慧"，写出理论观点正确、资料翔实准确、体例完备、文风朴实、语言流畅，具有资料性、科学性、思想性，经得起历史检验的，有灵魂、有生命、能传神的现代教育社团史。

这套丛书邀约的审读委员主要为该领域的专家，他们大多在主题确定环节就参与讨论，提供资料线索，审读环节严格把关，有效提高了丛书的品质。

本人为负起丛书主编职责，采用选题与作者"双选"机制确定了撰写社团和作者，实行严格的丛书主编定稿制，每本书都经过作者拟提纲—主编提修改意见—确定提纲—作者提交初稿—主编审阅，提出修改意见—作者修改—定稿的过程，有些书稿从初稿到定稿经过了七到八次的修改，这些措施有效地保障了这套丛书的编撰质量。尽管做了这些努力，仍难免有错，敬希各位不吝赐正。

十分感谢国家出版基金资助。本丛书有重大的出版价值，投入也巨大，但市场相对狭窄。前期在项目论证、项目启动、资料收集、组织编写书稿中投入了大量的人力、物力。多位教育专家和史学专家经过八年的努力，收集了大量的资料，研究的深度和广度都大大超出此前这一领域的研究。各位作者收集了大量的历史资料，走访了全国各大图书馆、资料室，完成了约一千万字、数百幅图片的巨著。前期的资料收集、研讨成本甚高，而使用该书的主要为教育研究者、教育社团和教育行政人员。即便丛书主编与作者是国内教育学、教育史学领域的权威专家，即便丛书经过精心整理、撰写而成，出版后全国各地图书馆、研究院所会有一定的购买，有一定的经济效益，但因发行总数量有限，很难通过少量的销售收入实现对大量经费投入的弥补，国家出版基金资助是保障该套丛书顺利出版的关键。

教育在实现中华民族伟大复兴中发挥着不可替代的作用。完整、准确、精细地回顾过去方能高瞻远瞩而又脚踏实地地展望未来，将优秀传统充分挖掘展现、利用方能有效创造未来，开创教育发展新时代。在中国教育现代化进程中众多现代教育社团是促进者。中国人坚定的自信是建立在5000多年文明传承基础上的文化自信。中国现代教育社团的发起者心怀中华，在中华民族处于危亡之际奔走呼号，立足弘扬中华优秀文化传统提倡革新。本丛书深层次反映了当时中国仁人志士组织起来，试图以教育救国的真实面貌，其中涉及几乎全部的教育界知名人物，对当年历史的还原有利于挖掘中华优秀传统文化的强大生命力和在民族危亡关头的强大凝聚力，弘扬中华优秀传统文化，为构建中华优秀传统文化传承发展体系添砖加瓦。研究这段历史，对于推动中华优秀传统文化创造性转化、创新性发展，对于促进教育智库建设，发展中国教育事业，发挥教育在促进中华民族伟大复兴中的作用具有重要意义。

愿我们所有人为此的努力在中国教育现代化进程中生根、发芽、开花、结果。

储朝晖